JN287801

小峯 敦 編
KOMINE Atsushi

福祉国家の経済思想

自由と統制の統合

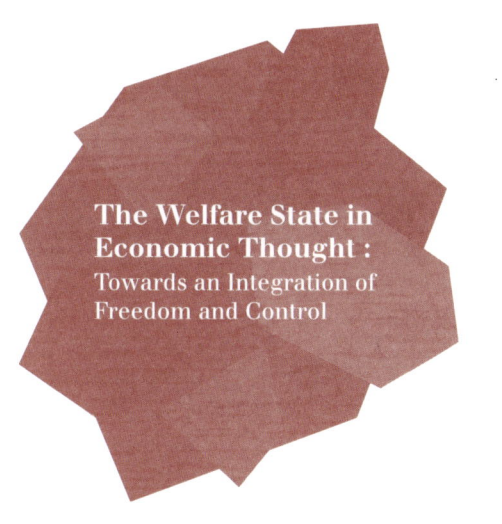

The Welfare State in
Economic Thought :
Towards an Integration of
Freedom and Control

ナカニシヤ出版

謝　辞

　本書は様々な支援を経て完成した。以下に記して感謝したい。

（1）　本書は総合セミナー「福祉国家の経済思想―自由と統制の混合―」（2005.2.19）での議論が直接の契機である。本書の多くの章は、このセミナーでの発表原稿を起源に持つ。討論に参加して頂いたフロアの各位、そして姫野順一氏（長崎大学）、近藤真司氏（大阪府立大学）、安井俊一氏（大月短期大学非常勤）、若森みどり氏（首都大学東京）、内藤敦之氏（日本学術振興会特別研究員）のコメントおよび助力に感謝する。なお、このセミナーは「ベヴァリッジの経済思想―失業論と社会保障論の統合―」（研究代表者：小峯敦、課題番号15530132、基盤研究(ｃ)、2003-2004）として、資金援助を得た。

（2）　各論文を執筆する過程で、科学研究費として次の資金援助を得た。
・江里口拓（第3章）「20世紀前半イギリスの社会保障・福祉政策をめぐる諸思想の社会経済思想史的再検討」（課題番号14530018、基盤研究(ｃ)、2002-2005）。
・深井英喜（第7章）「パネルデータ調査の発展を受けての失業・貧困化理論の再検討」（課題番号17730333、若手研究、2005-2007）。
・小峯敦（第8章）「ベヴァリッジ経済思想の統一的把握：初期と後期をつなぐ経済参謀論」（課題番号17530158、基盤研究(ｃ)、2005-2007）。

（3）　ナカニシヤ出版の酒井敏行氏には、本書の企画段階から内容面に至るまで、非常にお世話になった。

2006年5月

編　者

凡　例

（1）　巻末に「人物録」を付し、本書に関連する重要な人物について、簡単な紹介を行った。「人物録」に掲載された人物については、各章本文の初出時に＊を付けた。

（2）　文献典拠は Briggs（1961: 228）などと指示されている。この場合、章末の文献リストにおいて、Briggs による 1961 年の論文・著作の 228 ページを参照したことを意味する。また、Thornton（1969/1869: 314）などの場合は、原著や初版は 1869 年だが、実際の参照は 1969 年版を用いていることを意味する。

（3）　文献の引用について、邦訳があるものについてはそれらも参照しているが、いくつかの場合で表現などを適宜改めていることがある。訳者の寛容を請いたい。

（4）　本文に出てくる主な略語は次の通りである。

　　BP…ベヴァリッジ文書（LSE 所蔵）
　　PRO…イギリス公文書館（ロンドン）
　　CW…ケインズ全集（全 30 巻）

目　次

序　章　福祉国家の現代性
　　　　　経済思想から振り返る ——— 小峯　敦・下平裕之・江里口拓　1
1．本書の課題　1
2．本書の特徴　3
3．福祉国家論の変遷　6
4．本書の構成と要約　10

第1章　A. マーシャルによる社会問題の再発見
　　　　　19世紀後期の労働者階級 ——————— 山本　卓　18
1．はじめに　18
2．労働者階級の福祉と人格陶冶　20
3．過重労働の解消と経済学——機械化／人口圧迫　25
4．過重労働の脱マルサス主義的理解　30
5．感化型の階級上昇促進案　36
6．おわりに——1880年代末以降の展開　43

第2章　ピグーの福祉社会論
　　　　　市民的能動性と優生思想 ——————— 本郷　亮・山崎　聡　51
1．はじめに　51
2．「厚生」概念の再検討——ピグーの福祉観　52
3．市民的能動性についてⅠ——「貨幣の私的使用」　57
4．市民的能動性についてⅡ——「雇用者と経済騎士道」　61
5．優生思想とピグー　65
6．おわりに　74

第3章　ウェッブ夫妻における「進歩」の構想
　　　　　失業対策をめぐるベヴァリッジとの対立 ——————— 江里口拓　79
1．はじめに　79

2．救貧法と失業対策の前史　81
　3．ウェッブの失業対策論　85
　4．社会保険をめぐるウェッブとベヴァリッジ　94
　5．おわりに　102

第4章　戦間期アメリカの「計画化」
　　　　　J. M. クラークを中心に ──────────── 佐藤方宣　107
　1．はじめに──戦間期の「計画化」論議とJ. M. クラーク　107
　2．制度経済学と「計画化」　109
　3．クラークと経済の「コントロール」　113
　4．大恐慌・ニューディールとクラークの「計画化」構想　120
　5．おわりに　128

第5章　ミュルダールにおける福祉国家と福祉世界
　　　　　累積的因果関係論による統合的理解 ──────── 藤田菜々子　134
　1．はじめに　134
　2．「平等問題」と福祉国家──ミュルダール経済学における福祉国家論の位置　136
　3．福祉国家の形成　141
　4．福祉世界の構築　149
　5．おわりに　156

第6章　他者指向型自由主義の法理論
　　　　　ヴォランタリズムの展開と法 ──────────── 菅　富美枝　162
　1．はじめに──「他者に関わる自由」を考える必要性　162
　2．法における自発的な支援行為の位置づけ　165
　3．法に期待される機能──「容易化」法　175
　4．ヴォランタリズムの展開と法　177
　5．おわりに　185

第7章　サッチャー・ブレアの挑戦
　　　　　労働市場観とワークフェア政策 ──────────── 深井英喜　191

1. はじめに　191
2. 貧困問題の変遷と福祉国家再編の課題　192
3. サッチャリズムの経済思想と福祉国家改革　196
4. ブレア「第三の道」の経済思想と福祉国家改革　208
5. おわりに──サッチャー・ブレアにおける平等概念の展開　216

第8章　ベヴァリッジの福祉社会論
　　　　　三部作の統合　　　　　　　　　　　　　　　　小峯　敦　222

1. はじめに　222
2. 『ベヴァリッジ報告』　223
3. 『自由社会における完全雇用』　232
4. 『自発的活動』　243
5. おわりに──三部作と福祉社会　247

人　物　録　　　　　　　　　　　　　　　　　　　　　　　山根聡之　253

人名索引　263
事項索引　264

序　章

福祉国家の現代性
経済思想から振り返る

小峯　敦・下平裕之・江里口拓

　この序章では以下の論考の出発点として、本書の課題、本書の特徴、福祉国家論の変遷、各章の要約の 4 点を提示したい。

1. 本書の課題

　本書の課題は、経済学（者）は福祉（国家）をいかに扱ってきたか、そして福祉国家の現代性は何かを論じることにある。福祉国家は T. H. マーシャル*や ティトマスが典型的であるように、社会権・社会民主主義などを鍵の概念として、社会学・社会政策の立場から基礎付けられ擁護されてきた。また近年、一元的福祉国家の理念に対抗して、例えば政治学の立場から比較福祉国家類型が考案され、さらに主に法学や哲学・倫理学の立場から自由至上主義（リバタリアニズム）への賛否として議論されてきた。歴史家も福祉国家に大いに興味を持ってきた。本書はこれらの領域を尊重しながら、なお経済学特有の議論の仕

（ 1 ）　両者とも LSE を基盤とし、フェビアン社会主義を指向する。Marshall（1992/1950）、Titmuss（1950）。
（ 2 ）　福祉国家の定義をした Briggs（1961: 228）、社会保障の歴史に詳しい Bruce（1961）、Gilbert（1966）、Gilbert（1970）がある。日本では毛利（1990）、大沢（1986）、毛利編（1999）などが重要な成果である。なお、経済と社会の相関から見据えた議論は足立編（1995/1988）がある。読みやすさとして富永（2001）も見よ。
（ 3 ）　Esping-Andersen（1990）が発端。日本では宮本（1999）、宮本編（2002）など、比較政治経済学の提唱もある。
（ 4 ）　Spicker（2000）、森村（2001）、塩野谷（2002）など。塩野谷・鈴村・後藤編（2004）は最新の成果である。政治思想の観点からは Barry（1999/1990）。
（ 5 ）　Thane（1996/1982）、Fraser（2003/1973）が著名である。

方があった／あるのではないかと問題提起したい。

　従来、経済学者の福祉国家への関与は「ケインズ型福祉国家*」とも呼ばれていたように、総需要を福祉関連に向けて管理・支出するという極めて狭い――しかしそれまでの自由放任体制からは非常に重要な――意味で認識されていた。確かに本書の第8章で論じるように、ケインズとベヴァリッジ*は協働して福祉国家の理念を構築した。そしてその後、財政学や公共政策の操作数値として福祉関連支出は技術的に問題とされてきた。しかし経済学者の関与はそこに留まらない。社会学・政治学・法学などはしばしば、経済の領域を包含したり隔離したりする形で問題設定する。市場ではない家族や共同体（社会学）、自発的交換ではない権威・権力による恣意的再分配（政治学）、正義を実現する理念（法学・倫理学）という具合である。しかし本書の第1章や第2章で論じるマーシャルやピグーが典型であったように、歴史的には、経済学の本流中の本流にいた人々も、福祉の問題を経済学の中心課題として議論していた。本書の議論は、そうしたケインズ以外の人物にも光を当て、また戦後に流布した社会工学的・メカニカルな経済学以外の部分にも注目することを出発点としている。

　さらにそのような経済学の歴史的接近が重要なのは、ベヴァリッジ体制として実現した福祉国家が、それまでの豊穣な議論のいくつかを切り落としてしまったのではないかという懸念があるからである。つまりマーシャル*、ピグー*、ウェッブ*、クラーク*、ミュルダール*、そしてベヴァリッジ自身の経済思想は、実現した福祉国家とどのくらい距離感があるのか――その見極めが本書の課題である。今日、旧来型の福祉国家が批判されているとすれば、過去の経済学者はその批判をあらかじめ正面から受け止め、それゆえに何らかの現代性を有するのではないかと我々は信じている。福祉の問題には経済領域の考察が不可分である。経済領域に最も精通する経済学者をその内部から――他領域のように外部からではなく――批判・吟味したい。ただし経済学の独立性を過度に主張するわけではない。(6)理想となる福祉国家とは暫定的に、(7)「市民社会を前提とし

---

(6)　マーシャルの経済学定義が興味深い。「経済学は日常生活を営んでいる人間に関する研究である。それは個人的・社会的行動のうち、福祉（Well-being）の物質的要件の獲得と、その使用に極めて密接に関連している側面を扱う」（Marshall 1920/1890: 1）。

(7)　塩野谷（2002: 4）は、福祉国家を「資本主義・民主主義・社会保障」からなる経済・政治・社会体制と定義する。

た上での社会保障と完全雇用の希求」と定義できる。この福祉国家の考察には市場の内部的機能だけでなく、効率的な市場を成立させる外部的条件、市場の外部へ与える影響、経済主体の動機なども考慮しなければならない。つまり、本書では経済と社会の相互作用 (interface) にも注目している。

　本書の第5章でミュルダールが言うように、福祉国家は未完成である。その完成図の一端は、過去の経済学説の現代性を認識し、再構成することで具現化できるのではないか。

2. 本書の特徴

　本書の特徴を次の5点に求めておこう。

　第一に、福祉国家の形成と現状を、主に経済思想から論じた。従来、福祉国家論は社会学や政治学が得意とする分野であり、多くの優れた業績を生んできた。また福祉の現状に関しては、社会事業の実践という形で、極めてミクロ的（微視的）な、しかし喫緊の重要問題が実務家の間で議論されてきた。本書はこれらの先達を尊重しつつ、あえて別の側面から福祉国家の過去と現在（そして未来）を論じようと試みる。その側面とは経済思想の側面である。

　もちろん経済理論においても、福祉の枠組みは「(新) 厚生経済学」という名のもとで——あるいはセンのように、従来型の厚生経済学を超えようとする挑戦を含みつつ——大きな理論的発展を遂げてきた(8)。ピグーが厚生（＝福祉）経済学の創出を提唱して以来、人々の厚生や福祉の問題は20世紀の経済理論の無視し得ない潮流だったと言っても過言ではない。また、具体的な果実を追求するという意味で、福祉の議論は経済政策——特に租税論や所得政策において——と大きく関わってきた。ただし経済学の分野から福祉になにがしか発言できるのは、そのようなミクロ経済学の規範的・公理的接近方法や経済政策論だけではない。むしろ経済思想・経済学史の研究にも大きな可能性がある。

　なぜならば経済思想の研究が最も得意とするのは、経済理論・経済政策の背後にある「世界観」(vision)、「政治信念」(ideology)、「前提」(premise)、「時代

---

(8)　見通しの良い概説は、鈴村・後藤 (2002/2001) にある。

感覚」(sensitivity to the times) を抉り出す作業だからである。経済の言説・学説を歴史的な観点から適切に位置づけること——これこそ我々の課題である。そして福祉（国家）の問題とは、まず経済的な資源を「いかに無駄なく使うか（効率）」と「いかに公正に使うか（公正）」というギリギリの選択を施すことである。そして同時に、「利己心」(self-interest)、「競争」(emulation)、「協同」(cooperation)、「連帯」(solidarity) などをキーワードにした人間主体の経済的・社会的行為およびその帰結についての考察でもあった。この意味で、福祉には経済の領域と社会の領域が渾然一体となっており、それを解きほぐす作業に、経済思想のような研究分野も有用となる。福祉国家論の経済思想からのアプローチはまだ緒についたばかりだが、これまでの福祉研究史に新たな側面を加える大きな余地を残している。

　第二に、執筆者は全員——ただし編者1人だけを除き——20代・30代の極めて若い研究者である。[9] 11人の関係者のうち、4人は大学院に在学中など就職待ち状態にあり、1人は就職1年目、3人は就職3年目である。序章を担当している残りの3人のみが、大学で10年または11年奉職しているに過ぎない。若さとはたいがい未熟を意味するが、時に破天荒な発想を生み、既存の研究状況を打破する可能性も秘めている。本書がこの面で成功しているかどうかは読者の判断に委ねるが、少なくとも我々3人は学会の中堅として、若手研究者の自由な発想を伸ばす手伝いはできたのではないかと感じている。

　第三に、本書は2005年2月19日に中央大学駿河台記念館で行われたセミナーを直接の契機としている。この総合セミナーでは「福祉国家の経済思想—自由と統制の混合—」と題し、国内の研究者30名ほどを集め、半日に渡って徹底的な討論を行った。本書の大部分はこの時の発表原稿（未出版）に基づいている。ただし序章・第3章・第7章・第8章は、この時の討論を延長する形で、新たに書き下ろされた。当初の総合セミナーでは5人の発表者に5人の討論者が付き、さらに総括コメントを2人に割り振っていた。本書は当日の討論・コメントを徹底して読み込み、数次の改訂を経て完成した。5人の討論者のうち3人は新たに論を起こし、1人は共同執筆者となり、1人は人物録・索引作成

---

(9)　ただし査読付雑誌『経済学史研究』に論文を持つ者は7名いる。

に回った。この意味で、当日の発表者と討論者は本書で完全な協働作業を行ったと言えるだろう。

　第四に、執筆者は三重の意味で、多様な背景を持つ。まず、確かに半数強は同じ大学を卒業し、または経済思想を専攻している。しかし残りの少なくない人数は、それぞれ全く異なる教育環境で、全く異なる研究分野・研究スタイルを貫いている。次に、執筆者に経済学以外の専攻者、すなわち社会学・社会政策・法哲学の専攻者を加えている。経済思想という枠に囚われず、絶えず他分野からの監視と刺激が必要であるという認識からである。最後に、執筆者の関心が多様な時代と地域にまたがっている。イギリスにおける歴史的な福祉の発展を研究対象とする者が多いが、ある者は戦間期のアメリカに、ある者はスウェーデンの普遍的な福祉国家（社会）の理念型に、ある者は現代イギリスの福祉改革に、またある者はイギリス・日本の両方を睨みながら、現代における法の役割に関心がある。このような研究対象の多様性が本書の重要な特徴であろう。

　第五に、この多様性にもかかわらず、すべての執筆者が「福祉国家は現代にどのような意味を持ったか／持つのか」という点において、大きな共通点を有する。それは従来型の福祉国家（論）が不十分で、「福祉社会の到来」に将来の可能性をある程度かけるべきだという思いである。福祉国家はここ数十年で大いに批判されてきた。福祉サービスを権利として一方的に与えるだけの「給付型」国家、サービスの一元的供給しかできない「中央集権型」国家、財政の放漫経営をもたらす「大きな政府」などの強い批判である。我々はこれらを深刻に受け止めている。しかし直ちに福祉国家の拒絶に向かうわけではない。むしろ福祉国家の成立に関わった経済学者を追いかけることで、福祉国家の原点を原典に即して再評価し、それを「福祉社会」という新しいモデルへの脱皮バネとして発展させようと考えている。

　福祉社会という理念のイメージは、執筆者にとって確かに様々である。ただし、最低限、次の三つの共通項は窺えるであろう。最初に、個人と国家という完全な二項対立は不適切である。現実の社会はこれらの中間項――例えば「友愛組合」「半官半民の自治組織」「社会自由主義的な計画」「社交場」「ヴォランタリズム」「第三の道」など――が存在し、「良き社会」はこうした場の豊穣さ

に依存する。次に、国家の義務＝市民の権利だけを一方的に要求するのではなく、市民の義務あるいは市民の能動的参加が実現する／あるいは実現を促すような仕組みや倫理観が自らに課される。福祉国家に否定的な嫌悪感が存在した理由の一つは、前者（国家の義務）のみが前面に押し出されていたためであろう。本書では多くの章で、取り上げた経済学者はむしろ後者（市民の義務）まで視野に入れていたと論ずる。最後に、自由と統制という完全な二項対立も不適切である。福祉政策の発展とは、経済的自由放任主義（古典的自由主義）を修正する過程である。そのため、完全な経済計画（社会主義）という選択肢を主張する論者も当時は多くいた。あるいはそれに対抗して社会に自生的秩序を見いだし、完全な自由を神聖視する論者もあった（現代でもノジックの最小国家論がある）[10]。しかし自由（人間の基本的権利）と統制（人間の叡智）のどちらかに偏るのではなく、むしろ両者の適切な比率を呻吟しながら追究していた論者を本書では取り上げる。

　以上のような３点に目配りした社会構想を、「福祉社会」[11]と暫定的に名づけることができるだろう。

3. 福祉国家論の変遷

　我々の問題意識を明らかにするためにも、福祉国家（論）の変遷を大まかに振り返っておく。ここでは五つの段階を考慮したい。福祉国家の起源、成立、黄金時代、批判、空位から復権へという流れである[12]。ただし本書のほとんどの章は、以下の典型的な理解に留保を付ける。それぞれの段階は前後の要素を多く含んでいるため、過度な単純化は不毛である。また一方向に必然的に全世界が動いているわけでもない。もとよりこれが唯一の流れと主張するわけではな

---

(10) ノジックは超最小国家（ultraminimal state）を提唱した。これは国防・警察サービスを購入できる者だけにその供給を行う国家であり、単なる夜警国家をさらに純化させた概念である。Nozick（1974: 26）参照。
(11) Robson（1976）は早くから、福祉国家と福祉社会の対峙を考えていた。日本では正村（2000）を参照。
(12) 最も見通しの良い議論は、Harris（2002）にある。古典的には Bruce（1961）、Gilbert（1966）、Gilbert（1970）がある。

く、あくまで概観のための単純化である。

　第一に、20世紀初頭までの福祉国家創生期である。イギリスだけでもここに至るまでに非常に多くの要因が累積し、その起源と進化を辿るのは容易でない。そこであえて完全な単純化を──明瞭な批判軸として──行っておく。次の二つとも有名な区分である。一つ目はA. V. ダイシーによる19世紀イギリスの古典的三段階分類である[13]。立法休止の時代（1800〜1830）は考慮外に置くとして、ベンサム＊または個人主義の時代（1825〜1870）と、集産主義の時代[14]（1865〜1900）の峻別が重要である。前者は功利主義に基づいた立法改革であり、後者は社会的再生への希望であった（Dicey 1914/1905: 69）。また二つ目としてT. H. マーシャルの古典的区分によれば、イギリスはおおよそ18世紀が市民的基本権の確立、19世紀が政治的基本権の確立、20世紀が社会的基本権の確立であった（Marshall 1992/1950: 8）。この二つの古典的区分を福祉の発展史に乗せると、個人貧から慈善の組織化へ、そして国家介入へという三段階発展説を図式化することができる。それぞれの法制度・社会制度としては、19世紀前半までの救貧法（特に1834年の新救貧法）、1870年代からの慈善組織協会（COS）、1900〜10年代の自由主義／自由党の改革がある。特に最後の改革は、救貧法の恥辱感から老齢者・児童・低賃金労働者・労災受難者・疾病者・失業者を次々と解放する国家計画であった。20世紀初頭に、貧困を抑圧する機構から予防する機構へと流れが変わったのである。1940年代の『ベヴァリッジ報告』とその立法化はこうした発展を基礎とした。集産主義を囃し立てる世論にあって、社会的人権が確立していく過程を福祉国家の誕生と結びつけるわけである。図式化した見取り図ではあるが、確かに真理の一端を見せているだろう。イギリスは長い伝統の上に、ようやく最後の成立段階を迎えた。

　第二に、直接的な福祉国家の成立である。二つの世界大戦が直接の契機である。帝国主義として矛盾化していた政治と経済の基盤は、二つの世界大戦を生

---

(13) この単純化を根本的に反対する見解は岡田（1987: 148）にある。ダイシー自身、ベンサムの設計主義が集産主義と、ある程度の連続性を持たざるを得ないことを認めていた（Dicey 1914/1905: 306）。

(14) ダイシー自身はこの用語を社会主義（＝個人的自由を犠牲にしても国家介入を好むこと）と同値と見ている（Dicey 1914/1905: 64）。集産主義を社会主義の上位概念とし、別の様々な介入主義（ケインズ主義など）も含む我々の用語法とは異なる。

まざるを得なかった。第一次世界大戦後、国際連盟の発動によって世界平和と軍縮が実現するかに見えた。しかし通常のインフレ・デフレを超え、世界大恐慌という破滅の中で、資本主義国は全体主義と社会主義の深刻な挟撃を受けることになった。そこで自由放任主義（自由競争と自由貿易）という大原則は棚上げされ、戦争国家（warfare state）に対抗する意味で、福祉国家（welfare state）という概念が必要になった。資本主義の中で必然的に発生する「生活最低限以下の生活」を克服する装置である。特にイギリスにあって、今ここにある戦争を戦い抜くため、将来の壮大な理想王国を国民に提示する必要があった。ベヴァリッジはこの大衆の要望に応え、『ベヴァリッジ報告』(1942) を書き上げた。最も重要な概念は国民最低限保障（National Minimum）であり、これは所得・住居・教育・余暇における市民の権利を意味した。まず「窮乏からの自由」を謳う社会保障の計画（社会保険＋公的扶助＋包括的医療サービス＋児童手当）が具体化した。アトリー労働党内閣での福祉立法として——特に所得保障の面で——福祉国家は実現した。

　第三に、福祉国家は二つの思想の混合により、戦後合意という特殊な条件下で黄金期を迎えた。その二つとは象徴的に、一つはベヴァリッジの社会保障論であり、もう一つはケインズの完全雇用論である。第8章で論じるように両者は互いを前提として、発展的に拡大していく可能性を持つ。イギリスの理念はILOや他の国々にも受け入れられ、西側世界全体に拡大した。東側（共産圏）という共通の敵が外側にあり、また南側（発展途上国）という従属関係の国々も外側にあった時、資本主義諸国は国内外で安定的な経済成長を謳歌することができた。国内では労使関係の対立含みの協調路線があり、国外ではIMF – GATT体制による貿易伸張の協調路線があった。この中で経済成長は社会保障への原資を生み、社会保障の確立は経済・政治の安定化を生んで成長への礎を築いた。この安定性が戦後の「福祉国家の合意」を生んだ。すなわち、政治家・官僚・世論・学者という各層において、福祉国家の有用性がほぼ当然視されたのである。金本位制による安定がちょうどイギリス帝国主義の強さと不可分であったように、福祉国家の成功も経済成長という資本主義の黄金時代と不

---

(15)　もちろんハイエク『隷従への道』(1944) を筆頭として、福祉国家を堕落への道とみなす反対論は小さいながらあった。

可分であった。ウィレンスキーの福祉国家収斂論[16]が現実味を帯びていた時期であった。

　第四に、1970年代中葉からは福祉国家の危機が喧伝された。日米英でそれぞれ、「小さな政府」を指向する政権が誕生し、福祉の供給を普遍的な権利から、制限的な条件を伴う「施し」(dole) に変換させた。この転換は、救貧法時代に戻る先祖返りとみなせる。代表的な論考はミシュラの『危機に立つ福祉国家』(1984) やフリードマンの『選択の自由』(1980) である。ミシュラはケインズ～ベヴァリッジ型の福祉国家が金属疲労を起こしていると診断し、全く別のコーポラティズム型福祉国家に期待を寄せる。そこでは資本と労働の各代表者による中央集権的な交渉によって、様々な政治経済問題を解決する。具体的にはオーストリアの例がある。他方、フリードマンは「福祉国家の欺瞞」を断罪し、福祉政策の存在で人々が国家に依存し、自立の精神を失ったと嘆いた。福祉政策を施すよりも、「短期的にはある種の人々には残酷に思えるかもしれないが、低賃金で魅力の乏しい仕事に従事させておくべき」(Friedman 1980: 149、邦訳283) という価値観があった。方向性は全く違うものの、現実の福祉国家体制が大きな危機を迎え、脱却の必要があるという点では両者は共通である[17]。この危機感は、1960年代からのインフレやマネタリストの批判に根を持ち、ニクソンショック・石油危機を契機とした低成長期（スタグフレーションの蔓延）を通じて、非常に流布した。

　第五に、空位時代を経て、現在では福祉国家の再建・再編・復権が芽生えてきた。夜警国家への回帰という理念は多数の人々の支持を得たように見えたが、その後仔細に現実を分析する論者から留保・疑問を出す論考が相次いだ[18]。すなわち、現実の社会保障支出は高い水準で推移しているし、多くの国で福祉国家体制が世論として支持されている。他方で、一時期のカナダやオーストラリアがそうであったように、福祉関連支出を徹底的に削減した国もある。この謎に

---

(16) 計量モデルで各国の指標を比較し、高齢化が社会保障支出を上げるという結論になった。高齢化は各国で共通なので、すべての国は福祉国家へ収斂するという説。母集団を西洋諸国に限れば、政治的変数も重要になるという批判もある。富永 (2001: 128)、新川 (2002: 45) を参照。
(17) なお、マルクス主義陣営も福祉国家を資本主義の延命策と見て、批判した。
(18) 代表的な Johnson (1987: Ch.2)、Pierson (1991: Ch.5) を見よ。

回答を与えたのが、エスピン - アンデルセンの『福祉資本主義の三つの世界』(1990) である。この本自体では、起源と発展形態の異なる三つの体制 (regime) が議論の中心であった。しかし彼の決定力はむしろ、福祉国家は一元的・必然的な発展ではなく、多元的・偶然的な要素に左右されているという認識だろう。それゆえ、彼の提起した三つの体制を超え、(ジェンダー論を含む) 様々な形での多様性が必然となってきた。多元的とは単に福祉国家にいろいろな体制があるという意味だけでなく、福祉の供給主体および享受主体が多様であることも意味する。個人と国家の二項対立ではなく、「社会」という第三の機能に自発性や参加などの議論が集中したのもこの文脈である。単純化された政治上の言説では、福祉国家は大きく後退しているが、福祉の研究領域ではむしろ「良き社会」を目指す福祉国家の再編・復権が模索中なのである。[20]

4. 本書の構成と要約

本書の構成を述べ、各章の特徴を略述しておくのが便利であろう。本書が考察する時代範囲は、19世紀末から21世紀の現代である。場所の範囲はイギリスを主とするが、その相対化のためにアメリカ・スウェーデンも（そして現代日本もごく一部で）特定の章で考察する。マーシャル・ピグー・ウェッブ夫妻・J. M. クラーク・ミュルダール・ベヴァリッジという具合に、考察対象の大部分は20世紀前半・中葉に活躍した経済学者・社会思想家である。その中で、前二者は経済主体論（ミクロ的把握）を行い、後の四者は社会システム把握（マクロ的認識）に傾いている。ただし時代や国の制約を相対化するため、現代のサッチャー・ブレア政権や、ヴォランタリズムと法という二つの章もある。以下で、各章ごとに簡単なガイドを施したい。

第1章（山本論文）はアルフレッド・マーシャルを扱う。彼はケンブリッジ

---

(19) 一元的な公共支出の額・割合という指標ではなく、三つの指標によって各国を類型化した。失業保険・健康保険の重要度（脱商品化）、家族への依存度（脱家族化）、各層の平等度（階層化）を掲げ、福祉国家を自由主義・保守主義・社会民主主義の三つの体制に分けた。Esping-Anderson (1990: Book 1)。

(20) 宮本 (1999: 248) は福祉国家の将来像について、四つの仮説を簡潔にまとめている。衰退説・持続説・分岐説・再編説である。本書の立場は再編説に近い。

学派の創始者であり、J. S. ミル*に代わって経済学界を支配した新古典派の重鎮である。ミクロ経済学の教科書にある様々な道具立て（弾力性や余剰分析など）だけでなく、部分均衡論という方法論を発明したという点で現代の経済理論にも多大な影響を保持している。ただし経済思想家はマーシャルの別の側面にも注目してきた。それが本章で考察する「労働者の人格向上」である。山本論文は初期論文「労働者階級の将来」（1873）に依拠し、マーシャルの福祉国家形成における位置を定めようとしている。マーシャルは下層労働者の過酷な労働条件に注目した。この現実は、彼が目指す「労働者階級のジェントルマン化」を阻害する。マーシャルは公的生活を重視するミルの人格陶冶論を、日常的な職業に基礎を置く自立の理論として拡大・発展させた。その中で（新）救貧法の理論的支柱であるマルサス人口論*（貧困は必然的な自然現象）を相対化し、労働者階級の人格陶冶を実現するための経済学的条件は既に整ったと主張した。この考察はマーシャルを個人主義と集産主義の二分法ではなく、中間移行形態として位置づけることになる。すなわち労働条件の議論には国民最低限保障の要素が窺える一方で、マーシャルはその実現を国家機関が担うことに対しては否定的であった。山本論文はこのようなマーシャルの議論の中に、救貧法の枠外で福祉政策が行われる理論的条件を見いだした。

　第2章（本郷・山崎論文）はピグーを扱う。彼はマーシャルの後継者（ケンブリッジ大学経済学教授）として、厚生経済学を創始した。ただ彼は二重の意味で研究史上から疎外されていた。第一に、ケインズによって「古典派」として徹底的に批判されたため、失業論・景気循環論・貨幣需要論を含め、ほとんどの理論的貢献が再評価されないままにあった。第二に、ロビンズによる批判のため、ピグーの厚生経済学は価値判断を含む古い遺物として、うち捨てられたままにあった（センによる顕著な例外はあるにせよ）。しかし本郷・山崎論文が主張するように、このような研究状況は変化している。本章では厚生概念の再検討、市民的能動性の問題、優生思想の問題を取り上げる。これらはすべて「福祉社会のあり方」を指向している。つまり、我々は何を目標に生きているのか（厚生という目標の中身）、市民は積極的に何をすべきなのか、我々の生命に優劣を付けるという思想にどのような態度をとるべきか、という三重の問いを発して、それをピグーの思想の中に見いだそうとしている。本章は今ま

でのピグー研究が全く／ほとんど触れていなかった分野を扱い、この意味で国内研究のみならず国外研究の観点からも独創的な題材を扱っている。

　第3章（江里口論文）はウェッブ夫妻を扱う。従来、ウェッブ夫妻は国家による統制を第一に考える「国家コレクティヴィズム（集産主義）」の主導者とみなされることが常だった。これは労働党やソ連への夫妻の傾倒から類推される通説であったが、江里口論文はこの通念に対して異議申し立てを行う。そしてウェッブ夫妻が「福祉の複合体」を先駆的に唱えていたと論ずる。具体的な論証の仕方として、「リベラル・リフォーム（自由主義／自由党の改革）」やベヴァリッジの失業対策と比較することによって、夫妻独自の立脚点を浮き彫りにする。ウェッブ夫妻は労働者の生活環境と産業全体の効率性を結びつけた。市場システムは人間の能力を「退化」させること（貧困の拡大再生産）もあれば、「進化」させること（物質的・精神的な豊かさへの累積的発展）もある。夫妻の問題意識は、失業を予防することで、全体の行程を「進歩」軌道に乗せることであった。その手段として、労働市場の組織化が必要である。失業が予防できれば、下層労働者にも友愛組合・労働組合の助けが広がり、また効率的で自立的な民間保険にも加入できる。ベヴァリッジは失業を労働市場の機械的な運動を阻害する要素と見たが、夫妻は人間主体の進歩を疎外する要因と見た。ウェッブ夫妻の社会保障計画では、国家と中間組織の役割分担がはっきりとしていた。この指摘は従来のウェッブ研究が見落としがちな部分であろう。

　第4章（佐藤論文）はアメリカ人のJ. M. クラークを扱う。アメリカは今でこそ正統的経済学の中心だが、第二次世界大戦前はむしろ「制度学派」と呼ばれる経済思想が支配的であった。彼らは制度の進化過程や個別具体性を重視し、新古典派が持っている合理的経済主体の仮定を批判した。またアメリカは自由市場と自己責任をずっと原則としてきたと思われているが、むしろ戦間期は経済の計画化や社会保障整備を積極的に押し進めていた。この二つの運動の中心にいたのがクラークである。彼のキーワードは「社会経済学」「社会的コントロール」「社会自由主義的な計画」などである。いずれもこれまでの経済学や、現実に進行した計画化を批判している。まず彼の関心は価格の経済学（つまり個人の合理的行動に基づく価値の理論）ではない。また、社会主義やファシズムによる直接的な統制でもない。さらに、ルーズヴェルト大統領によるニュー

ディール政策も——個別政策が既得権益の保護につながるため——限定的な評価しか与えられない。なぜならば社会の諸勢力が自ずから組織化されることが重要である。換言すれば、企業家や労働者が自主的に、何らかの共通目的に向けて組織として協力していくことが必要である。市場外部からの統制的な部分的計画ではなく、経済システムの内発的な要素によって望ましい社会が間接的・自主的に達成され得る。これはいわば社会＝経済システムの自己調整能力への着目であり、代替的な「包括的計画」として整理される思想であった。

第5章（藤田論文）はミュルダールを扱う。彼の業績はヴィクセル的貨幣経済学、人口論、経済学方法論、南北問題、累積的因果関係論、アメリカ論など非常に多岐に渡っている。その中でも福祉国家論は見逃せない。藤田論文は『福祉国家を越えて』(1960) の現代性を論証する。この本は一国における福祉国家の形成論の部分と、それが全世界にどのような広がりを持つかという部分に分かれる。藤田論文の特徴は、経済学方法論——価値前提の明示——と累積的因果関係論の両輪を用いて、両部分の統合的把握を成し遂げ、さらにその把握が現代的意義を持つと論じた点にある。ミュルダールの価値前提は抽象的には自由・平等・友愛であるが、むしろ「集団的組織の基盤そのもの」が発達すべきというものである。各国の福祉国家体制は歴史的必然として組織されたが、これで終わりではない。二重の発展性を秘めている。一つは全世界に西側諸国の「好循環」が拡大していくこと。この際に「福祉国家の国民主義的限界」を克服し、発展途上国の「悪循環」を断ち切る必要がある。もう一つは福祉国家の形成がまだ未完成であると自覚すること。未完成ゆえに、絶えず分権化・自治化を吟味し、むしろ中央集権的干渉を減少させなければならない。いわば「福祉社会」への指向をミュルダールが秘めていた。この指摘は従来のミュルダール研究が触れていない部分であろう。

第6章（菅論文）は法の新しい役割を扱う。古い管理型の福祉国家を超え、新しい相互支援の社会に移行すべきという全体の基調がある。従来型の福祉国家は管理・規制・監視を得意とし、その反動として、リバタリアニズム＝最小国家論も存在した。自由の概念も「国家からの自由」、あるいは他者なき自己指向的自由が中心となっていた。しかしこれからのモデルは、自発的な個人による各々の連携・交流、すなわち「社交」の形成・発展に力を注ぐべきである。

自由の概念も、他者指向型自由（他者と関わっていくことへの自由）への転換が望まれる。このように望ましい社会を設定した後、菅論文は法の新しい役割を「容易化」という概念に求める。これは自発的支援行為を法的に奨励することであり、従来の命令的・道具的な法概念とは断絶している。個人の新しい自由を実現するため、法に積極的（ただし間接奨励的）な関与を求める。この理解は歴史的にも、公益ユース法（1601、慈善信託法）での慈善奨励に起源がある。また、現代の日本およびイギリスで進行中のヴォランタリズム関連法案の設置・改正とも密接に関係する。菅論文は個人の自己決定性や個の尊厳を堅持しており、この意味で自由主義や個人主義の伝統を守っている。しかし自由と統制という二項対立に還元できない「社会」を発掘し、かつ活性化させるための法的枠組みを根拠づけた点で、新しい自由主義の基礎的かつ最先端の現代的議論になっている。

　第7章（深井論文）はサッチャー・ブレアの挑戦を扱う。両政権の失業対策がどのように従来の福祉国家と異なるのか、そしてその共通項にもかかわらず、何が両政権を分かつのかという問題設定がある。その共通点はマクロ経済運営と一元的な所得保障批判である。前者はインフレを制御するための金融政策である。後者は所得保障が逆に、就労可能者を失業状態に閉じこめてきたという反省である。サッチャー政策は特に自然失業率仮説への信奉から導き出され、従来の福祉国家はこの自然率の撹乱要因だったと断じた。そして普遍的な公的扶助政策（国民最低限保障）から選別主義（給付の厳格化・条件化）へ大きく舵を切った。ブレア政策も同様に、社会保障の権利と就労の義務を結びつけている。ただし大きく異なるのが労働市場へのまなざしである。サッチャーは上昇志向層（富裕層）が社会の原動力だから、まずこの層を優遇すべきとした。いわば好循環を助長するのが目標である。労働市場の効率的な運動を妨げる要因については、懲罰的に望んだ。それに対しブレアは、社会的排除という概念が象徴するように、低所得が貧困と失業を再生産するという基本的認識がある。そこで悪循環を絶つことがターゲットとなる。深井論文は両政権の政策を一段奥にある経済思想から比較しており、初期条件・機会・結果それぞれの不平等にどのように対処するかに関して、大きな示唆を与えてくれる。

　第8章（小峯論文）はベヴァリッジを扱う。最終章であえてベヴァリッジを

取り上げる理由は、彼が福祉国家理念の最終設計者という意味で現代社会の出発点であるだけなく、福祉社会理念の考案者という意味で同時に現代へ大きな意義を有しているからである。ここでは彼の後期三部作、『社会保険および関連サービス』(1942)、『自由社会における完全雇用』(1944)、『自発的活動』(1948) を一体として考察する。まず前二者がケインズ等の経済学者との綿密な対話の上に形成され、社会保障論と完全雇用論が互いに補完し螺旋的に拡大しながら、福祉国家の理念を創出したと論じる。ここまでは従来の研究でも不十分ながら指摘されている。次に、この二つの「国家の義務」では不十分で、第三の「市民の義務」を加えることで、「良き社会」・市民社会の理念が完成した。そこには個人1人でも国家でも入り込めない「共同体」「連帯感」という中間項目がある。国家の役割は社会保障制度の構築と維持にある。市場の役割は完全雇用の達成にある。市民の役割は自発的活動によって自分の仲間たちを支えることにある。三者の役割分担ははっきりしており、しかも互いに補完的である。いずれかが欠けても社会は機能しない。ベヴァリッジはこのことを自覚しており、給付型の福祉国家に留まらない現代性を有している。

　人物録（山根担当）は本書で触れた人物の素描を試みた。ごく簡単な人物録であるが、本書を読む際の補助になるように、生年・没年、同時代での役割、主著などを解説した。福祉に関心がある一般読者だけでなく、専門家にとっても便利な略伝になるはずである。

　以上いずれの論考も、福祉国家という題材に真摯に向かい、歴史的観点からその現代性を抽出しようと奮闘した。図らずも全員が個人と国家、自由と統制など極端な二分法を批判し、「福祉社会の到来」――細かいイメージは各人で異なるが――に可能性をかけることになった。その社会とは極端な個人主義でも集産主義でもなく、基本的な自由権は尊重しつつ、ある程度の経済制御が行われ、しかも市民の自発的活動が促進される「共同体」である。多元的な福祉社会と呼び変えても良い。本書全体で統一的なメッセージを生み出せたかどうかについては、読者の忌憚ない批判を待ちたいと思う。

参考文献

Barry, N. (1999/1990) *Welfare*, Second Edition, Buckingham: Open University

Press.（齋藤俊明ほか訳『福祉―政治哲学からのアプローチ―』昭和堂、2004）。
Briggs, A. (1961) "The Welfare State in Historical Perspective", *Archives Europeenes de Sociologie*, Vol. 2, No. 2. pp. 221-258.
Bruce, M. (1961) *The Coming of the Welfare State*, London: B. T. Batsford Ltd.
Dicey, A. V. (1914/1905) *Lectures on the Relation between Law and Public Opinion in England during the Nineteenth Century*, Second Edition, London: Macmillan.
Esping-Andersen, G. (1990) *The Three Worlds of Welfare Capitalism*, Cambridge: Polity Press.（岡沢憲芙・宮本太郎監訳『福祉資本主義の三つの世界―比較福祉国家の理論と動態―』ミネルヴァ書房、2001）。
Fraser, D. (2003/1973) *The Evolution of the British Welfare State: A History of Social Policy since the Industrial Revolution*, Third Edition, Houndmills; UK and New York: Palgrave Macmillan.
Friedman, M & R. (1980) *Free to Choose: A Personal Statement*, Harmondsworth; US: Penguin Books.（西山千明訳『選択の自由』日経ビジネス文庫、2002）。
Gilbert, B. B. (1966) *The Evolution of National Insurance in Great Britain: the Origins of the Welfare State*, London: Michael Joseph.
Gilbert, B. B. (1970) *British Social Policy 1914-1939*, London: B. T. Batsford Ltd.
Harris, J. (2002) "From Poor Law to Welfare State? : A European Perspective", pp. 409-438, in Winch, D and P. K. O'Brien (eds.) (2002) *The Political Economy of British Historical Experience 1688-1914*, Oxford: Oxford University Press.
Johnson, N. (1987) *The Welfare State in Transition*, Brighton, UK: Wheatsheaf Books.（青木郁夫・山本隆訳『福祉国家のゆくえ―福祉多元主義の諸問題―』法律文化社、1993）。
Marshall, A. (1920/1890) *Principles of Economics: An Introductory Volume*, Eighth Edition, London: Macmillan.
Marshall, T. H. (1992/1950) *Citizenship and Social Class*, London: Pluto Press.
Nozick, R. (1974) *Anarchy, State, and Utopia*, Oxford: Blackwell.
Pierson, C. (1991) *Beyond the Welfare State?*, Oxford: Basil Blackwell.（田中浩・神谷直樹訳『曲がり角にきた福祉国家―福祉の新政治経済学―』未來社、1996）。
Robson, W. A. (1976) *Welfare State and Welfare Society*, London: George Allen & Unwin.（辻清美・星野信也訳『福祉国家と福祉社会』東京大学出版会、1980）。
Spicker, P. (2000) *The Welfare State: A General Theory*, London: Sage.（阿部實・圷洋一・金子充訳『福祉国家の一般理論―福祉哲学論考―』勁草書房、2004）。
Thane, P. (1996/1982) *Foundations of the Welfare State*, Second Edition, London and New York: Longman.（深澤和子・深澤敦監訳『イギリス福祉国家の社会史』ミネルヴァ書房、2000）。
Titmuss, R. M. (1950) *Problems of Social Policy*, London: His Majesty's Station-

ery Office; Longmans, Green.

足立正樹編(1995/1988)『(増補)福祉国家の歴史と展望』法律文化社。
大沢真理(1986)『イギリス社会政策史―救貧法と福祉国家―』東京大学出版会。
岡田与好(1987)『経済的自由―資本主義と自由―』東京大学出版会。
塩野谷祐一(2002)『経済と倫理―福祉国家の哲学―』東京大学出版会。
塩野谷祐一・鈴村興太郎・後藤玲子編(2004)『福祉の公共哲学』東京大学出版会。
新川敏光(2002)「福祉国家の世紀と階級政治」、宮本編(2002) pp. 39-77。
鈴村興太郎・後藤玲子(2002/2001)『アマルティア・セン―経済学と倫理学―(改装新版)』実務出版。
富永健一(2001)『社会変動の中の福祉国家―家族の失敗と国家の新しい機能―』中公新書。
正村公宏(2000)『福祉国家から福祉社会へ』筑摩書房。
宮本太郎(1999)『福祉国家という戦略』法律文化社。
宮本太郎編(2002)『福祉国家再編の政治』ミネルヴァ書房。
毛利健三(1990)『イギリス福祉国家の研究―社会保障発達の諸画期―』東京大学出版会。
毛利健三編(1999)『現代イギリス社会政策史 1945-1990』ミネルヴァ書房。
森村進(2001)『自由はどこまで可能か―リバタリアニズム入門―』講談社現代新書。

第1章
A. マーシャルによる社会問題の再発見
19世紀後期の労働者階級

山本　卓

1. はじめに

　A. マーシャル[*]は、イギリス福祉国家の生成史の文脈上においては、過渡期の思想家として位置づけられることが通例である[(1)]。彼は、19世紀型の自由主義に知的基礎を提供してきたイギリス経済学（political economy）の伝統を継承する立場から、貧困に対して政策的に対処することの重要性を主張した。その観点から経済学の理論的再編を試みたマーシャルが、なおも過渡期の思想家として位置づけられるのは、彼の立場と、草創期の福祉国家と直接結びついた思潮の間には一定の隔たりが存在したからである。

　1880年代末以降、イギリス社会では、顕著な社会的動揺を背景にして（貧困対策に主眼を置く）福祉国家の登場を促す思潮が生まれた。これに対してマーシャルは、個人の自発性を重視する立場から、そうした動きから距離を置く姿勢を示した（Marshall 1907: 334-42）。そしてそのような彼の議論は、この時期のイギリスで進んだ、個人主義（individualism）の貧困観から集産主義（collectivism）の貧困観への転換の、いわば中間に位置するものとして評価されて来たのである[(2)]。

（1）　福祉国家の生成史におけるマーシャルの位置づけと関連して、例えば、下記の文献を参照のこと。Hutchison（1978: 105-15, 邦訳 117-29）、Himmelfarb（1992: 303）、Biagini（1995: 24-36）。ただしその評価については議論も存在する（Reisman 1987: 167-243; Whitaker 2004）。

しかし集産主義の理念および実践については、これをイデオロギー的な理解からいったん切り離して、歴史的な状況に即して再検討しようとする研究が進められている。それらの研究は、集産主義が、思想的にみて、もっぱら個人主義との対比においてのみ性格づけられるものではないことを早くから指摘してきた(3)。また、より最近では、19世紀後期以降の集産主義の実践は、福祉国家の枠に限定されない福祉供給のネットワークの中でそれがどのような役割を果たしたかという観点のもとで、はじめてその性格を正確に理解できるものであることが明らかにされている(4)。さらに、同様の観点から、草創期の福祉国家が基づいた集産主義の政策理念についても新たな光が当てられて然るべきであろう。すなわち、それを自由放任主義的な政策理念との対比でのみ捉える理解は、歴史的な観点から再検討される必要がある。

　本章の課題は、いま述べた問題意識のもとで、A. マーシャルが『労働者階級の将来』(1873)(5) の中で示した社会政策観を、社会思想史的な観点も交えて明らかにすることにある。その際、J. S. ミルの経済学理論との関係にも留意する(6)。本章の構成は以下の通りである。第2節ではマーシャルの労働者階級についての福祉観を、ミルの議論との対比を通じて明らかにする。またそうした福祉観のもとで下層労働者階級における過重労働の存在に関心が向かったということについて検討する。第3節ではマーシャルの過重労働をめぐる議論はミ

---

(2) ここで個人主義の貧困観とは、個人の倫理的要因を貧困の原因として重視する立場から、環境要因を改善することに対して消極的な姿勢を示す考え方を指す。他方で、集産主義の貧困観とは、環境要因を貧困の原因として重視し、またその観点から貧困への政策的な対処を要請する考え方を指す。

(3) 例えば、Hennock (1976)、Collini (1979: 13-50)、Harris (1996) を参照のこと。

(4) そうした研究状況を概観するものとして、高田 (2002) がある。ほかに、Goldman (2002: 262-72)、江里口 (2001) も参照のこと。

(5) この論文は1873年末に「ケンブリッジ改革クラブ」で行われた報告に基づいている。このクラブは地域の自由主義系のサークルであったという点について、T. Raffaelli 准教授からメールにて教示戴いた。

(6) 「労働者階級の将来」と、その中で表される労働者階級の福祉向上案については、国内の研究においても多く光が当てられている（例えば、橋本1990: 24-5；近藤1996: 6-12；西岡1997: 161-2）。これらの先行研究に対する本稿の特徴は、この論文におけるマーシャルの議論を、ミルの議論との対比を軸にして、社会思想史的な観点を交えて分析する点にある。またマーシャルの思想を福祉国家の生成史との関連で扱う最近の研究として、Groenewegen (1995: 570-617) がある。

ルの経済理論に対する両義的な理解に基づくものであったということについて論じる。第4節ではマーシャルが過重労働をめぐる議論をマルサス主義の桎梏からどのようにして解放したかについて検討する。第5節では過重労働の解消策についての彼の議論を検討することを通じて、貧困の解消策として提示された階級上昇促進案を明らかにする。第6節では、本章で検討する社会政策観の見地から1880年代末以降の展開を仮想的に捉える。そのうえで、そうした見地のもとでの考察を通じて、この時期に台頭した集産主義の政策理念、およびマーシャルの社会政策観についての結論的検討を行う。

2. 労働者階級の福祉と人格陶冶

マーシャルは「労働者階級の将来」での論考を、J. S. ミルの『経済学原理』(1848 初刊、以下『原理』と略記) の第4編第7章「労働者階級の将来の見通し」における議論を意識して行っている (Marshall 1873 a: 101-2)。そこで本節では、まずミルが『原理』の中で提示した福祉観を概観し、次いでマーシャルの貧困観の特徴をそうしたミルの議論との対比を通じて明らかにする。

(1) ミルにおける「自立の理論」——人格陶冶に基づく福祉の向上

ミルの「労働者階級の将来の見通し」を主題とする検討は、労働者階級の福祉をめぐる主題が社会的な重要性を増しているとする認識を出発点としている。そうした認識は次のような文明論的な理解に基づいていた。彼の考えでは、当時のイギリスは、経済的な富が最重要の価値としてみなされる「文明の進展において不可欠な一段階」を脱した「最も進歩した国」の一つに数えられる。そうした国では、「誰も貧困に陥らず、より富裕になることを望まず、また推し進むことに精力を傾ける人々によって押し退けられることを恐れる理由もない状態」を実現することが目指されるようになるという。そしてミルはこのよう

---

(7) なお、ミルが H. テイラーの発案で導入したという『原理』の当該部分での議論には、彼自身の主張がどこまで反映されているかという議論が存在する (最近の研究として、安井 (2004) を参照のこと)。だが本章で扱う議論はテイラーとミルの間に存在した見解の相違と重大な関わりを持たないとして判断し、これをミルの議論として扱う。なお、安井氏にはセミナー時に直接、この点に関するコメントを戴く機会を得た。

な理解から、当時のイギリスでは「社会の底辺に位置する諸階級の生活状態が悪化するのを防ぐ」ことを目的とする分配が重要性を増していると考えた (Mill 1965/1848: 753-5, 763)。

こうした認識に立つミルは、福祉を向上させるための方策が基づくべき原則として「自立の理論 (theory of self-dependence)」を提唱している。彼の言う「自立の理論」とは、労働者階級における「自立の諸徳性」に基づき、この階級の福祉を伸張させるというものである。こうした考え方に従う福祉の向上策の具体例として、自発的な産児制限に基づく賃金水準の底上げと、協同組織の実践が挙げられている (ibid.: 759, 763, 765, 769-94)。

しかしミルは、「自立の理論」に基づき福祉を向上させるためには、労働者階級のあいだで教育が普及するための環境をつくり出す必要があると考えていた。彼の理解では、「自立の諸徳性」は当時、多くの労働者において発展途上の状態にある。したがって、「自立の理論」に基づく福祉の向上を軌道に乗せることは、そうした徳性を労働者階級に普及させることを前提条件にしている。そして、教育はそのための手段として位置づけられた。ところが彼の考えでは、教育はいかなる条件のもとでも効果を発揮するものではない。その観点から、不熟練の日雇労働者を念頭に置いて、「ゆとりのある生活を味わったことのない人たちにその［教育の］価値をのみ込ませ、あるいはいつもその日暮らしをしているために無頓着となってしまった人たちに不安定な生活のみじめさを悟らせることは難しい」と述べている（［　］内引用者、以下同様）。そして彼はこのような認識から、労働者階級における教育の普及は「労働者全体の生活をある程度のゆとりを持てる状態にまで引き上げる」ことを条件にしていると主張したのである (ibid.: 375)。

このように「自立の理論」は、労働者階級における福祉の向上は、「ある程度のゆとりを持てる生活」が保障されている条件のもとで、この階級に「自立の諸徳性」を普及させることを通じて図られるべきであるとするものであった。ところで、ミルが「自立の理論」における要とした「自立の諸徳性」という概念は、当時存在した次のような思想の系譜に位置づけられる。それは、イギリス精神史の研究者である S. コリーニが「典型的にヴィクトリア朝期的」なものとして論じた、「『独立独行』、『自立』、『節制』、『克己』、『尊厳』、『自己修

養』といった価値叙述的な語彙を中心に形成された」規範的思想の系譜である (Collini 1979: 29)。本稿ではこの思想が、より抽象度の高い議論の中では「人格」の概念と結びつけて論じられた点に注目して、これを人格陶冶の思想と呼ぶこととする (Collini 1991: 91-118)。またこうした理解に基づき、「自立の理論」を、労働者階級の福祉は（生活水準の底上げを条件とする）この階級の人格陶冶に基づき向上されるべきであるとする立場を示すものとして捉え直す。

（2） マーシャルにおける労働者階級の「ジェントルマン」化
「自立の理論」の継承

マーシャルの「労働者階級の将来」は、ミルの『原理』の初刊から 25 年後の 1873 年に発表された。その間に、労働者階級の購買力は若干の伸びを示す一方で、富の遍在化が進んだ。そうした中で、1860 年代末以降、経済学の分野では主流派の議論を見直そうとする動きが見られるようになっていた。政治的には、1867 年に第二次選挙法改正が行われ、有権者はさらに拡大した。また 1871 年には労働組合法が成立し、自由主義の体制は、労働者階級における集団的自助の活動を内部に取り込む方向で変容を遂げていた。[8]

こうした条件の変化が存在したものの、この両者の間には基本的な立場についての共通性が認められる。すなわち、第一に、ミルが「自立の理論」の出発点とした、労働者階級の福祉を向上させることを社会の要請として捉える立場をマーシャルも共有している。それは、マーシャルが「労働者階級の将来」という主題をミルから継承していることと、この論文の中で「適正な富の分配」によってこの階級の福祉を向上することを主張していることに表れている (Marshall 1873a: 110)。

第二に、マーシャルは、分配についての考え方に関してもミルの立場を基本的に踏襲している。ミルが、労働者階級の福祉は、この階級の人格陶冶（徳性の伸張）を通じて改善されるべきであるとする立場を示したことについては前項で論じた。マーシャルはミルの言う「徳性」を、「丁重かつ穏和、また思慮深いとともに有能であり、さらには自主独立の人々」を意味するとされる「ジ

---

[8] Himmelfarb (1992: 21-39, 68-75)、Hutchison (1978: 69-103)、Hopkins (2000: 57-83)。

ェントルマン」の概念を使って表現している。このような「ジェントルマン」の考え方は、前項で述べた人格陶冶の考え方に根ざすものとして捉えられる。そしてマーシャルは、労働者階級における福祉の向上は、そうした「ジェントルマン」的な価値がこの階級の間に浸透することを通じて図られるべきであるとする考えを示しているのである（*ibid.*: 102, 114-7）。

職業を通じた人格陶冶の考え方

マーシャルはミルの「自立の理論」を継承する一方で、そうして継承された「自立の理論」は、職業を人格陶冶の重要な契機としてみなすという点で、ミルの議論と異なっていた[9]。

マーシャルは「仕事とは、その最良の意味において……生の目的であり、生そのもの」であると考えており、また特定の「職業への従事」は「訓練を通じて、あるいは同僚との関係を通じて、仕事と余暇の時間において人格の成長と能力の伸張に寄与する」効果を持つと考えていた。そして彼はこうした理解から、人格陶冶における職業の重要性を強調するだけでなく、この要因を人格陶冶の理念の中心に据えた（*ibid.*: 103, 115）。

彼は、熟練労働者の職業生活を、いま述べたような職業を通じた人格陶冶の理想的モデルとして考えていた。職業を通じた人格陶冶は、どのような職種においても一律に期待できるものではなく、仕事に占める肉体労働の比重や、「技能や思考力の活用」の度合いに応じて人格陶冶に対する影響には職種間の差異が存在する。こうした理解に立つマーシャルが、労働者階級における人格陶冶の模範的な形態としてみなしたのは熟練労働者の職業生活であった。すなわち、熟練労働者の仕事は「肉体労働の負担が軽微で、自らの有する技能と思考力を活用する」性格のものであるとする理解から、この階層は職業を通じて人格を陶冶するための機会に恵まれていると彼は考えたのである（*ibid.*: 104-5）。もちろん、熟練労働者の仕事がそうした性格を持っていたとしても、仕事を取り巻く環境が劣悪なものであるために、職業を通じた人格陶冶が困難になる可

---

(9) もちろん、ミルも職業と陶冶の関係を視野に入れていた。その点については、松井（1994）を参照のこと。だが彼が成人教育の手段として主たる関心を向けたのは、教区委員や陪審員としての活動を指す「公共のための仕事」であった（Mill 1840: 149-50）。

能性も考えられる。だが労働組合の存在を背景にして、そうした可能性は無視できるものとみなされた。

　W. T. ソーントン*の『労働について』は、賃金理論を精密化することの必要性をミルに認識させた書物として知られている。その中でソーントンは、労働組合を、「雇用に関わる条件に対して決定権を得ることを目指す」結社であると定義している。ここでいう「条件」には、賃金水準をはじめとして、「過労、雇用の不安定性、突発的な解雇や職場閉鎖、酷使、超過勤務、操業短縮、休日労働、夜間労働……」などの広範な項目が含まれるとされる。また「決定権を得る」とは、これらの条件の内実を「"労働者の生活をより規則的で安全なものにする"」という原則に合致したものにするための発言力を持つこととされる（Thornton 1969/1869: 166, 178, 180, 182-90）。いま述べた労働組合の運動原理を、本稿では、当時の用語法に基づき保護（protection）の原則と呼ぶこととする。[10]

　こうした保護の原則についてマーシャルは、ソーントンらの議論を通じて知見を得ていたことが考えられる（Marshall 1873c: 110 f.）。そして彼は、この原則を実践する労働組合が熟練労働者を中心に発達していたことを背景にして、仕事を取り巻く環境が劣悪なものであることを原因にして、この階層における職業を通じた人格陶冶が阻害されるという可能性を視野から外すことができたのである。

過重労働の存在

　他方でマーシャルは、過重労働にたずさわる不熟練労働者層において、職業を通じた人格陶冶は困難な状態にあると考えた。不熟練労働者のたずさわる職種は「肉体労働の負担」が相対的に大きく、また技能を活用する機会に乏しい。こうした傾向を持つ不熟練労働者の仕事が極端な水準で「身体的に過酷かつ非知性的」なものであれば、職業を通じた人格陶冶を期待することは難しいと彼は考えたのである（Marshall 1873a: 105-6）。

　さらに彼の理解では、過重労働は、労働者の勤務後の時間にも影響を与える。マーシャルによれば、長時間にわたって行われる強度の肉体労働は、労働者を、

---

(10) 保護の原則については、小野塚（2001: 第II部）を参照のこと。

「身体が自然に備える回復能力をほとんど超過する」状態を意味する疲労状態に陥らせる。そのような「過重労働 (exhausting work)」は、労働者が連日仕事に就くことを不可能にすると同時に、そうした労働により生計を立てている労働者の大半は「仕事の［強度の］割には貯えがほとんど皆無な状態で生活することを強いられている」という (*ibid*.: 106-8)。つまり過重労働にたずさわる労働者の勤務後の時間は、長さの点で最小限に抑えられ、また質の点では、労働力を回復するために主として費やされていると彼は考えた。

そうした勤務後の状態は、この時間における労働者の人格陶冶に否定的な影響を及ぼすと考えられた。マーシャルによれば、過重労働にたずさわる労働者のあいだには「健康的で幸福な家庭で、落ち着きと寛ぎのある勤務後の時間を過ごす」という「家庭の楽しみ」を「パブの粗野な快楽に優先させることができない」という傾向が見られる。無論マーシャルも、「パブにおける社会的交流が家庭の楽しみを補完し、彼を高める」効果を発揮する可能性を認めている。だが過重労働にたずさわる労働者のように「労苦が並はずれており、それゆえに知力が鈍化されている」場合、「彼はそこ［パブ］に飲酒や下品な冗談、それに騒音だけを求める」ようになるというのである (*ibid*.: 104, 107)。

このようにマーシャルは、過重労働は仕事と余暇の両時間において、労働者を人格陶冶の機会から隔てるものであると理解しており、さらにそうした過重労働者の境遇は、当時の不熟練労働者全般に当てはまると考えた。

3. 過重労働の解消と経済学——機械化／人口圧迫

前節で見た理解に立つマーシャルは、過重労働をどのように解消するかという問いを経済学の主題として扱おうとした。そうした議論は、ミルを参照するものであった一方で、独自の課題も抱えていた。

(1) マーシャルにおける経済学への関心

マーシャルが過重労働をどのように解消するかという問題を経済学の主題として捉えようとしたことのきっかけは、次のような個人的な経験にあった。信心深い家庭に生まれたマーシャルは、1860年代に宗教的価値が大きく揺らぐ

なかで経験した内面的な葛藤を契機にして、専攻を数学から倫理学に転じた。さらにその倫理学の観点から「人間的な幸福と良き生活のための諸機会」を阻害されている人々の存在に関心を向けるようになり、最終的に、「そうした人々をどうすれば天国に相応しくすることができるかという思索に没頭するようになった」と彼は後年に回顧している。[11] 過重労働の存在も、こうした一連の関心の中で比重を増していったと考えられる (Keynes 1972: 169-72, 200)。

ところが、そうしたマーシャルに対して当時の友人たちは、「思索のための余暇や機会を大多数の人々に与えるためには生産資源が不足している」とする、当時の経済学の貧困観に由来する理解に基づき、「もし君が経済学を理解していたら、そんなことは言わないだろう」と忠告したという (*ibid*.: 171)。これも受けて彼の関心は経済学に向けられた。だがその際も、初期の志は保持され、いま触れたような経済学の通説を、下層労働者階級における職業を通じた人格陶冶の可能性を追求する方向で改めることが目指された。

そうした試みを支えたのは、逆説的ながら、当時、経済学において主流派の位置を占めていたミルの議論への信頼であった。マーシャルは経済学の研究を進める過程で、「適切に解釈されるなら、ミルによる注意深い説明は、それ自体に関して言えば、正しくないものをほとんど含んでいない」とする確信を得るようになっていた (Marshall 1881: v)。[12] このようなミルへの評価は、過重労働の主題についても例外ではなく、それゆえ、過重労働の解消を目指す彼の関心は、経済学の理論体系の内部でこの主題を捉えることへと向かったのである。

では、いま述べたマーシャルの試みは、どの点においてミルの議論を参照し、またどの点においてそれを改めようとするものであったのだろうか。それらの点を明らかにすることを目的として、以下では、ミルの経済学の理論は過重労働をめぐる問題をどのように扱っていたかについて検討を加えておきたい。

---

(11) マーシャルの経歴については、近年、詳細な研究が行われている。それらにより、彼が当初から貧困を身近に感じていたという点や、専攻の推移は彼内部の思索の進展とも絡んでいたという点が明らかにされている（西岡 1997: 3-45）。

(12) 経済学の理論面におけるマーシャルとミルの関係については、例えば、O'Brien (1990: 131-3, 邦訳 161-3) を参照のこと。

（2） ミルの経済理論における過重労働

　ミルは、過重労働は機械化の進展により解消されてゆくとする考え方を示唆する一方で、そうした展開は人口の要因により規定されているとする見解も示した。

機械による過重労働の解消

　ミルの議論の中に過重労働に関わる叙述を求めてみると、次のようなものに目が止まる。

　　人類の大多数が最低限の生活必需品を得るために朝早くから夜遅くまで盲目的に仕事にたずさわり、そうすることによって知的、道徳的な欠陥を抱えており、またそれゆえに、精神も感情も持ち合わせることのない苦役のための奴隷（slaves to toil）であるとすれば、理性的であり、かつ人類の将来について考えを及ばせるように人々を促すことなど不可能であろう。(Mill 1965/1848: 367)

　人々を「苦役のための奴隷」であるような状態から脱却させるための方策についてミルは一つの示唆を与えている。彼の理解では、当時のイギリス経済は「多量の新資本のために、収益のある用途を年々探すことに非常な困難を伴う」ほどにまで発展を遂げている。そのため、この国の資本は、利潤率が引き上げられるか、あるいは「労働者が生活水準の低下を受け入れる」かしない限り、資本の膨張が限界点に到達してしまうような「最低限へと向かう利潤の傾向」によって条件づけられている。このうち「生活水準の低下」については、労働者は「概して大幅な引き下げに堪えられない」と同時に、その対資本効果は限定的なものでしかないとされる。したがって、利潤率を引き上げることが、「最低限へと向かう利潤の傾向」を阻止する要因として重視されることになる。ミルはそうした引き上げの効果を持つものとして、「商業的激変」と「生産上の改良」、および外国貿易と「資本の流出」が存在すると考えていた（*ibid*.: 738-46, 750）。

　これらの要因のうち「生産上の改良」とは、効果の点では生産性の向上を意味し、また形態の点では「生産工程の改良」を指すとされる。後者の改良をも

たらすものとしては、「道具および機械の発明と使用」や、分業の採用が挙げられている。ミルはそうした「生産上の改良」に向かう資本の投下こそが、イギリスの資本が先述した限界点に至ることを阻止してきた主要な要因であったと主張している。このような理解から彼は、資本は「最低限へと向かう利潤の傾向」の中で、「生産上の改良」のために投資する傾向を持つことを歴史的に推定できると考えた (ibid.: 106, 116-8, 742-3)。

さらにミルは、「生産上の改良」を目指す資本は、機械の導入に向かう傾向を持つと主張した。彼の理解では、流動資本は「1回の使用により、破壊される、あるいはとにかくその所有者にとっては消滅してしまうもの」であるのに対して、固定資本は「1回の使用により全てが消費されてしまうものではない」。資本の形態について見られるこのような性格の相違を理由にして、資本は流動資本を固定資本に転形しようとするとミルは考えた。そしてこうした傾斜が、「生産上の改良」を目指す資本を機械の導入に向かわせると主張したのである (ibid.: 93, 749-51)。

ミルの議論には、過重労働は、いま述べた経済原則に従って導入される機械によって解消されるとする理解を読みとれる。彼によれば、機械による「生産上の改良」は次の二重の意味で「労働を節約する (economize labour)」。一つは、生産性が向上することに伴う、資本にとっての労働の節約である。いま一つは、「より少ない労苦と、より多くの余暇」をもたらすという、労働者にとっての労働の節約である (ibid.: 106, 768)。後者の意味での労働を節約する効果は、単純な技術的事実として、あるいは技術的進歩が分配の問題に対して与える影響の一つとして指摘されているに過ぎない。だがそれは、機械化を通じて過重労働が解消されてゆくという、機械による過重労働の縮減の考え方を示唆している。

マルサスの人口理論

ここまでに見た限りでのミルの議論に従うと、過重労働は「生産上の改良」に向かう資本の運動を通じて解消されてゆくとする展望を描けるものの、彼はそうした展開は次の二つの要因によって規定されていると考えていた。第一は、雇用主と労働者のあいだの「利害の分岐 (isolation of interests)」という要因で

ある。ミルは「生産上の改良」が過重労働を改善する効果を発揮するためには、この要因が解消されている必要があると考えた。彼自身は、『原理』の執筆・改訂時点で、共同組織の実践を念頭に置いて、これについて楽観的な見方を示している（*ibid.*: 768-9）。

第二は、人口の要因であり、ミルはこれをマルサスの人口理論に基づき理解した。マルサスの人口理論とは、「食糧の増加はおそらくは算術級数的に進行するものとしてみなし得る一方で、人口は幾何級数的に増加する」と主張するものであるとされる（*ibid.*: 353）。こうした理論は次の二つの命題を中心に構成されている。一つは、人口増加は食糧を確保するために生産力の増強を伴う必要があるとする命題であり、もう一つは、人口増加は生産力の向上を常に上回る勢いで進むとする命題である。

いま、一つ目の命題を中心にミルの議論を捉えると、人口と、「生産上の改良」、および労働の節約という三者の関係は、次の2通りに場合分けできる。第一は、人口増加が「生産上の改良」の速度を上回る場合である。そのケースでは、「生産上の改良」の全成果は、増加した人口の生活必需品の生産に向かうために、労働を節約する効果は発揮されない。第二は、人口増加が「生産上の改良」の速度を下回る場合である。この条件下では、「生産上の改良」は人口圧迫から解放されるため、労働の節約が効果を発揮することになる。

ミルは、人口増加は生産性の伸びを常に上回るとする、先に指摘した二つ目の命題を受け入れていたために、いま述べた第二の場合における展開が実現する可能性を低く見積っていた（*ibid.*: 376-9, 756）。そうした認識から彼は、「これまでに達成されてきた機械に関わる発明が、総体として人類の労苦を軽減することにつながったかどうかは疑わしい」と述べている。このように人口の要因が機械による過重労働の縮減を阻害しているという認識を持っていたミルは、「生産上の改良」を通じた労働の節約を現実のものとするためには、当面は移民政策を採用することが不可欠であると考えていた。

（3）マーシャルの課題

こうしたミルの議論は、マーシャルに対して、機械化を通じて過重労働を縮減するという考え方を示唆する一方で、次のような課題を突きつけた。第一は、

過重労働をめぐる議論をマルサスの人口理論から解放することである。この議論がマルサスの人口理論に基づき理解される限り、過重労働を単独の主題として扱うことは不可能になるからである。第二は、過重労働の解消を、職業を通じた人格陶冶の促進と直接結びつくかたちで図るための理論を構築することである。前節で見たように、過重労働は人格陶冶の阻害要因としてみなされる。その点でミルとマーシャルの見解は一致する。他方で、ミルは過重労働の解消を技術的な主題として扱うのに対して、マーシャルはこれを人格陶冶の促進と直接関わる主題として扱おうとする。職業の要因を人格陶冶の中心に据えるマーシャルにおいて、過重労働は、その状態が単に解消されるだけでなく、職業を通じた人格陶冶を推進する方向で解消されなければならないからである。それゆえ、この要請に応える理論を構築することが求められたのである。

4. 過重労働の脱マルサス主義的理解

マーシャルは方法論的ユートピアの思考法に基づき、過重労働をめぐる議論をマルサスの人口理論から解放した。さらに、過重労働を、職業を通じた人格陶冶と結びついたかたちで解消する構想を提示した。

（1） 方法論的ユートピア

マーシャルは前節の末尾で述べた課題に対処するために、「空想上の国 (fancied country)」というユートピアを構想した。

「空想上の国」――「交替制」の構想に基づくユートピア

彼の構想する「空想上の国」とは、「すべての人々が誕生してから以降、現在、我々がジェントルマンの職種を特徴づけているとみなしている、ほとんどあらゆる影響力に恵まれている」がゆえに、「ジェントルマンでないすべての人は、その責任を自分自身に負っている」ような条件を備えた国である (Marshall 1873a: 111)。こうした定義を、職業を通じた人格陶冶の考え方に引きつけて捉え直すと、「空想上の国」では、第一に、過重労働からの自由と、第二に、「ジェントルマンの職種」と同等の環境の保障が、同時に達成されるものとし

て想定されている。

　このうち第一の条件（過重労働からの自由）についてマーシャルは、機械によって過重労働を縮減するという考え方をミルから継承する。機械は「肉体労働の大幅な時間短縮」をもたらすものであるとされ、そうした理解に基づき「空想上の国」では、機械が「身体的に過酷であり、かつ非知性的」な労働の大半を担うことになるとされるのである (*ibid*.: 111)。

　他方で、機械の導入はいわゆる技術的失業を生み出す可能性を持つものの、「空想上の国」では、機械により仕事を代替される労働者は、失業ではなく、第二の条件である「ジェントルマンの職種」と同等の環境を得ることになるとされる。ここで「交替制」に重要な役割が与えられる。マーシャルは、機械導入産業における「交替制」に対して、①機械の稼働時間の拡大と、②１人当たり労働時間の短縮、および③労働者階級における職種別人口構成の変更という三つの効果を期待している。このうち①と②の効果については後述する（本章の第５節第１項）。③の職種別人口構成を変更する効果とは、新たな生産技術の登場に伴って生まれる技能を習得することにより、今日でいう半熟練労働者層が全労働者人口に占める割合を増すことを指す。

　マーシャルは、次の２点を中心とする機械工についての理解とあわせて、「空想上の国」では、「交替制」がいま述べた効果を発揮することにより、不熟練労働者に対して「ジェントルマンの職種」と同等の条件が保障されると考えた。第一は、機械工の職種には、職業を通じた人格陶冶のための契機が多く含まれているとする理解である。機械は「自らの目的を果たすために自然の諸力を方向づける」意図を持つ発明の応用であるために、そうした機械にたずさわる「すべての労働は熟練職的な性格を有するものになる」。彼は、（既に見たように）熟練職は人格陶冶の機会に恵まれていると考えていたから、機械導入産業における仕事は、「ジェントルマン」になるための契機をより多く含んでいるとみなされたのである。

　第二は、言明はされていない歴史的な理解である。当時、半熟練職の機械工の多くは、保護の原則を実践する労働組合に加入していた。さらにこの階層は、（その実効性に問題点を抱えていたものの）工場法の規制が及ぶ作業場を職場にしていた。それゆえ、この職種の労働者の多くは、比較的に安定した労働条

件を確保していた[13]。そしてマーシャルは、これらの2点を中心とする機械工についての理解とあわせて、過重労働にたずさわる現下の労働者が「交替制」を通じて機械を採用する産業に従事するようになることによって、「すべての人がジェントルマン」になるという「空想上の国」を構想できたのである (ibid.: 112)。

ユートピアと経済学

こうした「空想上の国」の構想は、経済学の関心を、過重労働を政策的に解消することの可能性へと向かわせるための方法論的なユートピアであった。先述したS. コリーニは、「ヴィクトリア時代の思考と感覚」を特徴づけた二項対立の図式の一つとして、「合理的科学の気質」と「本質的にロマン主義的な文化的批判の気質」の対抗関係を指摘している。「合理的科学の気質」とは、経済学の議論に代表されるものであるとされる一方で、「ロマン主義的な文化的批判の気質」とは、「ラスキン的あるいはモーリス的な社会主義」などと「知的親和性」を持つものであるとされる (Collini 1991: 185-6)。

この対抗図式の中で「空想上の国」を捉えると、それは空想の産物であるという点で「ロマン主義的」の項に位置する。実際、1860年代末以降のマーシャルは、多くの「労働者階級の生活条件」は「人間の才能のより高度で、速やかな発達」を可能にする状態から掛け離れているとする認識から、「現在の社会の状態を正当化することは容易ではない」と考えるようになっていた (Keynes 1972: 171)。そして、そうした考えに立つ彼の思索に刺激を与えたのは、「憧れを喚起し、それ自体が胸に永遠の喜びを刻み込むように美しい」として彼が評価したT. モア*やW. モーリス*の思想であり、また「人間性を完成させる可能性 (perfectibility of man)」を追求する過程で「明敏な観察と意義深い示唆」をもたらしたとされる「オーウェン*やその他の初期の社会主義者たち」のユートピアの思想であった (Marshall 1885: 155-6; Marshall 1907: 329)。

しかしマーシャルは、これらのユートピアの思想家たちとは「人間性を完成させる可能性」を実現するための方法という点で立場を異にした。すなわち、

---

(13)　Jefferys (1970: 21-4, 65)、Thompson (1963: 240-7)、古賀 (1987 (一): 33-64)。

「社会主義者たちの構想」が「既存の秩序の転覆」によりそうした可能性を実現することを目指すのに対して、彼は現存する体制の内部でこれを実現するための条件を確保しようとする立場を示すのである (Marshall 1873a: 109-10)。そしてその立場から、経済学をそうした条件をめぐる問題について検討するための手段にすることを志向した。要するに彼は、「人間性を完成させる可能性」に対する信頼をユートピア思想と共有する科学（経済学）を追求したのである。

そうした立場から構想される「空想上の国」の観念は、そこで表現される状態が「経済的に非現実的ではない」（強調は原文斜体）ことを示すためのものであるとされる (Marshall 1873b: 173, n.1)。つまりマーシャルは、「空想上の国」というユートピアを描いておいて、そこで想定される状態を基準にして現実を捉え返すことにより、過重労働の解消が、経済学の理論内部で主題として扱え得るものであるということを示そうとしたのである。

(2) 過重労働の政策的主題化

マーシャルは、以下で見るような全労働者の「ジェントルマン」化の展望を「他の事情が等しければ」の思考法と組み合わせる観点から、過重労働を、経済学の理論内部で人格陶冶に関わる政策的主題として提示した。

全労働者の「ジェントルマン」化の展望

全労働者の「ジェントルマン」化の展望は次の3点を特徴とする。第一は、現在を「空想上の国」へ接近してゆく過程として捉える点である (Marshall 1873a: 111)。マーシャルはこの過程を進歩と呼んだ。またそうした進歩観のもとで、過重労働を解消することとは、現状と「空想上の国」のあいだの距離を縮減することを意味すると目的論的に理解している。

第二は、現状は歴史的条件によって規定されていると理解する点である。例えば、彼は、機械化や交替制を「製造の進歩の歴史」という文脈上に位置づけている (*ibid*.: 113)。こうした理解は、理念に従って現状を飛躍的に改変することは不可能であるとする見解を含んでおり、その点で（マーシャルと同じく目的論的な観点に立ちながらも）現状を革命的に再構成しようとするユートピア社会主義者の考え方と方向性を異にしている。

第三は、「迅速性」の概念を「進歩」観の中に持ち込む点である。マーシャルは、例えば、「単純なエネルギーの原理に基づき驚嘆すべき建造物が瞬く間に塔をそびえさせる」としたうえで、社会的にも「労働者階級の保有するエネルギー」を「適切な方向へと差し向けること」により、「進歩を［建造物の建築の場合と］同様に迅速かつ素晴らしいものにすべきではないか」と述べている (*ibid.*: 116)。つまり、彼は特定の原則に従って社会の動向に影響を与えようとする考え方に基づき、「進歩」をより迅速なものにできると考えたのである。

　このように全労働者の「ジェントルマン」化の展望は、労働者階級における「ジェントルマン」化を達成するための手段として革命に訴えるという選択肢を退ける一方で、政策的な働き掛けに一定の余地を残している。その際、そうした政策的な働き掛けの指針として、（先に見た「交替制」の構想に基づく）機械により過重労働を縮減するという考え方が採用された。

マルサスの人口理論からの脱却

　マーシャルは、こうした展望における歴史的な観点を、人口の要因に対しても当てはめた。そしてその見地から、機械化を通じて過重労働が解消されてゆく展開を、人口の要因が阻害するという状況は解消されているとする見方を示した。

　そうした見解は、過去数十年の間に、生産力が飛躍的に向上したとする認識に基づいている。マーシャルは、人口増加が「生産上の改良」の速度を上回る可能性が依然として存在することを否定していない。例えば、「不用意な結婚」の増加を原因とする人口増加が続けば、「生活物資が逼迫する」状況が生み出されると述べている。だが彼は、「蒸気機関の発明」によって生産力が大幅に改善したとする理解のもとで、当時のイギリス社会は、「尋常でない規模の人口を抱えない」限り、生活物資が絶対的に不足する事態を回避できるだけの生産力を既に得ていると考えていた (Marshall 1873 a: 110, 111, 114)。言い換えれば、現行の水準付近で人口増加が進むのであれば、その水準は当時までにもたらされた「生産上の改良」の成果を下回るものであると考えた。こうした理解に立つと、経済学における過重労働をめぐる議論はマルサスの人口理論の縛りから解放される。そしてそのことは、過重労働が機械化を通じて解消されてゆくた

めの条件は既に整っているとする見地に立つことを意味したのである。

「他の事情が等しければ」の方法

しかし経済学において過重労働の解消を政策的主題とすることは、過重労働は資本の運動を通じて自動的に解消されてゆくとする考え方に代わる立場を提示することをなお不可欠の条件にしていた。その課題に対処するために採用されたのは、「他の事情が等しければ (*cæteris paribus*)」の方法であった。

後年の彼の議論によれば、「他の事情が等しければ」の方法とは、形式的には、「複雑な問題」を分析する際に「面倒だと思われる攪乱的な諸要因」を「しばらくの間……囲い場の中に封じ込めておく」ための便法である。またそれは、実践的には、「同じ事実を［現実とは］異なった仕方で集合させ、また真実の中の異なった部分を強調する」ことにより「事実を反対尋問する (cross-examine the facts)」効果を持つものであるとされる。ここで「事実を反対尋問する」ことの理由は、「日常生活における困難な事柄に対処する」ことにあるとされており、その意味でこの方法は規範的なものとして想定された (Marshal 1920: xiv, 366; Marshall 1885: 167)。[14]

マーシャルは「労働者階級の将来」の中で、この方法を使って、過重労働の解消策を人格陶冶の観点から検討することの必要性を主張した。すなわち彼は、一方で、次のような「新しい社会」を想定する。この想定では、現実を構成する諸条件の中から、①ある程度の性能を持つ機械を「現在の我々が手にしている」という条件と、②交替制が既に存在するという条件だけを抜き出せると仮定される。そのうえで、そうした仮定に立つと、「大方の人々は1日6時間を超えて肉体労働を行うことをしない」社会、すなわち人格陶冶のための機会が下層労働者層にまで拡大される「新しい社会」を描き出せるという。

他方で、彼は、今度は「他の事情が等しければ」の方法が持つ「事実を反対尋問する」観点から、実際には先述の「新しい社会」は実在しないことを指摘する。そしてその見地から、「新しい社会」の現出を妨げている障害について検討する必要があると主張した (Marshall 1873a: 111-3)。つまりマーシャルは、

---

(14) マーシャルはこの方法を実質的には1870年代前半から議論に取り入れている (Marshall 1873c: 89)。

人格陶治のための機会を下層労働者層に対して保障することが現実性をもつことを強調したうえで、その可能性をより迅速に実現するための条件とは何かという問いを提起したのである。

5. 感化型の階級上昇促進案

ではマーシャル自身は、過重労働を人格陶治の考え方に基づく政策的主題として捉える立場から、どのような議論を行ったのだろうか。彼はその立場から、下層労働者階級の次世代が「ジェントルマン」化の条件を確保する階層に包容されることを促すという、階級上昇促進の構想を提示した。そうした構想は、下層労働者階級の受け皿を創出することと、この階級の階級上昇を促進することを不可欠の条件とする。本節ではこれらの条件についてのマーシャルの議論を検討することを通じて、この構想の特徴を明らかにする。

(1) 階級上昇を可能にする受け皿の創出――「交替制」の阻害要因

マーシャルは、「労働者階級の将来」の中で、階級上昇促進の構想において要請される、下層労働者階級に対する受け皿の創出という課題に対して、「交替制」を積極的に採用する方向で労働組合を教育するという方策を示唆している。

「交替制」の普及と労働組合

彼の理解では、技術的に稼働可能であるにもかかわらず機械が停止している時間は資本にとって損失を意味するため、機械化は、それまでの労働時間帯を超えて機械を稼働させようとする傾向を持つ (Marshall 1873 a: 111-3. 以下の引用も断りがなければ同頁)。機械はそれを管理する労働者を必要とするから、いま述べた傾向は、労働者にとっては労働時間の拡大というかたちで現れることになる。こうした機械化と労働時間の関係を、拡大した労働時間を1人の労働者が引き受ける場合で考えてみると、それは機械の導入を通じて過重労働が解消されてゆくとする考え方に反する。その場合、機械の導入は（時間を基準とする）労働負担を増大させるからである。

「生産上の改良」が労働負担を増大させる可能性を打ち消すための方策としてマーシャルが期待するのは、「交替制」の持つ、①1人当たり労働時間の短縮と、②機械稼働時間の拡大を同時に達成する効果である。彼は、例えば、1人当たりの労働時間を6時間とする一方で、機械そのものは12時間稼働させる内容の、いわゆる2組4交替制を提唱している。機械化は、こうした労働形態の普及を伴って進展すれば、労働負担が増大する事態は回避できると彼は考えたのである。

ところが、マーシャルは、このような労働形態を採用する動きは当時まで緩慢であると考えていた。その観点から次のように述べている。

> 部分的には労働者の未啓発な身勝手さが、また部分的には彼らの不注意、および不誠実な機械の操作が、しかし主として、ある勤務時間帯では極めて早朝から仕事が始まり、ある勤務時間帯では極めて遅い時間まで仕事が続くという、現行制度のもとでの一組の労働時間の配分が交替制の一般化を妨げる要因になっている。(*ibid.*: 113)

つまり彼は、労働者の非協力的な姿勢とこの制度の運用方法が、交替制の普及を遅らせる原因になっていると考えた。このうち、主要な阻害要因であるとされる交替制の運用方法について、マーシャルはのちに刊行する『産業経済学』(1879初刊) の中で、週毎あるいは月毎に早朝勤務組と深夜勤務組を入れ替えるという案を提唱している (Marshall 1881: 197, 邦訳241)。

しかし、マーシャルの「交替制」の構想において中心的な主題となるのは、組合員労働者のたずさわる職種における交替制である。この構想は、交替制一般を普及させるだけでなく、下層労働者を組合員労働者に昇格させることを意図するものであった (本章の第4節(1)にて説明)。そして、そうした「交替制」の構想のもとでは、組合員労働者のたずさわる職種において交替制が導入され、かつこの制度が下層労働者階級の参入を促す方向で運用されているかが重視されるからである。

そこで組合員労働者における「交替制」について見ると、労働者の非協力的な姿勢がこの制度の普及を妨げていた。19世紀後期のイギリス社会では、(組

合員労働者の大半を占めていた）熟練労働者たちのあいだで、生活、安全上の理由から、日中以外の時間帯に労働時間を組織的に延長することに対して抵抗する動きが存在した（Douglass 1977: 266-72; Cole 1953: 110）。さらにこの階層は、機械、建設産業を中心に、労働時間をさらに短縮することを当時意味した9時間労働日制を確立しつつあった（Webb 1897: 352, n.1）。これに対して、労働時間帯を早朝と夜間にまで延長する考え方を含むマーシャルの「交替制」案は、少なくとも生活時間の点で、労働者に犠牲を強いる性格のものであった。だが不熟練労働者層のあいだで過重労働が広がっているとする認識に立つマーシャルの考えの中では、「交替制」の導入を阻む熟練労働者の姿勢は、労働者階級内部における労働負担の平等という観点から、非協力的なものとして映る構図になっていた。

さらに、先述した熟練労働者層の姿勢は、当時の労働組合のあり方と結びついていた。マーシャルは先の引用文の中で、「交替制」の普及を阻害する要因として、労働者の「未啓発な身勝手さ」と「不注意、および不誠実な機械の操作」を挙げていた。ここで熟練労働者層におけるこれらの要因を当時の歴史的文脈に照らして理解しようとする観点に立つと、「交替制」の導入に対してこの階層が見せる非協力的な姿勢とは、次の三つの原則に基づく労働組合の運動に根差すものであったと考えられる。

第一は、労働時間の規制という原則である。労働組合による団体交渉の項目の中には労働時間も含まれており、当時の組合は一般的に、日中以外の時間帯における交替制勤務をめぐる問題を超過勤務の問題として扱っていた。[15]同時に労働組合は、構成員間での雇用確保という経済的な理由や、健康上の理由、さらには人格陶冶のための余暇時間の確保という倫理的な理由から、そうした超過勤務が恒常的なものになることを阻止しようとする立場を採っていた。このような立場は、それが下層労働者も含めて人格陶冶のための条件を確保することを目的とするものである限りで、マーシャルによっても支持され得る。だが当時の労働組合におけるこの立場の性格は、既存の構成員（主に熟練労働者）だけを保護する排他的なものであった。

---

(15) その点については、Thornton（1969/1869: 314）、Jefferys（1970: 23 f., 34 ff.）を参照のこと。

労働時間の規制という原則にいま述べた排他的な性格を与えたのは、第二の、入職規制の原則である。当時の労働組合は、賃金と雇用条件を安定的なものにすることを主たる理由として、無資格者が構成員のたずさわる業種や企業に参入することを制限していた（小野塚　2001）。不熟練労働者の締め出しを狙いとするこの入職規制についてマーシャルは、一般的観点から、それは「社会にとって著しく有害」であると考えていた（Marshall 1873 c: 111）。そうした労働組合による入職規制が先述した労働時間の規制と結びつけば、「交替制」の普及は阻害される。そのケースでは、交替制一般の導入が妨げられるだけでなく、この制度への不熟練労働者の参加が制限されるからである。

　第三は、伝統的職能の保持という原則である。19世紀半ばを境にして、機械の導入をめぐる労働運動の中心的な争点は、導入を阻止することから、導入に際する条件を規制することへと移行していた（Webb 1897: 392-6; Marshall 1881: 198, 邦訳242）。だが導入された機械の扱いという点では、この時期までの労働組合史を研究したウェッブ夫妻[*]が、「新規の機械を稼働させるために相応の努力を払おうとしないことは、まったくの不誠実と呼ぶに値する」と表現したような状況であった。このような現象は、この時期の組合員労働者たちが、機械の性能に対する消極的な評価と、伝統的な技能に対する自負に基づき、人間の手が関与する余地を極力残そうとする傾向を持っていたことに由来するものであったという（Webb 1897: 397-8）。もちろん、こうした生産現場の描出が、産業効率の最大化を主張した論者の手によるものであるという点には留意する必要がある。だが労働者階級の生活と仕事に対する「直接的な研究」を通じて生産現場の実態について一定の知見を得ていたマーシャルが、ウェッブ夫妻が捉えたのと同様の光景を、全労働者の「ジェントルマン」化という観点から捉えていたということは十分に考えられ得る（Whitaker 1975 Vol. 1: 12）。そして、マーシャルの目には、いま述べた三つの原則に基づく労働組合の運動が、「交替制」案に対する熟練労働者の非協力的な姿勢を表すものとして映じていたと推測できるのである。

労働組合の教育

　マーシャルは「労働者階級の将来」において「交替制」案の阻害要因を解消

するための方策を言明していないものの、この時期に彼が別の場所で行った叙述も考慮に入れると、そうした方策として労働組合を教育することが想定されていたと考えられる。この論文における「交替制」の普及をめぐる議論は、実質的には当時の労働組合のあり方について論じたものであったとして、では彼はなぜそのような遠回しな議論を行ったのであろうか。その理由として、この論文の主眼が次節で見る機械化をめぐる問題に置かれていたことと並んで、彼が労働組合に対して期待を込めた信頼を寄せていたことが挙げられる。

後者の理由について、先に見た「身勝手さ」や「不注意、および不誠実な機械の操作」といった要因は、当時の労働組合における既得権益への執着や、生産性に対する無関心さと密接に関わっていた。したがって、それらの要因を労働組合と直接的に結びつけ、さらにそれを「交替制」の普及に対する最大の障害であると主張することは、労働組合そのものを批判することを意味した。

これに対してマーシャルは、労働組合が歴史的に果たしてきた役割を「イギリスにとって富より偉大な名誉である」と高く評価していた。すなわち労働組合とは、組合員の物質的条件を確保するだけでなく、「労働者階級の知性と自治の能力を向上させ、かつ古代ギリシャの都市国家が持っていた市民を教育する機能」すら果たすものであるとみなしていた (Marshall's Letter, dated at 5/12/97, in Pigou 1925: 400; Marshall 1874 or 75: 351)。そして彼はこのような認識から、労働組合一般を批判する可能性のある発言は避け、問題の所在を明らかにするというかたちで、労働組合の主導者たちに運動原理の変更を促すという手法を採ったことが考えられるのである。

実際、この時期のマーシャルは、経済学の役割の一つは「視野の広い組合構成員」を養成することを通じて労働組合を教育することにあると考えていた (Marshall 1874 or 75: 351; Marshall 1874: 180-4)。したがって、「労働者階級の将来」における彼の発言そのものが「交替制」を積極的に採用する方向で労働組合を教育する狙いを含むものであった可能性が高い[16]。

---

(16) マーシャルの労働組合観については、Marshall (1874 or 1875)、McWilliams (1975)、Petridis (1973 and 1990)、Matthews (1990: 30-3, 邦訳 34-7) を参照のこと。

（2）　世代的階級再生産の断絶——機械化の阻害要因

　階級上昇促進の構想が要請する、階級上昇の促進といういま一つの課題は、機械の導入をめぐる議論と結びつけて論じられている。マーシャルはそうした議論の中で、階級上昇の促進策として学校教育を強制化することを主張した。

下層労働者階級の子弟教育への無関心

　マーシャルの考えでは、より大きな生産力を持つ「自然的な諸力」によって「筋肉の力」を置き換えるための技術を獲得した当時の産業にあって、肉体労働がなおも不必要に存続している (Marshall 1873a: 112)。彼はそのような状況を生じさせている原因が、不熟練労働者層における「過酷な仕事をめぐる競争」の存在、すなわち労働力の過剰供給にあると考えていた。彼の理解では、当時の不熟練労働力市場は供給過剰の状態にあるために、職を得ようとする下層労働者に対して、いかなる条件の仕事も引き受けざるを得なくする圧力がはたらいている。他方で、そのような労働力市場の状態は、事業主にとっては、廉価な不熟練労働力を容易に調達できることを意味するために、機械によってそうした労働力を代替することへの誘因は相対的に低くなる。そしてこれらの要因の複合的な結果として、劣悪な賃金・職場条件のもとで「心底から嫌気を催し、思考が麻痺する」ような単調な手作業を長時間にわたって繰り返すという「悲哀漂う古の情景」が、機械技術のより発展した当時においてもなお、存続しているとマーシャルは考えたのである (ibid.: 108, 114)[17]。

　さらに彼は、そうした劣悪な生活条件が下層労働者階級における子弟教育への無関心さを引き起こし、その無関心さがこの階級の固定化につながっていると考えた。すなわち過重労働にたずさわる人々が「健全な家庭を持つということは多くの場合あり得ない」ことであり、またそうした中で「子供に対して自分よりも幸福で恵まれた生活の糧を与えるという義務」が遂行されることは期待し難い状況にあると言う。そしてマーシャルは、そのような過重労働者の家庭から「不熟練労働力の恒常的な供給」が行われていると考えたのである (ibid.: 106, 117)。

---

(17)　そうした職場状況については、Bythell (1978)、大前 (1992) を参照のこと。

学校教育の強制化

　マーシャルはいま述べた認識から、学校教育を強制的なものにすることを主張した。1870年に成立した初等教育法は、児童に学校教育を受けさせることを義務として規定したという点で画期的であったものの、実効性の点で問題を抱えていた。そうした中で、どのようにして児童を実際に学校へ通わせるかは1870年以降も学校教育をめぐる議論における主要な論点であり続けた[18]。このような状況を背景にして彼は、とりわけ下層労働者階級の家庭を念頭に置いて、「子供を学校へ強制的に通わせる」ことを提唱したのである（Marshall 1873 a: 117）。

　彼はその意味での強制化された学校教育を、下層労働者階級の世代的な再生産の環を断ち切るための手段として捉えた。そうした理解を彼は、学校教育を強制的なものにすることは、「人々に上昇への第一歩を踏み出させ、また彼らがそれを望むのであれば、さらに幾段もの上昇を可能にする」効果を持つ、というかたちで表している（ibid.: 117）。そしてマーシャルは、そのような効果を持つ学校教育の強制化を通じて、不熟練労働力市場の供給過剰状態を解消し、それにより機械による肉体労働の代替を促進することができると主張したのである。

*

　本節で見たように、マーシャルは「交替制」の普及と機械の導入をめぐる議論を通じて、(1)「交替制」を受容する方向での労働組合の教育と、(2)学校教育の強制化から構成される過重労働の解消策を提示した。こうした方策の特徴として次の3点を挙げられる。第一は、問題解消の照準時点を次世代以降に設定する点である。第二は、考え方や慣習を変化させることを通じて状況を改善しようとするという意味で、感化型の問題解消を追求する点である。第三は、労働組合や学校といった既存の社会制度を活用する点である。これらの諸点を特徴とするマーシャルの過重労働の解消案とは、少なくとも一世代を要して既存の社会制度が基づく原則を改変し、それを通じて人々の考え方や慣習を変化させるという、二重の意味での感化型の階級上昇促進案であった。

---

(18)　Evans（1978: 184-9）を参照のこと。

6. おわりに——1880年代末以降の展開[19]

　以上の検討では、職業を通じた人格陶冶の考え方に基づく福祉観のもとで、下層労働者階級の過重労働を政策的な対処を要請するものとして捉え、同時に過重労働の解消策として感化型の階級上昇促進案を提示したマーシャルの社会政策観を明らかにした。また彼が、そうした社会政策観を経済学の理論内部で提示するために、方法論的ユートピアの思考法を採用して、貧困観をマルサスの人口理論から解放したことについて論じた。

　翻って、本章で見たマーシャルの社会政策観は、福祉国家の草創期における集産主義の政策理念を歴史的な見地から再検討しようとする観点に対して、どのような意義をもつのだろうか。ところで、「労働者階級の将来」以降のマーシャルは、この論文の中で示した関心を一つの出発点として、経済学の理論体系を再編成する試みを本格化させてゆく。そうした彼の試みは、その下敷きとしてあった社会政策観が、当時、広範に受容され得る性格のものであったことも寄与して、1880年代後半までにこの学問分野における標準を確立する[20]。当時の経済学は、従前の影響力を低下させていたものの、依然として「広範な世論と公的活動を方向づける暗黙の社会秩序や目的の基礎を提供する」役割を担う自由主義の知的結晶であった（Abrams 1968: 8）。従って、彼の議論は、この時期に主流であった政策観を多く反映するものであったと考えられる[22]。

　こうした理解から、本章で明らかにしたマーシャルの社会政策観は、草創期の福祉国家と結びついた集産主義の政策理念が、当時のいかなる条件のもとで現れたものであったかについて検討するための有効な観測点としてみなせると考える。もちろん、以下で見るように、この時期にマーシャル自身の政策観にも変化が生じている。そうした変化を見せたマーシャルの政策観に対しては、

---

(19)　本節での論考の視点を深めるうえで、セミナー時に江里口拓助教授から戴いたコメントと、原稿の改訂過程で小峯敦助教授から戴いたコメントは大変有益であった。
(20)　Soffer（1978: 69-88）、Himmelfarb（1992）、Biagini（1995: 24-46）を参照のこと。
(21)　Robbins（1952: 149-53, 170）も参照のこと。
(22)　ただし、マーシャルの時代に経済学と政治の関係が希薄化したのも事実である（Collini and Winch 1983）。

1870年代前半に彼が示した政策観を基準とする歴史的な観点のもとで、改めて評価を与える。

では、マーシャルの社会政策観を1880年代末以降の展開に仮想的に照らし合わせてみた場合、この政策観は実践面でどのような課題に直面することになるのだろうか。そうした課題として多様な項目が浮かび上がるものの、それらは次の三つの項目のもとに括れる。第一は、問題解決の照準時点を現在に再設定するという課題である。この時期、政治的社会主義の台頭と失業の深刻化が同時進行する中で、現役労働者の間に広がる貧困に対処することが政治的主題となった (Haggard 2001: 83-139)。そしてそうした状況は、貧困を次世代以降に解消することを目指すマーシャル的な社会政策観に対して、問題解消の照準時点を現在へと早めることを要請するものであった。

第二は、保護の原則（本章の第2節（2）で説明）を実践する機関を、既存の労働組合以外に設定し直すという課題である。マーシャル的な社会政策観の中で問題解決の照準時点を現在に再設定すると、解決手段の比重は、より即効性のある保護の原則に基づく実践に置かれることになると考えられる。さらに、その保護の原則を実践する機関について変更を加えることが課題になるのは、1880年代末に新組合主義が台頭したことに起因する。新組合主義とは、伝統的な労働組合から排除されてきた下層労働者が中心になり、（貧困の解消を政治的要求として主張する政治的社会主義の考え方を受け入れることにも必ずしも躊躇しない）独自の労働組合を組織する動きである。こうした運動の台頭は、マーシャル的な社会政策観から現実的基盤を奪うものである。この政策観は、伝統的な労働組合を通じて（下層労働者階級も含む）労働者階級全体の福祉を確保しようとするものだったからである。そしてそれゆえ、新組合主義の台頭は、マーシャル的な社会政策観に対して、保護の原則を実施する機関について再考を迫る構図になるのである。

第三は、規範的な要因を改めて検討するという課題である。それは1890年代以降に生じた次のような歴史的事情による。この時期、先述した二つの要請に応えようとする実際の動きとして、保護の原則を実践する機関を国家に設定する議論が台頭した。1880年代半ばまでは、伝統的な労働組合の活動を通じて労働者階級の貧困を解消するという主張はそれなりの発言力を保持していた。[23]

だが新組合主義の運動を経験した 1890 年代になると——都市計画や年金の分野で見られるようになっていた、国家が一定の役割を果たすことを容認する議論を背景として——保護の原則を政策理念として抽出したうえで、国家をその実践機関として位置づけようとする議論が形成され、かつその影響力が増したのである (Webb 1897: 766-84; Hobhouse 1897: 6-32, 40-54)。

このように保護の原則を国家の政策原理として再定式しようとする動きが進む中で、この原則が孕む本来規範的な主題が改めて議論の対象になった。保護の原則は、(1)被保護者の独立性をどのように扱うかという主題と、(2)被保護者の自立をどのように促すかという主題、および(3)何を公正な労働条件にするかといった主題を内包している。これらの主題に対してマーシャル的な社会政策観は、(1)・(2)労働者の自治的な自助組織である労働組合が、(3)労使間の交渉に影響力を行使する中で決定される条件を公正な労働条件とするというかたちで応答する構えをとっている[24]。その意味で、それらは労働組合の実践と結びつけて処理されていた。だが保護の原則が国家の政策原理へと変換される過程で、そうした結びつきは自明性を失う。したがってマーシャル的な社会政策観は、いま述べた規範的な主題について再検討する必要に迫られることになるのである。そして、20 世紀への転換期に台頭した集産主義の政策理念とは、これら三つの課題を意識して形成されたものであったと考えられる。

それではマーシャル自身は、いま述べた三つの課題に対して、どのような姿勢を示したのだろうか。彼が 1894 年に「労働に関する王立委員会」で行った証言を手掛かりにすると、この問いに対して以下のような暫定的な結論を下せる。最初に、問題解決の照準時点を現在に再設定するという第一の課題に対して、彼はこれを部分的に共有する立場を見せている。すなわちマーシャルは、上述の王立委員会において、現下の労働者階級の生活条件を改善するための方策について、当時行われていた議論を網羅的に論評している (Marshall 1894: paras. 227-51)。そして、そのようなかたちでヨリ短期的な問題解消策についても検討する構えを見せている。同時に彼は、教育への期待も表明している

---

(23) 例えば、Industrial Conference (1885: 151, 160-6) を参照。
(24) 当時のマーシャルの社会政策観と価値論の関係、および組合観については、西岡 (1985: 15-21)、西岡 (1992: 64-6)、永澤 (1958)、および注 17 で挙げた諸文献を参照のこと。

(*ibid*.: para. 236)。このように、労働者階級の貧困に主眼を置く彼の社会政策観は、短期と長期を見据える複眼的なものへと変容しているのである。

　第二の課題——保護の原則の担い手を再設定すること——に対して、マーシャルは次のようなかたちで対応しようとしている。彼は、ドック産業の事例を念頭に置いて、下層労働者が独自の組合を結成しようとする試みは不成功に終わったとする認識を示している (*ibid*.: para. 238)。同時に、既存の労働組合は、階級的な閉鎖性を特徴とするだけでなく、産業の効率性を損なう危険性も孕んでいるという点を強調する (*ibid*.: paras. 88, 89)。その観点からマーシャルが注目したのは、事業主が主導する、労働者の雇用条件を保全するための仕組みであった。すなわち彼は、船舶所有会社がドック産業において導入した、雇用条件を安定的なものにするための仕組みを肯定的なニュアンスで紹介している (*ibid*.: paras. 225, 238)。これはマーシャルが第二の課題に対して、事業主を重視する立場を示したことを表している。

　こうした立場は、保護の原則にまつわる規範的な要因を再検討することという第三の課題に対する彼の姿勢をも方向づけている。すなわち、マーシャルの議論における、労働者階級の主体性に対する比重の低下は、事業主が労働者の福祉に配慮することへの期待の増大によって補われる構図になっている[26]。例えば、彼は、先述した船舶所有会社の試みを、「世論の圧力」の影響を受けた事業主による、使用者の不安定な雇用状態を改善することへの関心の表れとして捉えている (*ibid*.: para. 238)。

　このように1880年代末以降のマーシャルは、現下の労働者階級の状況をより直接的に扱う方向で視野を改編し、またその改編は、事業主の倫理とそれに基づく実践の比重を高める方向で行われた。そうして形成された観点は、後に彼が行う「経済騎士道」の議論へとつながっていったと考えられる (Marshall 1907)。他方で、そのような議論は、保護の原則を国家の政策原理として再編成しようとしたウェッブ夫妻やL. T. ホブハウスらの議論とは方向性を異にし

---

(25)　それは80年代末に台頭した新組合主義を象徴する出来事であった。
(26)　もちろん、この時期にマーシャルの内で労働組合への関心が皆無になったわけではない（例えば、Marshall's Letter, dated at 5/12/97 in Pigou 1925: 400)。だが1880年代後半以降、その内容に変化が生じたとするのが通説であり、その点については、例えば、Petridis (1973: 171-86)、Groenewegen (1995: 599-603) を参照のこと。

た。そしてそれゆえ、マーシャルの思想は、集産主義の政策理念と直接的に結びつくということはなかった。しかしそれは、そうした政策理念が形成される際の重要な足掛かりであった。

参考文献

Abrams, P. (1968) *The Origins of British Sociology*, Chicago: University of Chicago Press.
Biagini, E. (1995) "The Anglican Ethic and the Sprit of Citizenship," in Marshall (1995), pp. 24-46.
Bythell, D. (1978) *The Sweated Trades: Outwork in Nineteenth Century Britain*, London: Batsford.
Cole, G. D. H. (1953) *An Introduction to Trade Unionism*, London: Allen & Unwin.
Collini, S. (1979) *Liberalism and Sociology*, Cambridge, New York: Cambridge University Press.
──── (1991) *Public Moralists*, Oxford: Clarendon Press.
Collini, S. and Winch, D. (1983) "A Separate Science: Polity and Society in Marshall's Economics," in S.Collini et al., *That Noble Science of Politics*, Cambridge, New York: Cambridge University Press, pp. 309-37.
Douglass, D. (1977) "The Durham Pitman," in R.Samuel (ed.), *Miners, Quarrymen and Saltworkers*, London: Routledge & K. Paul.
Evans, E. J. (1978) *Social Policy, 1830-1914*, London, Boston: Routledge & K. Paul.
Goldman, L. (2002) *Science, Reform, and Politics in Victorian Britain*, Cambridge: Cambridge University Press.
Groenewegen, P. (1995) *A Soaring Eagle*, Aldershot: Edward Elgar.
Haggard, R. F. (2001) *The Persistence of Victorian Liberalism*, London: Greenwood Press.
Harris, J. (1996) "Political Thought and Social Policy: the Public and Private Spheres," in M. B. Katz and C. Sachsse et al., *The Mixed Economy of Social Welfare*, Baden-Baden: Nomos. pp. 51-71.
Hay, J. R. (1975) *The Origins of the Liberal Welfare Reforms*, London: Macmillan.
Hennock, E. P. (1976) "Poverty and Social Theory in England," *Social History*, Vol. 1, pp. 67-91.
Himmelfarb, G. (1992) *Poverty and Compassion*, New York: Vintage Books.
Hobhouse, L. T. (1897) *The Labour Movement.*, London: T. Fisher Unwin.
Hopkins, E. (2000) *Industrialisation and Society*, London: Rutledge.
Hutchison, T. W. (1978) *On Revolutions and Progress in Economic Knowledge*,

Cambridge; New York: Cambridge University Press (早坂忠訳『経済学の革命と進歩』春秋社、1987)。

Industrial Conference (1885) *The Remuneration of Capital and Labour*, London: Cassell.

Jefferys, J. B. (1970) *The Story of the Engineers*, New York: Johnson Reprint.

Keynes, J. M. (1972) *Collected Writings of John Maynard Keynes*, Vol. 10. London: Macmillan (大野忠男訳『ケインズ全集第10巻 人物評伝』、東洋経済新報社、1980)。

Marshall, A. (1873 a) "The Future of the Working Class," in Pigou (1925), pp. 101-18.

—— (1873 b) "Marshall's comments on 'Future of the Working Class'," in Marshall (1995).

—— (1873 c) "Lecture on 'Some Economic Questions directly connected with the Welfare of the Laborer'," in Marshall (1995).

—— (1874) "The Laws of Political Economy," in Marshall (1995).

—— (1874 or 1875) "Fragments on Trade Unions," in Whitaker (1975, vol. 2). pp. 345-52.

—— (1885) "The Present Position of Economics," in Pigou (1925).

—— (1894) Contributions to the Royal Commission of Labour, reprinted by P.Groenewegen (ed.), *Official Papers of Alfred Marshall: Supplement*, New York: Cambridge University Press, pp. 92-128.

—— (1907) "Social Possibilities of Economic Chivalry," in Pigou (1925).

—— (1920) *Principles of Economics*, London: Macmillan.

—— (1995: T. Raffaelli et al.) *Alfred Marshall's Lectures to Women*, Aldershot; UK: E. Elgar.

Marshall, Alfred & Mary Paley (1881) *The Economics of Industry*, London: Macmillan. (橋本昭一訳『産業経済学』関西大学出版部、1985)。

McWilliams R. (1975) "Marshall's 'Tendency to Socialism'," *History of Political Economy*, Vol. 7, pp. 75-111.

Matthews, R. C. O. (1990) "Marshall and Labour Market," in Whitaker (1990: 14-43).

Mill, J. S. (1840) "De Tocqueville on Democracy in America II." (杉原四郎・山下重一訳『J・S・ミル初期著作集 (四)』御茶の水書房、1979)。

—— (1965/1848) *Principles of Political Economy: with Some of Their Applications to Social Philosophy*, Toronto: University of Toronto Press (末永茂喜訳『経済学原理』岩波書店、1959)。

O'Brien, D. P. (1990) "Marshall's Work in Relation to Classical Economics," in Whitaker (1990: 127-63).

Petridis, A. (1973) "Alfred Marshall's Attitude to and Economic Analysis of

Trade Unions," *History of Political Economy*, Vol. 5, pp. 165-98.
─────── (1990) "The Trade Unions in the Principles: The Ethical Versus the Practical in Marshall's Economics," *Économie Appliquée*, Vol. 43, pp. 161-86.
Pigou, A. C. (ed.) (1925) *Memorials of Alfred Marshall*, London: Macmillan. (永澤越郎訳『経済論文集』岩波ブックサービスセンター、2000)。
Reisman, D. (1987) *Alfred Marshall*, Basingstoke: Macmillan.
Robbins, L. (1952) *Theory of Economic Policy*, London: Macmillan (市川泰次郎訳『古典経済学の経済政策理論』東洋経済新報社、1964)。
Soffer, R. N. (1978) *Ethics and Society in England*, Berkeley, London: University of California Press.
Thompson, E. P. (1963) *Making of the English Working Class*, London: V. Gollancz.
Thornton, W. T. (1969/1869) *On Labour*, Roma: Edizioni Bizzarri.
Webb, Sidney and Beatrice (1897) *Industrial Democracy*, London: Longmans.
Whitaker, J. K. ed. (1975) *Early Economic Writings of Alfred Marshall*, London: Macmillan.
─────── (1990) *Centenary Essays on Alfred Marshall*, Cambridge: Cambridge University Press. (橋本昭一監訳『マーシャル経済学の大系』ミネルヴァ書房、1997)。
─────── (2004) "Alfred Marshall and Grand Social Reform," in T.Aspromourgos and J. Lodewijks (eds.), *History and Political Economy*, London: Routledge.

安保則夫（1982）「イギリス新自由主義と社会改革」『経済学論究』第36巻、pp. 85-117。
江里口拓（2001）「イギリス福祉政策思想史」『経済学史学会年報』第40号、pp. 13-23。
大前眞（1992）「一九〇六年ロンドン苦汗産業博覧会」、横山俊夫編『視覚の19世紀』思文閣出版、pp. 371-94。
小野塚知二（2001）『クラフト的規制の起源』有斐閣。
古賀比呂志（1987）「イギリス・エンジニアリング工業における賃金決定（一・二）」『早稲田経済学雑誌』第289・291号、pp. 29-65, 35-70。
近藤真司（1996）『マーシャルの「生活基準」の経済学』大阪府立大学経済学部。
高田実（2002）「近代イギリス労働者の生活セーフティネット」、社会経済史学会編『社会経済史学の課題と展望』有斐閣、pp. 386-97。
永澤越郎（1958）「マーシャルの賃金理論」『上智経済論集』第5巻、pp. 10-9。
西岡幹雄（1985）「マーシャルの人的資本論」『経済学論叢』第36巻第1号、pp. 15-21。
─────（1992）「マーシャルの初期経済学講義とその草稿について」『経済学論叢』第43号第4号、pp. 41-80。

―――― (1997)『マーシャル研究』晃洋書房。
松井名津 (1994)「労働と陶冶―Ｊ．Ｓ．ミルのモラル・サイエンス―」『経済学雑誌』(大阪市立大学) 第 95 巻、pp. 85-105。
毛利健三 (1981)「世紀転換期イギリスにおける貧困観の旋回」『社会科学研究』第 32 巻、pp. 127-47。
安井俊一 (2004)「Ｊ・Ｓ・ミルの社会主義論とハリエット・テイラー」『三田学会雑誌』第 96 巻、pp. 91-109。

第2章
ピグーの福祉社会論
市民的能動性と優生思想

本郷　亮・山崎　聡

1. はじめに

　ピグー*は、ケンブリッジ学派の創始者マーシャル*の後継者として知られている。ピグーはそれまでの経済学が暗黙裏に含んでいた倫理的側面に着目し、これを明示化することで、「厚生経済学（welfare Economics）」と現在呼ばれている分野を確立した。その名称は彼の主著『厚生経済学』（初版1920）にちなむものである。彼はまさに「ウェルフェア」（厚生とも福祉とも訳しうる）を深く考えた経済学者だった。

　だが、今後『ピグー経済学著作集』の編纂（Collard 1999）をうけて状況の変わることも期待できるが、現状ではピグーに関する経済学史的研究は世界的にみても非常に少ない。ピグーと「福祉国家」思想との関係を主題にした研究としては本郷（2001）があり、これは20世紀初頭のリベラル・リフォーム期におけるピグーの社会保障論ならびに（失業救済のための）公共事業論などを扱ったものである。

　上に挙げた論文もそうだが、一般に、「福祉国家」に関する従来の経済学者の議論は、社会保障の整備、完全雇用の達成、重要産業の国有化などの国家的諸政策に集中しがちであった。そこで本章では、これまであまり注目されてこなかったピグーの諸側面を扱う。それらは次の3点にまとめられる。

　第一に、ピグー厚生経済学における「厚生（welfare）」概念の再検討であり、これはピグーの福祉観の再検討と言い換えてよい。彼の視野は成長・平等・安

定などの経済問題に限られておらず、以下の二つの問題（市民的能動性および優生）にも及んでいる。

　第二に、市民的能動性に関するピグーの議論を明らかにすることである。近年の福祉経済学では、ブキャナンらの社会的選択論にみられるような政治過程への不信や、センらの新たな福祉理論の台頭により、「福祉国家」論に関する前述のような従来型の議論枠組みの限界が認められつつある。むろんそうした枠組みが重要でなくなったわけではなく、福祉社会を実現する上で、上からの国家的諸政策のみならず、下からの市民的能動性もまた求められているという補完的な意味においてである。

　第三に、「優生学」に関するピグーの見解を明らかにすることである。人間の遺伝的・生物的側面、例えば「遺伝的障がい」や「人種」などの問題はどのように捉えられるべきなのか。福祉社会を展望する上でこの問題は大きな意味をもつ。人の生命そのものに優劣をつける思想は、かつての「劣等人種」論に限られたものではなく、今なお様々なかたちで存在し続けているからである。それらが福祉社会における新しいタイプの不平等となる危険性はないだろうか。

　本章ではこれら三つの問題――「厚生」概念の再検討（第2節）、市民的能動性の問題（第3節・第4節）、優生の問題（第5節）――を順にみてゆく[(1)]。

2. 「厚生」概念の再検討――ピグーの福祉観

　本節では「厚生」概念（社会的厚生ないし厚生一般とも呼ばれる）を考察する。それはピグー厚生経済学のめざす究極的な政策ターゲット、すなわち「それ自体としての善」であった。

（1）『厚生経済学』（第4版）での「厚生」および「経済的厚生」の定義

　主著『厚生経済学』（第4版）[(2)]での「厚生」の定義は、やや曖昧だと言わざる

---

(1)　本章の執筆は、第2～4節を本郷が主に担当し、第5節を主に山崎が担当した。
(2)　ただし『富と厚生』（1912）、『厚生経済学』初版（1920）、『厚生経済学』第4版（1932）でのそれぞれの「厚生」の定義には差異もある。例えば『富と厚生』では、「第一に、厚生は意識の諸状態だけを含み、物質的なモノや諸条件（material things and conditions）を含まない。第二に、厚生は大小のカテゴリーの下におかれうる」（Pigou 1912: 3）となっていた。

をえない。すなわち、「厚生とは……非常に範囲の広いものである。その内容について、ここで包括的に論ずる必要はない。やや独断的ながら二つの命題を定めておけば十分だろう。第一に、厚生を構成する諸要素は、意識の諸状態 (states of consciousness) と、おそらくそれらの関係 (their relations) とである。第二に、厚生は大小の範疇の下におかれうる」(Pigou 1932: 10, 邦訳［Ⅰ］12)。

「厚生」に影響を及ぼすあらゆる要因を論ずるのは不可能であるから、ピグーは間接的な政策ターゲットとして「経済的厚生 (economic welfare)」、すなわち「社会的厚生のうち、直接的ないし間接的に、貨幣尺度と関連づけられうる部分」をあげた。この「経済的厚生」を高めることが厚生経済学の主要課題である (Pigou 1932: 11, 邦訳［Ⅰ］13)。なお、「経済的厚生」は功利主義的概念であって、ピグーはしばしば「満足」「快楽」「幸福」などの語とほぼ同義に用いている。

何のための経済成長なのか、勤労なのかといった哲学的な問いは、「厚生」と「経済的厚生」との関係の下で議論されうる。近年の福祉経済学では、ピグーは功利主義者の代表として位置づけられることもあるが、これは「経済的厚

---

(3) 例えばピグーは、知人のディキンソン (G. L. Dickinson) の著作を引用しつつ、次のような警鐘を鳴らした。「『あなた方はその仕事で世に知られよう。だが機械技術におけるあなた方の大勝利の裏には、精神的洞察を要するあらゆる事柄における敗北がある。あなた方はどんな種類の機械でも、完璧に作ったり使いこなしたりできる。だがあなた方は、家を建て、詩を草し、絵を描くことができない。まして信仰や大志を抱くことなどできない。……あなた方は目で見ず、耳で聞かない。推理が感覚にとって代わった。あなた方の人生のすべては、吟味していない前提に始まり、予期もせず望みもしない結論に至る、無限の三段論法だ。手段ばかりで目的がどこにもない。社会は巨大なエンジンで、そのエンジンの調子はおかしい。これが私のイマジネーションに映ったあなた方の文明だ』。むろんこの告発には誇張があるが、真理もある。……善い道具たる人々を生みだすための努力は、善い人間たる人々を生みだすのに失敗するかもしれない」(Pigou 1932: 14, 邦訳［Ⅰ］16-7)。
(4) 「イギリスの若者は、ゲームに時間を浪費して、その偏屈な教師らからしばしば眉をひそめられる。もっと悪い場合には、『ゲームの規律』を通じて［将来の］真剣な日常業務に備えるべく、教師らによりゲームが推奨されるのだ！ これらは陰気な衒学的考えである。単なる逆説ではない一つの意味において、ゲームこそ真剣な日常業務である。労働は目的への手段だが、遊びはそれ自体目的の一部だ。若者は遊び、大人は働く。だが若者にとっての遊びの価値は、それが大人への準備となる点にあるのではない。むしろ大人の働くことの価値が、若者と遊ぶのを可能にする点にある」(Pigou 1923 b: 224)。
(5) 福祉論上のピグーの位置づけについては、Sen (1989) の有名な三分類が大きな影響力をもっている。すなわち、①スミスの「富アプローチ」②ピグーの「効用アプローチ」、③センの「ケイパビリティー (capability) アプローチ」、という分類である。

生」のみに着目した一面的理解と言わざるをえない。「厚生」にも目をむける必要がある。

(2) 「メモランダム」と「善の問題」

「厚生」概念の考察では、次の二つの初期の文献が重要である。すなわち、①「救貧法救済の経済諸側面ならびに諸効果に関するメモランダム」(Pigou 1907 a, 以下「メモランダム」と略す)、②哲学論文集『有神論の問題』(Pigou 1908) の第4章「善の問題 (The Problem of Good)」、である。これらを順にみてゆく。

まず①、すなわち1907年の「メモランダム」は、当時の王立救貧法委員会に提出された文章であり(6)、そこでは「国民福祉 (National Well-being)」(これは後年の「厚生」概念と同じものとみてよい) の諸要素として以下の三つが挙げられた。

  i 倫理的人格としての人そのもの。
  ii 人々の社会的ないしその他の互いの直接的関係、およびそこから生じる満足。
  iii 人々が経済環境 economic circumstances からえる満足。

(Pigou 1907 a: 981)

つまり厚生は、人格、人間関係、満足 (経済的厚生) の三つからなる。iは個々人の意識状態それ自体が倫理的価値をもつことである。

iiは個々人の意識状態の善さではなく、人と人との関係それ自体の善さが問題とされる。個々人はむろん実在するが、個と個とをつなぐ「関係」もまた概念的実在とされている。「関係」は個々の意識状態 (私的善) へと還元できない一種の公共善であり、「多様性」「公平」などがこれにあたる。また「そこから生じる満足」という言葉が示すように、(それ自体としてではなくそこから生じる帰結に着目する) 功利主義的な一面ももつ。

---

(6) 「メモランダム」に初めて注目したのはおそらく McBriar (1987) である。以来この文献は、後年の福祉国家形成への重要な一歩としての、当時進められていた救貧法改革へのピグーの貢献という文脈で言及されてきた。だが「メモランダム」における「国民福祉」の定義が重要視されたことは、これまでほとんどなかったように思われる。

第 2 章　ピグーの福祉社会論　55

　例えば「多様性」について。個々人の資質の改善を重視する優生学者らに対して、ピグーは人間の多様なあり方そのもの、つまり共生の意義を次のように説いた。「……多様性（variety）はそれ自体として善であり、全員が完全であるが全員がまったく同質のグループよりも、全員がやや完全性から劣っていても多様な人々のグループの方が善い、と十分主張されうる。……ニーチェの超人ばかりの世界は、戦争の中で自滅しようし、一方アッシジの聖フランチェスばかりの世界は、それ自らの憐れみでやはり自滅する」（Pigou 1923 a: 81-2）。なお、優生学の問題は本章の第 5 節で詳しく扱っている。

　また「公平」について、ピグーは次のように述べている。「シジウィック*はこの知識［公平の原理］(7)が直覚によって与えられると主張した。この見解は、2 人ないしそれ以上の、まったく同じ人間の間に、分配可能な一定総量の私的善（private good）……があるとき、彼らの間でそれが公平に分配されれば、公共善（public good）という追加要素が生みだされることを含意する。だが現在、ある倫理学者によって、善の唯一の要素は意識の諸状態だと主張されている。……このように指摘された問題は重要だが、我々の現在の目的上、この主張に従う必要はない。なぜなら、公平がそれ自体として善であるというシジウィックの見解がたとえ否定されても、公平の原理を経済政策のために打ち立てるために利用しうる他の論法があるからである。…［例証の提示］…これら全考察により、公平の原理が……堅固な土台の上に打ち立てられることは、一般に同意されよう」（Pigou 1928: 8）。この引用からは、人間関係そのものを概念的実在とみなすことができるか否かが当時一つの論争的問題であったこと、またピグーが「厚生」の一要素としての人間関係を認めたいとする立場であったこと、の二つが伺えよう。(8)

　iii は「経済厚生」のことである。人は自分の所得の絶対額のみならず他者との相対関係の中で優越感や嫉妬を感じるため、iii は ii に強く影響される（消費の外部性）。(9)

（7）　本章を通じて、［　］内は、筆者の補足である。
（8）　本章第 2 節の冒頭でみた、主著『厚生経済学』（第 4 版）での「厚生」の定義では、人間関係について「おそらく（perhaps）」という語が付されている。このこともまた人間関係をめぐる論争の存在を示唆するように思われる。

要するに「メモランダム」は、「厚生」概念がいわば三層構造をもつことを示している。すでにみたように『厚生経済学』（第4版）では、「厚生を構成する諸要素は、意識の諸状態と、おそらくそれらの関係とである」と述べられていたが、「意識の諸状態」がⅰとⅲとを、「関係」がⅱを指していると理解すれば、「メモランダム」と『厚生経済学』との間に矛盾はない。

さて次に②、すなわち1908年の「善の問題」に目をむける。その中でピグーは、善（一個人の意識状態としての）を、関数という比喩を用いて説明している。この善の関数は一個人の内面の集約的表現であるから、その一つの意義は上述の「意識の諸状態」（ⅰとⅲ）を詳しく述べた点にある。

善＝F (a, b, c, d, e, f, ……)
a：快 (pleasure)
b：善意 (good will)
c：愛 (love)
d：理想の性質 (character of a man's ideals)
e：対象に対するその態度 (attitude)
f：自分に課した目標に対する情熱 (enthusiasm)

この善関数の性質について、ピグーの主要命題は以下の通りである（Pigou 1908: 87-9）。

ⅰ 快の増大は、常に「善」を増大させるわけでない（不正も存在するから）。
ⅱ 善意・愛・情熱（これらは対象を前提する）については、対象を善と勘違いして愛したのなら「善」は増大するが、悪を承知の上で愛したのなら「善」は減る。
ⅲ 快の値がマイナス（つまり苦）でも、「善」の値はプラスになりうる。
ⅳ 善意がなければ、「善」は必ずマイナス値である。
ⅴ 他の諸変数が一定なら、ある一変数の増大は「善」を増大させる。

（9）「ある人がその経済環境から得る満足は、かなりの部分、彼の消費の絶対的大きさではなく、相対的大きさに由来する。ミルは次のように述べた。『人は金持ちになろうとは望まないが、他の者らより金持ちになろうと望む。どれほど富を抱えても大欲で貪欲な者は、隣人たち同胞たちの間で彼が一番貧しければ、ほとんどないしまったく満足を感じまい』と」（Pigou 1932: 89-90, 邦訳［Ⅰ］111）。

ここから言えることは、第一に、善が多変数（a～f）の関数とされ、快楽一元論でない点。第二に、対象に対する態度（e）や目標に対する情熱（f）があげられたように、ピグーがいわば人間の能動的な姿勢に善を見出している点である。⁽¹⁰⁾

　第三に、iiiとivとが端的に示すように彼の善は、非功利主義的である。こうした主張を功利主義的とみるのは非常に困難であろう。第四に、vの主張は、（他の諸要素が一定なら経済的厚生の増大は厚生を増大させるという）ピグー厚生経済学の基本前提に関わる重要命題であるが、ここに、功利主義を活用したいという彼の工夫を見出すことはできよう。それゆえ一般的に言って、ピグーは功利主義者かそれとも理想主義者かという二項対立的な問題設定は、上述のような諸点をふまえねば、我々のピグー理解を深めるよりも、むしろ一種のレッテルに堕するおそれもある。⁽¹¹⁾

　本節では、「メモランダム」と「善の問題」という初期の文献を用いて、「厚生」概念の内容を従来よりも踏み込んで考察した。そこから明らかになったことは、①「厚生」がいわば三層構造（人格・人間関係・経済的厚生）をもつこと、②「厚生」の主要内容の一つである「意識の諸状態」が、快楽の享受のみならず人間の能動的姿勢をも含むこと、の二つである。

3．市民的能動性についてⅠ──「貨幣の私的使用」

（1）　貨幣所有者の義務

　ピグーのめざす福祉社会では、市民は福祉サービスの単なる受益者ではない。

---

(10)　（e）や（f）が具体的に何を意味するのかについては議論の余地も残る。だが少なくとも、能動的姿勢の価値が承認されたことは大きな意味をもつ。これにより、いわゆるミルの言う「満足した豚」の状態が排除されるからである。福祉サービスを与えられるだけでなく、外部に対して働きかける能動性が、人格的善の一要素である。

(11)　功利主義の特徴が、①価値論上の快楽主義、②規範論上の目的論、の二つであることについてはかなり広いコンセンサスがあると思われる。①は、めざすべき目的としての善のうちに快楽を含めること（ないし善とは快楽のみとみること）であり、②は、行動の善し悪しをそれが生みだす快楽量も考慮して判断すること（ないし快楽量だけで判断すること）である。功利主義の厳密な定義には、必要かつ十分な条件が示されねばなるまいが、それは論争を生むおそれがあると思われる。

本節ではその具体例として「貨幣の私的使用」(Pigou 1922) を考察する。この論考は、厚生経済学の「三命題」を実現する上で、一人一人の市民は何をなすべきかを問うもので、ただし市民的義務の総体ではなく、貨幣の私的使用（使途）に関する義務のみが対象である。

「経済学は一つの実証科学であり、諸規範の集まりではないが、経済学者らはいわば非公式の力能によって、しばしば政府の義務を論じる。私はこの論文で経済学者があまり試みない事柄を扱おう。すなわち私的個人の義務を論ずるのである」(Pigou 1922: 452, 下線追加)。こうした私的な義務論は、マーシャル的経済騎士道の拡張版（消費者版）と位置づけることもできよう。

貨幣で直接買えるのは商品であり厚生ではない。「だが最高のもの［厚生］を買えないにせよ、最高のものはその土台として、安楽や体面といった明らかに低次の善の他に、若干量の経済財 (purchasable things) を要する。……善き生活の花は、貧窮の妨げの中でよりも、こうした適度な物質的条件の土台の上で容易に咲く。貨幣は下僕にすぎないが、それなしで我々はほとんど何事もなしえない下僕である」(*ibid.*: 453)。

ピグーによれば、理想上、「我々は行動指針として、我々自身の利益を、同じ大きさ・確実さを有する他者の利益よりも重視する権利をもたない」が、事実上、我々はこれよりずっと低い理想で満足しており、他者の利益に少しばかり配慮すれば周りから賞賛されるのが常である。だが我々は、貨幣の使用がもたらす社会的帰結にもっと配慮すべきではなかろうか。例えば、「その［我々の］行為によってもし誰か他の人が大きな利益をうけるなら、我々は自分自身をほんの少し傷つける義務がある」のではなかろうか。あるいは、たとえ他者の利益を10分の1に割り引いて配慮するにすぎないにせよ、もしそれが本当なら（言葉だけでないなら）、我々の経済行動は若干ながら変更されるだろう

---

(12) ピグーの「三命題」とは、他の事情が不変ならば、①国民分配分の平均量が大きいほど、②貧者に帰属する国民分配分の平均取得分が大きいほど、③国民分配分の年々の量と貧者に帰属する年々の取得分との変動が少ないほど、経済的厚生は大きくなるというものである（『厚生経済学』初版：v）。

(13) この1922年論文は、翌年の『応用経済学論集』(Pigou 1923 a) に収められ、そこでは下線部が「非公式ながらその人間としての力能 (unofficial capacity as human beings) によって」と加筆された。こうした加筆は、事実判断と価値判断との関係をピグーが強く自覚していたことを示唆するだろう。

(*ibid.*: 452)。

　以上の問題意識から、ピグーは可処分所得の私的使用を、（ⅰ）贈与、（ⅱ）貯蓄、（ⅲ）消費、の三範疇に分け、順に検討してゆく。すなわち、我々は自分の所得をこれらの間にどう配分し、その際に何に留意すべきなのか。

（2）　贈与

　最初にⅰの「贈与」について。ピグーによれば、「厚生」という至上目的にはある程度の富が不可欠であって、富者は彼らが豊かである（多くの富を支配する）というまさにその事実により、貧者への道徳的義務を負う。政府は、富者にその義務の一部を果たすことを課税というかたちで強制できるが、課税が経済活動を抑制するという懸念から、その義務強制は部分的なものに留まらざるをえない。だから富者には「贈与」という自発的活動の余地がまだ残されている。所得からどれだけを贈与へふり分けるかは、本人およびその家族の事情、他者の利益を尊重する度合いなどによるが、結局は本人の自由意志による (Pigou 1922: 453)。

　自由意志が尊重されるべきとはいえ、経済学者が適切な助言を行う余地は残されている。ピグーは贈与に関して次の三原則を挙げた (*ibid.*: 453-5)。第一に「建設的 (*constructive*)」であること、すなわち一時しのぎの救済ではなく「新たな生活の開始」を目的とすることである。特に子どもはその力を将来に開花させるべく、慎重に扱われる必要がある。だが、産業目的に合致した人材となることだけでなく、「楽しむ力 (capacities of enjoyment)」もまた大切であり、後者は労働効率と同じく訓練によって高めうる。[14]

　第二の原則は「協力 (co-operation) の精神」である。ピグーは学校に関する事例をあげ、学校と家庭との精神的分離を戒めた。すなわち家庭側は一方的受益者の地位に留まり、積極的に参画しないばかりか、しばしば学校側の介入を敵視することもあると。

---

[14]　「人は生産の道具であると共に『それ自ら目的』でもある。自然や芸術の美に調和し、単純にして誠実な性格をもち、情熱を統御しつつ同感の情を発達せさる1人の人間は、彼自身この世界の倫理的価値を形成する重要要素である。人間が感じたり考えたりするその仕方が、そのまま厚生の一部をなすのである」(Pigou 1932: 12-3, 邦訳［Ⅰ］15)。

第三の原則は「友愛のコミュニズム (communism of friendship)」である。すなわち贈与は、上から下へという形式ではなく、「友から友へ」という友情の形式でなされねばならない。貧者の友となることが、最上の贈与方法の一条件である。もし我々自身にそれができないなら、誰か他の者を通じてそうすべきであり、さもなければ与えられ助けられることが「恥」の意識を生むという。

(3) 貯蓄と消費

ii の「貯蓄」は、二つの問題からなり、まず①貯蓄量の決定、次に②貯蓄内容の決定、である。①では、「貯蓄増→資本の稀少性減少・労働の稀少性増大→労働階級の実質所得増」という理論的帰結が提示され、この帰結を狙って、私的最適額よりも多めの貯蓄が推奨された。

②では、銀行預金や国債購入のかたちで貯蓄すれば、貯蓄（された財）の使用権は我々の手から離れて銀行や政府に移ってしまうが、他のかたちで貯蓄すれば、我々は「生産力」の方向づけへの影響力を発揮しうるとされる。例えばピグーによれば、環境に配慮する企業の株を買えば、我々はその企業活動を応援できる (Pigou 1922: 455-6)。

最後に iii の「消費」において、まず注意すべきは、「贅沢 (luxury)」という語が i・ii・iii の間の配分に関するもの、すなわち消費量に関するもので、消費内容に関するものとみる必要のない点である。ピグーは次のように主張する。「……我々の消費額がすでに決定されたなら、いわゆる贅沢品は……公的観点からみて悪い支出対象だとみる必要はない。実際、我々はそれらを買うことで、貧者とではなく富者と競合し、それら財の多くは税によりその価格が幾分上昇しているから、むしろそれらはまったく善い支出対象である」。税のかかった贅沢品の購入は、税の支払いを通じていわば社会に寄付をするのだから奨励されるべきであり、逆に、補助金で価格の下がった必需品の購入は控えるべきである。なお、課税のない場合でも、富者が必需品の代わりに贅沢品を購入すれば、必需品の需要の減少によりその価格は低下し、貧者の実質所得は増加しよう (ibid.: 457-8)。

また我々は、どんな生産者を育てるべきかという観点から、①公害その他の外部性にも配慮（製品のボイコット）すべきであるし、また②「良好な［労働

環境が整えられ公正な賃金が支払われていると判明した店・工場から選んで購入する」ことで、「経営者による労働者の正当な扱いを奨励」することもできる。消費者は商品が̇ど̇こ̇で̇ど̇の̇よ̇う̇に̇製̇造̇さ̇れ̇た̇のかを知るのが困難かもしれないが、ピグーによれば、消費者組合の発行する「ホワイト・リスト」から奨励すべき店・生産者を選別しうるであろう。さらに、③我々の消費のタイミングを調節すれば、雇用変動は僅かながら抑えられよう。季節変動に左右される財、例えば「社交シーズンのドレス」は、もしその確実な必要性があらかじめわかっていれば、繁忙期を避けて注文することで雇用は安定化しよう（*ibid.*: 459）。

　以上が「貨幣の私的使用」の概略である。この論考の意義は、生活経済学ないし消費者経済学とでも言うべき議論を通じ、市民的能動性の発揮を賞揚する点にある。まことに経済学者らしいヴォランティア論である。ピグーは経済学を一つの実証科学と捉えながらも、経済学者の役割をそこに限定しなかった。換言すれば、社会科学のもつ科学的価値と教育的・市民的価値とを共に重視した。福祉社会では、「公」的部門が種々のサービスを提供するのみならず、他方で「私」的部門の積極的参与も求められるのである。

4．市民的能動性についてⅡ——「雇用者と経済騎士道」

　本節では、前節にひき続きピグーの市民的能動性論を例証すべく、「雇用者と経済騎士道」（"Employers and Economic Chivalry", Pigou 1923 a: Ch.2）を考察する。前節でみた「貨幣の私的使用」と本節でみる「雇用者と経済騎士道」とは、形式的にも内容的にも一̇対̇の̇姉妹論文と言ってよい。

　形式的には、前者は『応用経済学論集』（Pigou 1923 a）の第1章で、後者はその第2章をなす。これは二つの論文が互いに関連するものとみなされていたことをある程度示している。内容的には、前者はもっぱら貨̇幣̇支̇出̇者̇の̇義̇務̇を主題とするが、たとえ等しく豊かな2人の人物がいたとしても、もし一方が労働者で、他方が雇用者である場合、これら2人の社会との関わり方は大きく異なる。とすれば、市民的経済義務論をより広く展開するには、貨幣支出面のみならず雇用面にも目をむける必要がある。人を雇うという地位そのものが、雇

用者に特殊な義務を課すのである（*ibid*.: 14-5）。[15]

さて、「雇用者と経済騎士道」は大きくみて、（1）なぜ雇用者に特殊な義務が課せられるのか、（2）その義務内容は何か、という二つの議論からなる。以下ではこれらを順にみてゆく。

（1） 雇用者の義務の由来

まずあらかじめ二つの事柄を述べておきたい。一つは、「義務」という規範的概念について、ピグーが「私は幾つかの困難な諸問題を割愛し、シジウィックが常識道徳（morality of common sense）と呼ぶレベルに立つ」（Pigou 1923 a: 13）と述べ、この問題を扱うにあたっての自身の倫理学的立場を示した点である。

二つめは、従わねば社会的に非難される義務と、従わずとも非難はされないが従えば賞賛される義務とを、ピグーが区別する点である。前者は「工場法」その他の最低限ルールの遵守、より一般的に言えば近年経営者の間で問題意識の高まっている「コンプライアンス」（法令に則った企業活動）に関わるものであり、後者は最低限を超える積極的改善に関わるものである。ピグーは前者にも言及してはいるが、むしろ彼の主題は後者、すなわち「より高い義務」の方である（*ibid*.: 14）。

さて、なぜ雇用者には独自の義務が課せられるのだろうか。これには二つの理由がある。第一に、労働者が雇用者に対して「ある非常に特殊な依存関係」におかれるという事実である。労働者の生活時間のかなりの部分は、雇用者の管理する環境下（建物・設備など）で過ごされる。「実に、彼ら［労働者］の目覚めている時間のおそらく半分以上が、彼らの雇用者がおおむね管理している諸条件に緊密に依存している」のである（*ibid*.: 13）。

ゆえに雇用者は、労働者の福利を最も効果的・成功裏に高めうる特別に有利な立場にあるとみてよい。ピグーによれば、企業外部の人々（その地域の慈善団体など）はたとえ労働者の福利に強い関心をもつにせよ、必ずしも雇用者ほ

---

(15) 『厚生経済学』においてピグーは次のように述べた。「大規模産業が18〜19世紀に拡がるにつれ、雇用者と労働者との距離はますます広がり、互いに会う機会は減少してきた。このやむをえざる物理的分離につづいて、精神的分離……が生じた。この敵対精神は、経済的原因によって非経済的厚生のうちに起こされた一つの明白な消極的要素であった」（Pigou 1932: 16, 邦訳18-9）。本節でみる雇用者論はこれに対する一つの反省とも言える。

ど職場の事情に通じていない。職場条件を整える上で、「雇用者は、非常に大きな費用をかけてすら他の人にはできないことを、少ない費用で大きな成果を生む力をもつ。労働の雇用者に特殊な義務が課せられる第一の理由は、彼らがその立場上、特殊な機会をもつことにある」(*ibid.*: 15-6)。

第二に、労働者の境遇の改善がその企業の利潤を高めるという一定の傾向である。例えば、当局が都市景観の改善のために公費を投じれば、地価の上昇を通じて地主に利益を及ぼすのと同じで（ゆえにピグーはその一部費用を受益者に負担させることに賛成する）、地域の自発的慈善活動により労働者の境遇が改善すれば、労働効率の上昇を通じて、その地域の企業は外部経済の恩恵に浴すであろう。ゆえに企業は地域に対して、一定の社会的責任を果たすべきである (*ibid.*: 16)。

あるいは、「……特にその企業が登録商標をもつ製品を作っている場合、模範的な労働諸条件を提供することは素晴らしい宣伝になる」。前節でみたように、消費者はかかる企業の商品をすすんで買うかもしれないからである。また登録商標をもたない企業にとっても、①労働争議の減少、②就業中の労働者の「誠実な感情」、「規律」の高まり、などを期待できる。福利厚生費はこれら対策費として一定の経済合理性をもつのである (*ibid.*: 17-8)。

ピグーによれば、良好な労働条件がひとたび実現すれば、労働者は規律を守り、解雇されることを自ずと避けるようになる。その結果、雇用者は労働者の肉体面・精神面に配慮した様々な「就業規則」を設ける力、遵守させる力を一層増大させるであろう。こうして獲得される雇用者の指導力は、外部の慈善家らが労働者に与える助言などとは比べものにならぬほどに、強いものであろう (*ibid.*: 21)。

(2) 雇用者の義務の内容

次に、雇用者は労働者のために何をすべきなのか、何ができるのか、という問題に移る。第一に、まずその基本精神として、「労働者は、単なる人材でなく人間であり、またそのようなものとして扱われるべきである」(*ibid.*: 18)。

第二に、決して独創的ではないが不可欠なものとして、職場の物的諸条件の改善である。法的ミニマムの確保はむろん、より高い水準をめざすべきである。

そして衛生・健康・危険などの面での改善が果たされれば、さらには利潤追求主義・産業主義に「固有の醜さ」を除去すべく、絵画・花などを飾ることもできる（*ibid*.: 19-20）。

　第三に、社内規則・制度の整備。すでに述べたように、良好な労働条件下では労働者は解雇されないように自ずと「規律」を守るであろう。特にピグーは、若い労働者に対する教育上（体育を含む）・健康上（健康診断など）の諸規則を提案している（*ibid*.: 21-2）。

　第四に、高賃金である。慈善家らからの救済を受けることは、貧者にとって「威信の高まるものでなく、それは人格と勤労とに対して容易に有害な反作用を与えうる」が、高賃金の方法であればこの反作用は小さく、むしろ逆に、上述の「威信」、「勤労」などの点でプラスの効果・インセンティヴを生む可能性がある（*ibid*.: 22）。

　最後にピグーは、上の四項目を実践せんとする経営者に対して、労働者を「単なる受動的な受益者」に堕落させる温情主義的「圧政（despotism）」を戒めている。「パトロンの役割には魅力的な何かがある。だがこの誘いに従った経済騎士道はその栄冠を失う」。労働者は「活動的パートナー」として参加する主体であり、「善き生活が営まれるのは、独裁ではなく同僚関係を通じてである」と（*ibid*.: 23）。

　以上が「雇用者と経済騎士道」の概略である。ピグーのめざす福祉社会での経営者の役割は大きい。労働者は人材（手段）であると同時に人間（目的）でもあり、そして労働者の目覚めている時間のおそらく半分近くが経営者の管理する環境下で過ごされる。とすれば、職場は単なる生産の空間ではなく生活の空間でもあり、経営者は労働者の人間形成にも相応の社会的責任を帯びるであろう。しかもその領域は、政府はむろん企業外部の民間慈善団体ですら効果的に果たすのが難しい、経営者独自の領域である。福祉社会の実現には彼らの協力が不可欠である。

5. 優生思想とピグー

　19世紀の後半に誕生し、20世紀の幕開けと共に興隆した優生学は、当時のイギリスの政治的思考において支配的であった国民的効率（national efficiency）を追求したものとみなすことができる。「優生学者は……政治的、社会的改革のためにただ働いていたのであった。その改革とは、人々の福祉を向上させ」ることであった（Searle 1976: 46）。ピグー自身も次のように述べている。「優生学者は、他の社会改革者たちと同様、自身の実践的な目的として、社会を改良しなくてはならない。実際に、他の社会改革者らが環境的な条件の改善を通じた改革に重きを置いている一方で、優生学者らは、遺伝的な素質を改善することによる社会改革をめざしている。だが、彼らの最終目標は同じである」（Pigou 1923 a: 80）。最終目標とは善なる社会であり、それは人々の福祉を意味する。

　だが、目標が同じだからといって、それで済まされるものではなかった。優生学者らは、「寛容な政府による援助と多くの誤った慈善事業の存在に対して憂慮した。（彼らの主張によれば）それらが合わさって『逆選択（reversed selection）』が生じる状況を生み出してきた。そこにおいては、病的、寄生的、そして様々な種類の無能な人間たちに……快適な生存が保証された」（Searle 1976: 45-6）。特に、優生学の旗手であるピアソン[*]は、貧者や弱者に加担する福祉・慈善政策に対して激しく反対していた。

　ピグー自身も次のように認識していた。「現在最も流行している、社会改良を促進する試みは、……無益というだけでなく、有害でさえあると言われている。その理由は、そのような試みによって、……先天的形質に内包される根本

---

(16) サールは次のように述べている。「……『国民的効率』への固執、そして『環境的』社会政策の明らかな失敗に対する落胆は、優生学に対して相当に親和的な政治的雰囲気を作り出した」（Searle 1976: 9）。なお、国民的効率への固執の背景にはボーア戦争（the Bore War）によるパニックがあった（Searle 1976: 20）。

(17) フリーデンによると、概して優生学は、①環境的影響に重きを置き、平等主義を信奉する社会主義、②社会的弱者の保護を意図する社会改良政策（福祉政策）、③結婚・繁殖を完全な個人の自由（権利）とみなすリベラリズム、のいずれとも調和することはなかったとされる（Freeden, 1979: 650）。

的な部分を間接的に阻害してしまうからである。パニット (Punnett) 氏によれば、現在の我々の試みは、大局的に言って、より不適 (unfit) な者の生活水準を向上させている」(Pigou 1907 b: 366)。

　以下で述べるように、これらの優生学的主張は、貧者への分配を改善しようとするピグー厚生経済学の精神とは真っ向から対立するものであった。ゆえにピグーの福祉論を考察する上で、優生学の問題は避けて通ることはできないものであろう。この点に関して、シュンペーター*による次の指摘が注目に値する。「生物学的研究の結論を社会現象に応用することは、この期間の思想の中にあまりにも大きく表出していたので、これをまったく無視するわけにはいかない」。それにもかかわらず、「経済学者はこれらの問題に対し、当然に値するほどの注意をまったく払いえなかった。それへの賛否についての口の軽いスローガンだけが彼らの貢献の大部分だった。これらよりも多くの心労を重ねた唯一の指導的人物はピグーのみであり、より多くの情報をえようと願う読者に対し、私は彼の名を挙げたい」(Schumpeter, 1954: 788, 790)。

（1）　優生学的知識に対するピグーの姿勢

　最初に押さえておかなくてはならないことは、優生学に対するピグーの学問的態度である。確かにある分野では、優生学者は教師であるが、他の分野では、彼は単なる生徒であるとピグーは言う。ピグーによると、優生学者が社会問題に対して生物学の知識を適用しようとするときは、彼は前者でなく、後者の立場に立っているのである。というのも、生物学が問題解決に対してある重要な知識・データを提供するであろうが、重要度において勝るとも劣らない重要な他の知識も存在するからである。したがって、それらデータを綜合し、互いに関連づけ、政治的見識のためのガイダンスを提供したりする責任は、生物学者にではなく、社会学者に存するのである (Pigou 1907 b: 359)。社会改革の方途を模索することは、目的と手段との複合的な問題を伴う。それは次の問題を共に含む。絶対的であれ相対的であれ、どのような社会が善であるかという問題と、どのような手段によって意図された目的（望ましい社会）が効率よく達成されるかという問題とである。前者の問題は完全に倫理学的なものである。それはもっぱら価値判断に依存する。どのような実証科学（例えば経済学、化学、物

理学、生物学、……）であれ、価値判断にはいささかも貢献しない。実証科学は、所与の条件の下でどのような結果が生じるかを明らかにするのであり、どんな結果が善であるかを示すものではない。優生学が社会改革者に提供する知識は必然的に手段に関するものに限定されることをピグーは明言する（Pigou 1907 b: 359）。

「どのような社会が善であるか」は目的を指定する。「社会は諸個人からなる。もしも社会における善とは何かを答えようとするならば、一個人における善とは何かを先に決定しなくてはならない」。「我々がめざすのは、可能最高限度の、それ自体として善（good in itself）であるところの社会である。それは、それ自体として善である諸性質をもつ人々と、幸福である人々——幸福は明らかに善であるから——……とを含む」（Pigou 1923 a: 80-1）。そして、優生思想との関連では、次の言明も重要である。「市民のあるグループの厚生が他のグループのそれよりも上位にランクされうるという時代は過去のものとなった」（Pigou 1928: 43）。すなわち、上層階級の人々の厚生も労働者階級の厚生も（互いに量において等しければ）同じ重みをもつもの（価値）として扱われなければならない。ピグーによれば、両者の厚生は等しく実現に値する目的なのである。

目的たる善がひとたび設定されたならば、手段としての事実判断という観点から、生物学に関係する論点は以下の3点になる（Pigou 1907 b: 359）。（a）付随的な変化なしに、すぐ後の世代の質は現世代の環境変化によって改善されるか、（b）付随的な変化なしに、血統における変化によって後の世代の質が改善されるか、（c）優生思想と経済・福祉政策との関連、である。

(2) 環境による改善について

（a）について。この最初の問題に対する解答は、部分的には、ラマルク流の獲得形質遺伝の問題に依拠することになる。ピグー当時の支配的な見識によれば、同種の後裔を究極的に形作る生殖細胞は、同種の体を形成する細胞とは始めからまったく異なっているという。これに関しては、ヴァイスマンの説が著名である（Searle 1976: 6）。遺伝を親の体から子の体へと起こるものとみなすのは真理に反する。子は親の生殖細胞から遺伝を受けるのであって、親の体からではない。そして、生殖細胞は、その性質を、それを保持する体にではなく、

先存する同種の血統に負っている。したがって、体はいわば生殖細胞の副産物である。遺伝に関する限り、体は、次期世代のために保存される生殖細胞の単なる運搬人にすぎないとされる。仮にこれが妥当であれば、生殖細胞内の一定の実体と構造の存在によって決定される組織の確定的な特質は、祖先の環境からは直接的に影響を受けないことになる。ただ不確定な量的な類の性質のみが（環境による）影響を受ける。生物学者の間での支配的な見解によれば、後者による性質は取るに足らないものとみなされる。それゆえ、個人が自己の人生においていかなるメリットを獲得したとしても、それは彼の死と共に消滅する運命にあり、子孫には遺伝しない。この科学的命題からは幾つかの実践的な命題が導かれた。優生学者は、この命題を用いて、教育、環境に関連する社会改革一般を批判した (Searle 1976: 46-7)。ただし、生殖細胞の変異性が環境によって影響を受けるか否かに関しては、当時の段階ではあまりよく分かっていなかった。

　以上は、主として生物学的事実（判断）であった。ピグーによれば、この点までは社会学者には何も発言する資格はない。しかしながら、パニットや他の生物学者たちが、恒常的な発展は配偶子と育種の問題であり、それ以外のものをもってはありえないとまで主張するとき、彼らは哲学一般の領域にまで踏み込んでしまっているとピグーは指摘する (Pigou 1907 b: 360-1)。「私は、この生物学上の前提を承認する。しかしながら、その社会学的結論に対しては異議を唱える」(Pigou 1932: 112-3, 邦訳［I］138)。これは重要な点であると思われる。生物学者が先祖の環境如何によっては改変不可能だと主張した事柄（血統）は、発展 (progress) という観念が適用される事柄とは異なるものである、というのがピグーの基本的な認識である (Pigou 1907 b: 361)。次世代のもって生まれる特質はそれを形成する配偶子の性質によって決定される。しかし、ピグーは、社会改革者がめざす善さとは具体的な男女の善良さであり、もって生まれた特質（血統）のそれではないと主張する。彼らの善良さを形成するに当たって、確かにもって生まれた特質がある一定の役割を果たすが、支配的なものではない。他の諸要素も同様に重要なのであり、その中には祖先の環境も実際に含まれているというのである (*ibid.*: 361)。

　ピグーの考えでは、先祖の環境は間接的に作用する。ある存在によって実際

に享受されている現行の環境は、その存在の生得的特質と協力してその存在の質を形成するということは明らかだという。少々長くなるが、次のピグーの重要な見解を引用しておこう。「一世代の環境はある永続的結果を生むことができる。何となれば、それは将来世代の環境に影響しうるからである。要するに環境は人々と同様に子どもをもつのである。教育その他のものは、物質的世界においては新生児に影響を与えることはできないが、観念の世界においては影響を与えることができる。そして、観念が特定の世代によって一度作られるか、承認されると、それが機械的発明の中に具現化される、されないにかかわらず、続く世代が享受する環境をその根底そのものから変えるだけでなく、またさらに前進するための道をも開きうるものである。なぜかというと、新しい人はそれぞれその最後の祖先が始めたところから始めなければならないのに対して、新しい発明はそれぞれ最後の祖先が残し去ったところから始めるからである。このようにして、環境は永続的、あるいはむしろ前進的に変えられていく。そして、環境はそれに現実に支配されている人々に対して明らかに重要な影響を与えうるから、以上の変化は持続的な結果を生み出すことができる」(Pigou 1932: 113-4, 邦訳［Ⅰ］138-9)。ピグーは、環境改善には意味がないとする優生学者の主張は極端に失すると考える。恒常的のみならず累積的な発展も、繁殖と生殖細胞にまったく関係のない社会改良の手段によって実現できるというのである。環境を通じて、個人がいかなるメリットを獲得したとしても、それは彼の死と共に消滅する定めにあり、子孫には遺伝しないという優生学的見解を認めることはピグーにとっては何らマイナスではない。環境は持続的、累積的に後代に伝達されるので、それが各世代の諸個人に与えるメリットは生物学的に遺伝されなくとも、事実上は世代を超えて持続されるものであるからである。

(3) 遺伝を通じた改善について

(b)について。ピグーが挙げた二番目の問題は、次世代の質は、他の要素を除き、先祖の血統によって改良されるか否かである。獲得されたものでない、いわば天賦のものである親の特質が実際に遺伝されるという事実は疑いもなく

---

(18) 「環境は人々と同様に子どもをもつ」というピグーのフレーズに着目し、それを世代間問題との関連で考察した研究として、Collard (1996) がある。

存する。これが事実であることはメンデル学派の根本的な原理であり、ピアソンらによる統計的考察により確認されているものである (Kevles 1986: Ch.2)。そこで、ピグーは問題を一つに還元する。上記の事実を社会改良という目的に対して効果的に活用できるほどに我々の知識は十分であるか、ということが問題となる (Pigou 1907 b: 363)。人間は最も複雑な動物であり、特に精神的側面に関して、人間の遺伝の研究は未だ十分になされていない状況であった。具体的に、様々な特質が獲得されたものであるか、そうでないかを判別することは困難であるとピグーは言う。「様々な人々にみて取れる諸性質の内、どの部分が環境に因るもので、どの部分が生まれついての遺伝に因るものであるかについて、どうやって優生学者は識別しうるというのか」(Pigou 1923 a: 83)。我々はあまりに無知に取り囲まれているので、最大の慎重さが必要だとピグーは訴えている (Pigou 1907 b: 363)。[19]

とはいえ、現在手にしている生物学知識を何も行使すべきではないということにはならないとピグーは考える。「疑いもなく、確実なことは存在する。親にみられる、心的、肉体的欠陥の顕著なある種のものは、正当な根拠をもって、先天的であると認識されうる。そして、親の先天的あるいは生まれついての欠陥は頻繁に子孫に遺伝する、または彼らの子孫の全員か幾人かに再現することも既知である」(Pigou 1923 a: 83)。したがって、極端なケース、つまり明らかな不適者、重大な肉体的、精神的欠陥、一部の病的素質等々の繁殖は（当時のアメリカのように）公的権威をもって阻止されうるとピグーは言い (Pigou 1932:

---

(19) これと同様の姿勢を示した代表的な学者として、例えばハクスリー（Huxley）を挙げることができる。なお、ハクスリーの思想に関しては、内井（2002）を参照されたい。

(20) 優生学の理論には、望ましい遺伝形質を積極的に増進させようとする積極的優生学と、悪い遺伝形質の繁殖を防止しようとする消極的優生学とが存在する (Searle 1976: Chs.7-8)。だが、人間の遺伝メカニズムの複雑性に加えて「動物の間のように人間の間で交配実験をする自由は優生学者にはない」(Pigou 1923 a: 83) ことから、よい形質を増進させる実践的方法の案出は困難であるため、現実に行われたのは主に消極的優生学であり、断種や隔離などが典型であった。

(21) コラードの理解によると、Pigou (1907 b) と Pigou (1923 a) とでは、ピグーの優生学に対する態度が変化しているという。すなわち、前者においてピグーはある点で優生学に同調していたようだが、後者においては優生学の有効性に疑問を投げかけているとされる (Collard 1996: 595)。だがこの理解は、優生学の理論には積極、消極二つの側面があることを看過している点で問題がある。ピグーは、最初から消極的優生思想は支持する一方で、積極的優生思想に対しては嫌疑の念を一貫して抱いていた。

109-10, 邦訳［Ⅰ］133-4)、消極的優生学[20]の立場は支持している[21]。

（4） 福祉政策と優生学

（ｃ）について。福祉政策一般と優生学との確執が問題点である。当時の主流的な優生学的思想についてピグーは次のように述べている。「……生物学の証明するところによると、我々がここ［厚生経済学］で追求しているような研究がすべてつまらぬもので、方向を誤っているという見解」(Pigou 1932: 110, 邦訳［Ⅰ］135) があり、特に、厚生経済学の第一命題、第二命題に対抗して、「生物学的知識をもつ批評家は一つの重要な警告を発する。批評家は次のように問う。……すなわち、これら二方向の内、第一の方向への進歩は自然淘汰の自由な作用を阻害して虚弱な子どもが生き残りえるようになるので、国家的虚弱を惹き起こすという累積的影響を与えることにはならないというのか。また第二の方向への進歩は、劣等な血統に有利に差別することによって、第一と類似した有害な結果を惹き起こすことにはならないというのか」(ibid.: 117, 邦訳［Ⅰ］144)。

確認のために記しておくと、第一命題とは、他の事情（貧者への配分量）が不変ならば、国民分配分の増大は経済的厚生を増進する、であり、第二命題とは、他の事情（国民所得）が不変ならば、国民分配分の分配の平等化（実質的には貧者の取り分の増加）は経済的厚生を増進する、というものである（注12参照）。先にみたように、これらの命題に対して優生学的見地から批判が浴びせられる。第一命題に関しては、それが自然淘汰の作用を阻止して、優生的に好ましくない子どもが生き残りえるようになるので、国民的虚弱を惹起する累積的影響を及ぼすことになるという批判、第二命題に関しては、淘汰されるはずの劣等な血統の生存に直接手を貸すことになるので、先の場合よりも顕著に国民的虚弱を惹き起こすという批判がなされる。これは、福祉政策などによって、劣等な血統が相対的に繁殖し、国力が弱体化するという「ダーウィン[*]の危惧」（内井 2002: 137）と称される当時の支配的な優生学的懸念である。これらの批判に対して、ピグーは個別に考察している。

一般的な富の増大のために、かえって国力が弱まるということは多くの優生学者によって強調されてきた (Searle 1976: Ch.5)。比較的に厳しい環境の下では、死亡してしまう可能性がある虚弱な体質の子どもが、穏やかな環境の下では生

き残ってしまい、さらに、彼ら自身も再生産される（子をもつ）ことになるというのである。多くの富を得た国民や貴族らの滅亡の究極的な秘密がこの事実にあるとまで言われる。その一方で、ピグーは、この見解を緩和する事情もあると言う（Pigou 1932: 117-8, 邦訳［Ⅰ］144-5）。虚弱な子どもの残存は、もしも虚弱の原因が偶然に因るものであって、遺伝的欠陥に因るものでないとすれば、それは血統にとっては最終的に有害とならない。何となれば、虚弱な子どもから生まれた子どもが丈夫であることは十分ありえることであるからである。また、ピグーがもち出すユール（Yule）の統計によれば、幼児時代の虚弱は必ずしも本質的な先天的虚弱の適切な指標ではないとされる。これらの緩和的事情は、何らの防衛策を講じない富の増大が種族の先天的質を悪化させるであろうという主張を部分的には制限するのではないか、とピグーは考える。さらに、ピグーは以下のようなことも述べている。「とにかく、それがかかる結果を生むかもしれないという危険は、……不適者の隔離策が採用されれば、容易にかつ完全に阻止することができる。トムソン教授が指摘するように、もし虚弱者が子どもをもつことを許さないとすれば、彼らを保存しても何ら生物学的な害悪も生じえない」（*ibid.*: 119, 邦訳［Ⅰ］146-7）。これは消極的優生思想を実践化したものであると言える。それによって、第一命題の妥当性は維持されるというのである。

　続いて、第二命題の問題に移る。分配の改善による国力と能率とに対する危険は、第一命題よりも深刻であるようにみえるとピグーは言う。分配の改善は、将来世代がより豊かな階級とより貧しい階級とのそれぞれから生まれてくる割合を変更する見込みがあるからである。したがって、仮に貧しい階級が豊かな階級よりも能率の劣る血統を多く伴うならば、かつ経済的身分が先天的質の指標であるとすれば、分配の改善は先天的質の一般水準を後退させるおそれがあ

---

(22) 念のため言及しておくと、優生学者が懸念したのは、経済・福祉政策による人口増加それ自体ではなく、社会階層間における出生比率の問題である（Searle 1976: Ch.3）。つまり、単に人口が増加することで（総効用が増えたとしても）1人当たりの効用が減退するというパーフィットの「いとわしい結論（the repugnant conclusion）」（Parfit 1984: 388）が問題なのではなく、有能なミドルクラスの出生率が下がり労働者階級の出生率が上昇することで国力が弱体化するという危惧である。ピグー自身は、『厚生経済学』でそれらをきちんと分けて議論している（前者は第Ⅰ部9章、後者は第Ⅰ部10章において）。

ると言える。この点に対するピグーの見解は以下の通りである。「……私は貧困と先天的な非能率との間に明白で確実な相関関係が存すると主張する人々に賛成しない。……悪い質は先天的に悪い性質の結果ではなく、主として悪い環境の結果だという主張を論ずるに値しないとみなすことは愚かである。それにもかかわらず、……貧困と本来の悪い質との間にかなりの程度の相関関係が存在することは、自明でないにしても、ありえそうなことである。なぜなら、比較的富裕な人々の間には、常に貧しい環境から立身した若干の人々がおり、その人々は幼時には、今なお依然として貧しいままでいる同輩と共にその貧しい環境を共有したからである。……したがって、比較的富裕な人々と比較的貧乏な人々それぞれの間の相対的出産率に影響する原因が、(能率の見地からみて)『より善い』本来の性質と『より悪い』本来の性質との人々の間の相対的出産比率に対して同一方向に影響するということはおそらく真実であろう」(*ibid*.: 120-1, 邦訳［Ⅰ］147-8)。ピグーが言うように、本当にある貧困階級の経済的繁栄が高い再生産率を伴うとすれば、分配の改善は、劣悪な血統から生まれる子どもの数と割合を増加させることになる。

　この課題に対して、ピグーはやや楽観的な見方を示しているように思われる。ピグーによると、最下層階級における繁殖は、事実上は経済的考慮とは無関係になされているので、全体として貧者の富が増大しても、最下層階級の出生数は変わらず、それ以外の貧困階級に生まれる子どもの数が増えるのみである。ゆえに国民全体の平均的質が低下することには必ずしもならない。さらに、ピグーはブレンターノの調査結果を強力な拠り所としている。その調査結果とは、ある階級の繁栄の増進は全体としてその階級の再生産率を高めるよりもむしろ低める傾向があるというものである。よって、分配の平等化は劣等の血統から生まれる子どもの割合を実際に減らすと期待してもよいのではないか、とピグーは言う。このようなピグーの議論によれば、第二命題と優生思想とは矛盾するどころか、ある点においては、逆に調和するものだということになる (*ibid*.: 121-2, 邦訳［Ⅰ］148-9)。したがって、第二命題の妥当性も維持されることになる。

---

(23)　詳細については Brentano (1910) を参照のこと。ピグーは、Pigou (1912; 1923a; 1932) において、このブレンターノの主張を援用している。

6. おわりに

　以下では、本章における議論の現代的意義も考慮しつつ、議論を総括する。
　（1）ピグー厚生経済学のめざす目的は「厚生」の増大である。経済政策はそのための手段であるが（むろん手段は重要である）、目的そのものについても再検討の余地があろう。「厚生」とは何かを問うことは、我々はいかなる社会をめざすのかを問うことである[24]。
　ピグーの福祉観では、第一に、人の能動的姿勢が重視される。ゆえに、優秀なテクノクラートの管理統制によって幸福な社会が仮に実現したとしても（これは受動的福祉観と呼びうるかもしれない）、それだけでは不十分である。ピグーによれば、自己の快楽を犠牲にしてでも、何かに積極的に取りくむ精神性が不可欠である。これは以下の（2）と関連する。
　第二に、ピグーは「多様性」や「公平」といった人と人との関係を重視した。ここでは特に「多様性」に注目したい。すなわち、強い者、弱い者、障がいのある者、障がいのない者、ピグーの福祉観では、異質な構成員の間での共生が重視された。これは以下の（3）と関連する。
　（2）経済学者による従来の「福祉国家」論[25]の一つの弱点が、市民的能動性に関する議論の不足にあったことは否定できない。「福祉国家」という名称その

---

[24]　なお、福祉社会における道徳のあり方を問うものとして、『道徳基準と社会福祉』（Pigou, *Moral Standard and Social Well-being,* Tokyo: Sanseido, 1932）に言及しておきたい。同書は、1928年から33年にわたり三省堂から出版された *As You Like It Series* 全64作中の1冊で、著者はA.C.ピグーとなっている（後述するように実際には異なるのであるが）。同書は、上田辰之助氏によって昭和51年に一橋大学附属図書館に寄贈され、近年、塩野谷祐一氏によって再発見・紹介された。その内容は、産業主義（成長至上主義や過度の経済競争）の批判と、福祉（非経済的厚生）の尊重とであって、ピグーの新しい思想的側面を示すものとして注目された。だが、D.コラード氏など海外の研究家らから本当にピグー自身によって書かれたものであるかどうかについて疑いを抱かれたこともあり、その後調査が行われた。その結果、同書は、B.ラッセルの著書 *The Prospects of Industrial Civilization* （1923）の第9章部分であることが判明した。

[25]　社会福祉プロパーの研究者の間では、地域のボランティア団体の組織化・情報共有、また次世代のそうした活動家を育成することは、不可欠の研究・実践課題として十分に認められている。だが経済学者の間では、もっぱら社会保障・公共事業その他の国家政策に議論が集中し、これとしばしば補完的な関係にある市民的能動性が無視されがちである。

ものが、この思想のもつ一つの特質を象徴的に示している。ピグーがめざした
のは、むしろ福祉社会とでも呼ぶべきもの(「社会」という言葉の中に政府と
市民とを含めて)であった。この彼の立場は、近年の成熟社会において、その
意義が一層高まりつつある。政府に委ねられる「公」部門と民間に委ねられる
「私」部門とのそれぞれの活動領域は、固定的ではなく可変的であり、またお
そらく両者は互いに代替的であると同時にしばしば補完的でもある、とみるべ
きだろう。本章で引用したピグーの言葉で言えば、我々は「政府の義務」のみ
ならず、「私的個人の義務」をも論ずる必要があるのである。特に重要な「私」
の役割としてピグーが挙げたのは、①市民の貨幣使用、②雇用者による福利厚
生、であった。ピグーがめざしたのは、国家だけが主役なのではない、こうし
た参加型の福祉社会であった。

　(3)血統を至上のものとし、教育、環境改善の無益性を説いたピアソンらの
過激な優生思想に対してピグーは明確に反対した。人間の最終的な品性は、遺
伝(血統)と生活環境との複合による所産であり、いずれか単独によるもので
はないということ、また、実際にみられる人の性質について、どこまでが遺伝
に因るもので、どこまでが環境に因るものであるかを判定することはほとんど
不可能であることをピグーは主張した。したがって、環境改善の政策は有効と
なり、なおかつ、「環境は子どもをもつ」というフレーズに表れているように、
環境は人間に対して、世代を超えて、持続的・累積的影響を与えうるというの
がピグーの信念である。

　ピグーは目的と手段という観点から、優生学に対して一定の制限を与えた。
優生学者らが積極的に増進しようとしたものは、大体において、「鋭敏な知性、
鍛えられた力、どんな目標でも成し遂げる超人的能率……」といった類のもの
であるが、それらは内在的な目的ではなく、手段に過ぎない。ピグーがめざし
たのは、内在的に善い性質をもった人々であり、それは、本章2節でも述べた
ように多元的な側面を有するものである。手段(優生学)を偏重するあまり、
本来の目的(内在的善)が見失われる本末転倒に対してピグーは用心し、それ
が優生学に対するピグーの基本的なスタンスでもあった(Pigou 1923a: 80)。

　また、ピグーは積極的優生学には反対したが、消極的優生学は認める立場を
とっていた。つまり(あくまでも極端なケースに限られるが)遺伝的な障がい

が確実な場合、その繁殖は阻止されることが望ましいとピグーは考えていた。たとえ当時は健全とみなされていたとしても、現代ではこの消極的優生思想ですら過激な忌まわしき思想として嫌悪されている。(26) しかしながら、例えば、現在も行われている出生前診断において、胎児に遺伝的異常がみつかった場合には、(一定の期限内で) 選択的中絶が認められている国も多い。これは明らかに消極的優生思想の実践であり、一律に非難されるべきものだとは言えないであろう。だが、本章でも述べたように、ピグーは、先天的な血統（遺伝的要因）それ自体ではなく、先天的要因、後天的環境因子の結合によって形成される人間の最終的な品性（意識状態など）が内在的な目的（善・価値）だと考えていた。つまり、たとえある個人が何らかの障がいを有していたとしても、そのことだけで善悪が決まるわけではなく、その人が「[例えば] 開かれた心、誠実、非利己性、……、生における熱心さ、目的追求の熱心さ」(*ibid.*: 80) といった内在的善をもって、幸福な人生を送ることができたか、ということが規準となるのである。したがって、ピグーにおいて、消極的優生思想による隔離や断種が認められるのは、個人がどうやっても幸福な人生を送ることができないという極めて極端な場合のみということになるであろう。

　本章では以上の(1)～(3)を考察した。言い換えれば、(1)我々のめざす目的とは何なのか、(2)我々国民の側は何をすべきなのか、(3)我々の生命それ自体に優劣をつけうるのか、を考えたのである。これらはいずれも「福祉国家」論との関連では従来あまり扱われなかった問題である。(27) だがこれらは単に歴史的な関心としてだけでなく、今後の福祉社会のあり方を展望する上でも極めて重要である。

---

(26)　「……優生学が二度と許してはならない悪の極北として位置づけられるようになったのは1970年前後であった」。「断種政策は、50—60年代には、まだ『問題』として見えていなかったのである」（米本・松原・橳島・市野 2000: 238）。

(27)　ただし本章では、これら個々の問題においてピグーの立場が時期により変化（強調度の変化を含む）した可能性ついて、十分な議論を行うことができなかった。この点は残された課題の一つであろう。

参考文献

Brentano, L. (1910). "The Doctrine of Malthus and the Increase of Population During the Last Decades," *Economic Journal*, Vol. 20, pp. 371-93.

Collard, D. (1996) "Pigou and Future Generations," *Cambridge Journal of Economics*, Vol. 20, No. 5, pp. 585-97.

―――― (1999) *A. C. Pigou Collected Economic Writings*, D. Collard (ed.), 14 Vols., Basingstoke: Macmillan Press.

Freeden, M. (1979) "Eugenics and Progressive Thought," *Historical Journal*, Vol. 22, pp. 645-71.

Kevles, D. J. (1986) *In the Name of Eugenics*, Berkeley: University of California Press.

Mazumdar, P. M. H. (1992) *Eugenics, Human Genetics and Human Failings*, London, New York: Routledge.

McBriar, A. M. (1987) *An Edwardian Mixed Doubles*, Oxford: Clarendon Press.

Parfit, D. (1984) *Reasons and Persons*, Oxford, Oxford University Press.

Pigou, A. C. (1907 a) "Memorandum on Some Economic Aspects and Effects of Poor Law Relief," 1907, in *Royal Commission on the Poor Laws and Relief of Distress* (Cd.5068, Minutes of Evidence, Appendix Vol. 9, 1910, pp. 981-1000).

―――― (1907 b) "Social Improvement in the Light of Modern Biology," *Economic Journal*, Vol. 17, pp. 358-69.

―――― (1908) *The Problem of Theism, and Other Essays*, London: Macmillan.

―――― (1912) *Wealth and Welfare*, London: Macmillan.

―――― (1922) "The Private Use of Money," *The Contemporary Review*, pp. 452-60.

―――― (1923 a) *Essays in Applied Economics*, London: Frank Cass.

―――― (1923 b) "Games," *The Nation and the Athenaeum*, 19 May 1923, pp. 224-5.

―――― (1928) *A Study in Public Finance*, 1 st ed., London: Macmillan.

―――― (1932) *Economics of Welfare*, Fourth Edition, London: Macmillan.（永田清監訳『厚生経済学（第4版）』全Ⅳ冊、東洋経済新報社、1953-55）。

Schumpeter, J. A. (1954) *History of Economic Analysis*, New York: Oxford University Press.

Searle, G. R. (1976) *Eugenics and Politics in Britain 1900-1914*, Leyden: Noordhoff International Pub.

Sen, A. (1989) "The Living Standard," in Sir John R. Hicks: *Critical Assessments*, Vol. 4, J. C. Wood & R. N. Woods (ed.), London: Routledge, pp. 105-21.

―――― (1999) *Development as Freedom*, Oxford: Oxford University Press.（石塚雅彦訳『自由と経済開発』日本経済新聞社、2000）。

内井惣七（1996）『進化論と倫理』世界思想社。
———（2002）『科学の倫理学』丸善。
坂上孝編（2003）『変異するダーウィニズム―進化論と社会―』京都大学学術出版会。
本郷亮（2001）「初期ピグーの再評価―福祉国家論の先駆者として―」『経済学史学会年報』第39号，pp.116-26。
米本昌平・松原洋子・橳島次郎・市野川容孝（2000）『優生学と人間社会』講談社現代新書。

第3章
ウェッブ夫妻における「進歩」の構想
失業対策をめぐるベヴァリッジとの対立

江里口拓

1. はじめに

　近年、「福祉の複合体」(1)としてイギリス福祉政策史の書き直しが進められている。すなわち福祉政策の歴史は、個人（市場）と国家という単純な二項対立ではなく、友愛組合、労働組合、慈善組織、家族などの様々な中間組織を媒介にしたダイナミズムとして描き直されようとしている。「福祉の複合体」史の問題提起は、もともと固有の「歴史」研究に向けられたものであるが、「思想史」研究にも大きなインパクトを与えつつある。各時代の社会改良家の目は、市場と国家だけでなく多様な中間組織の再編にも向けられており、その意味で、各論者ごとに固有の「福祉の複合体」構想が存在しえたからである。
　本稿が取り上げるウェッブ夫妻は、「個人主義」に対抗した「国家コレクティヴィズム」の典型的人物とみなされてきた。本稿の目的は、こうした視座を相対化し、ウェッブ夫妻の福祉政策思想を、「福祉の複合体」として再検討することにある。そのことで「国家コレクティヴィズム」という枠に収まりきれ

---

(1) 英国ではセイン（Thane 1996）、ジョンソン（Johnson 1985）、キッド（Kidd 1999）、我が国では高田（2001）らによって、優れた研究成果が生み出されつつある。
(2) 従来、ウェッブの福祉政策思想は、国家権力を前面に押し出したものと理解されてきた。ハリス（Harris 1972: 259）はこう述べている。「少数派の失業者政策は、実のところ、'コレクティヴィスト'というよりもむしろ、強制的なものだった。……それは、知的には社会主義よりも功利主義に多くを負っていた」。大沢（1986: 234）の「統制のシステム」という理解は、ハリスの指摘をふまえている。またキッド（Kidd 1996: 192）は、ウェッブが、国家権力の道徳的な潜在性についてパターナリスティックな見解を有していたと述べている。

ないウェッブの福祉政策思想の全体像をつかむことができるからである。素材としては、『救貧法少数派報告』(1909、以下『少数派報告』)にくわえて、『イギリス救貧法政策』(1910)、『窮乏の予防』(1911) などの関連著作を活用し、失業対策をめぐる彼らの主張に着目する。

なおその際、ウェッブの議論の特徴を浮き彫りにするために、「リベラル・リフォーム」やベヴァリッジ*との比較を行う。「救貧法に関する王立委員会」(1905～09) をめぐるウェッブの『少数派報告』は、これまで『多数派報告』のボザンケら COS 派とのみ対比させて描かれることが多かった。(3) しかし、W. A. ロブソン (Robson 1963: xii) が「『少数派報告』の敗北の潜在的要素は、1911 年におけるロイド・ジョージ*による国民保険の導入であった」と述べるように、『少数派報告』の特徴は、いわゆる「リベラル・リフォーム」との対比によっても描き出すことができる。(4) 周知のように、『少数派報告』は 2 部構成であり、第 I 部は狭義の社会福祉を、第 II 部は失業問題を扱っている。(5) この第 II 部の失業論を、「リベラル・リフォーム」における「職業紹介所法」「失業保険法」およびその基礎を提供したベヴァリッジの『失業論』(1909) との対比で描くことにしたい。(6)

周知のように、ウェッブ夫妻は、「リベラル・リフォーム」の失業対策方面の立役者である商務相 W. チャーチル*と親交があり、若きベヴァリッジを彼に

---

(3) ウェッブとボザンケを中心に、『少数派報告』(第 1 部) と『多数派報告』を比較したものとして、江里口 (2005) を参照のこと。

(4) 本稿では「リベラル・リフォーム」の思想的背景については、ふれることはできない。フリーデン (Freeden 1978: 254) は「社会改良思想への傾倒は自由主義の転換の核心であり鍵である」と述べ、ホブソン、ホブハウスらの新自由主義者と「リベラル・リフォーム」との関連について論じている。現時点での、ボザンケ、新自由主義者、ウェッブ、ベヴァリッジについての鳥瞰図は、江里口 (2001) を参照のこと。

(5) 第 1 部は、報告書本体 (Royal Commission 1909) では「労働不能者の窮乏」、普及版 (Webb 1909) では「救貧法の解体」と題されていた。第 2 部は、報告書本体では、「労働可能者の窮乏」と題され、普及版においては「労働市場の公的組織化」と題されていた。なお、以下、『少数派報告』から引用するときには、報告書本体と普及版の両方のページ数を記す。

(6) ボザンケらの影響のみを重視される『多数派報告』とベヴァリッジとの関係も、研究の価値のある論点である。『多数派報告』は、職業紹介所、失業保険についてのベヴァリッジ的な提案を盛り込んでいた。ハリス (Harris 1972: 260; 1997: 162) によれば、『多数派報告』の実際の執筆者は、フェルプス、スマート教授、ロス司教らであり、彼らはベヴァリッジのアイデアを『多数派報告』に取り込んだとされている。

紹介するなど、20世紀初頭の社会改良をめぐる人的コネクションの中枢にいた。ベヴァリッジは、ウェッブ夫妻を深く尊敬し、一時期、フェビアン協会 (Fabian Society) の準会員資格を有していたことさえあった。ベヴァリッジ自身、「私と同時代人の、関心を同じくするいかなる知識人でもそうであったように、私はフェビアンの運動に深く感銘していた」と回顧していた。ところが、「救貧法に関する王立委員会」(1905~09) と平行して進められた「リベラル・リフォーム」(「職業紹介所法」1909、「失業保険法」1911) に、ベヴァリッジは次第に深く関わるようになり、ついにはウェッブ夫妻と「決別」した。両者の親交はウェッブの晩年 (1930年代) まで止むことはなかったが、両者の間に、20世紀初頭の社会保障制度設計に関する対立があったことは事実である。こうした対立は、ウェッブ、ベヴァリッジ両者のいかなる思想的特質から引き出されたものであろうか。本稿はウェッブの側からのアプローチによって、この問題の解明を試みたい。

2. 救貧法と失業対策の前史

ハリス (Harris 1972: 1) は言う。「1834年の救貧法改革の後50年間、重大な理論的・実践的問題としての失業はイギリスの経済理論家や社会改革者たちによって事実上無視されていた」と。したがって失業問題は、既存の制度すなわち「新救貧法」(1834) の枠組みで処理されていった。労働者の困窮が、自助努力の欠如によるのか、あるいは失業その他の外的要因によるのか、という根本問題は未解決に放置された。こうして理論と現実が食い違うなかで、当局による現実的な対応が模索されていった。それは、救貧法の修正、慈善による周辺対応、自治体による対応という三つのレベルで展開していくことになる。

周知のように「新救貧法」の基本原則は、(1)「ワークハウス原則」、(2)「劣等処遇の原則」、(3)「全国一律性の原則」であった。(1)「ワークハウス原則」とは、「スピーナムランド制」に代表される「ワークハウス外救済」(outdoor relief) を禁止し、救済をワークハウスへの入所と引き替えに行う抑止

---

(7) Beveridge Papers (n.d.)。

策であった。(2)「劣等処遇」とは、被救済者への処遇を、最低階層の独立労働者の賃金よりも低く与えるという抑止策であった。(3)「全国一律制の原則」とは、こうした厳格な施策を、地域の例外なく行おうとする中央集権的な行政運営を意味した。

ところが、新救貧法の理念と現実の運営との間には、当初から大きなギャップがあった。「ワークハウス外救済」の廃止は、末端の「教区連合」ではほとんど遵守されなかった。ワークハウス定員は当初から不足しており、季節的・循環的な失業対策としては、ワークハウス新設よりも、応急的な「ワークハウス外救済」のほうが安価で好まれたからである。当初、中央当局は「ワークハウス外救済禁止令」(Outdoor Relief Prohibition Order, 1844) をもとに、ルールの強化をはかったが、強制が困難とみると、条件付き容認へと方向転換した。当局は「ワークハウス外救済規制令」(Outdoor Relief Regulation Order, 1852) を発令し、「労働テスト」を条件に「ワークハウス外救済」の容認にふみきった。「労働テスト」とは、窮迫が真実であれば労役をいとわないはずだという想定から、救済と引き換えに「石切」などの労役を課すものであった。ところがその労役は、労働者の熟練を無視した道徳破壊的な単純作業であり、効率と費用の問題が指摘され続けた。同様の状態は、20世紀初頭においても放置されていた。

慈善・寄付財源の例としては「マンションハウス(ロンドン市長公邸)基金」(1867) があり、これはロンドンのイースト・エンド(ポプラ、ライムハウスなど)で非常時の基金を募る救済計画であった。また「ゴウシェン回状」(1869) は、「ワークハウス外救済」の引き締めを再度勧告する一方で、慈善組織との連携を模索した。COS(慈善組織協会)が設立されたのも同年のことであった。宗教、階級など様々なバックグランドをもとに、こうした各種の慈善運動は、混沌としつつも多方面で活躍をみせた。

さらに、地方政府庁(LGB)長官 J. チェンバレン* によって、地方自治体を

---

(8) これらの分類は、ウェッブ自身によるものであることを断っておく。
(9) 安保 (1978 a) は、この点を明確に指摘している。
(10) 安保 (1978 a; 1978 b; 1979) を参照のこと。なお、「救済事業」の運営の困難から、救貧法の財政基盤を強化する動きもみられた(樫原 1973: 362)。
(11) 19世紀イギリスにおけるフィランスロピーの多様性については、金澤 (2000) を参照。

もとに、救貧法と失業対策との分離という画期的な方策が模索され始めた（「チェンバレン通達」、1886）。これはレスペクタブルな失業者に、救貧法と別ルートで救済事業を与え、景気回復とともに速やかに労働市場に復帰させる試みだった。レスペクタブルな労働者でも、失業によって自助努力と無関係に困窮に陥るのであり、救貧法による恥辱（スティグマ）にさらすことは避けるべきだという理念は、失業対策の歴史で一つの画期となった。しかしその事業は、いったん実施されると、循環的要因による失業者ではなく、慢性的な臨時雇用者 (casual labourer) の殺到によって混乱し、当初のねらいをうまく果たせなかった。[12]

　こうしたなか20世紀初頭になると、従来の三つの領域すなわち救貧法、自治体事業、慈善を統合する動きもみられた。地方自治庁長官ウォルター・ロングは、「ロンドン失業者基金」(London Unemployed Fund, 1904) を設立し、救貧行政、自治体事業、慈善運動の調整をはかった (Harris 1972: 169)。「失業労働者法」(1905) は、「ロンドン失業者基金」に法的権限を与え、それを全国に適用するものであった。「失業労働者法」は、各自治体に「困窮委員会」(Distress Committee) を設置し、救貧法、市区代表者、慈善組織の代表者を集めた。だがベヴァリッジが、同法の「主要な目的は何か新しいことを行うのではなく、従来から行われてきたことを少しばかり改善して行うことであった」(Beveridge 1909: 165) と指摘するように、従来の事業の微調整に過ぎなかった。

　1905年12月、「救貧法に関する王立委員会」が設置されたのは、こうした背景においてであった。以下は「王立委員会」への勅命である。

　　（1）連合王国における貧民の救済に関する諸立法の実施状況について調査すること。（2）特に深刻な産業沈滞のおりに雇用不足から生じる困窮に対処するため、救貧法の外部で実施された各種の施策について調査すること。さらに困窮対策のために、救貧法の改革、行政の改革、新規の立法が望ましいかどうか、もしそうならどのようなものが望ましいかを検討し、報告すること。(Royal Commission 1909: xii)

---

(12)　樫原（1973）、安保（1981）を参照のこと。

みられるように、失業問題と狭義の福祉政策（救貧法）との整合性が本格的に問われることになった。ただしハリス（Harris 1972: 248）も言うように、「救貧法と失業問題とを同一の調査に関連付けることは、失業が依然として困窮の問題として第一に把握され、経済政策と産業組織の問題であるとみなされていなかったことの証左」でもあった。しかしこのことがかえって、ウェッブの『少数派報告』における、救貧法（狭義の福祉、第Ⅰ部）と失業問題（第Ⅱ部）との徹底的な区別を、歴史的意義あるものにしたわけである。本稿の第一の課題は、ウェッブの『少数派報告』における失業対策論の内容を再構成することである。

ただし現実には、『少数派報告』の構想はほんの一部しか実現されず、「リベラル・リフォーム」がこれを出し抜く形となった。その「強制失業保険」の実現においてベヴァリッジは立役者となり、これに反対するウェッブと鋭く対立した。両者の「決別」である。こうした両者の対立の歴史的な背景は、すでに独自に失業給付を行っていた友愛組合、労働組合などの自発的な保険組織を、自己の構想にどのよに取り込むかという「福祉の複合体」のあり方をめぐる問題であった。

19世紀初頭からの長い歴史を持ち、ヴィクトリア的な自助の価値を労働者に広めた団体的自助組織は、この当時、ほぼすべての政治的立場から賞賛されていたと言って良い。ただし、これらの自発的な保険制度は、比較的富裕な労働者に限定されており、慢性的臨時雇用などに苦しむ下層労働者には手が届かなかった。ウェッブ、ベヴァリッジともに、保険の及ぶ範囲を拡大させるために、国家による関与を構想していた点では共通していた。周知のようにベヴァリッジらの「リベラル・リフォーム」は、既存の友愛組合などを「認可組合」として社会保険に取り込み、労働者、雇主、国庫の三者負担原則によって、財政基盤を強化するという道を選んだ。周知のことであるが、以後、社会保険制度は、いくつかの紆余曲折を経て、福祉国家体制の根幹となっていった。その意味で、非常に根元的とも言えるウェッブの社会保険への批判は、どのような思想的特質によるものであろうか。この点を解き明かすことが、本稿の第二の課題となる。まずは、ウェッブ夫妻の失業対策論の内容から始めよう。

---

(13) 友愛組合の価値については、Johnson（1985）を参照。

3. ウェッブの失業対策論

(1)「一時的失業者」と「不完全就業者」

　ウェッブ夫妻の社会経済思想の基本姿勢は、労働者階級の生活と産業効率との密接な関連を前提にした上での、「進歩」と「退化」の峻別にある。ウェッブは、一部分マーシャル経済学に依拠し、市場システムが「産業進歩」へ向かう潜在力を有し、労働者階級を巻き込んで経済的・人間的「進歩」を累積的に促す傾向にあるとみなす。しかし他方で、市場システムは、「退化」へと向かう反作用も合わせ持つと把握されていた。「退化」とは貧困問題に象徴される経済的・人間的能力の低下を指し、いったんこの経路が選ばれると、事態は累積的に悪化すると把握されていた。市場システムは、貧困（低賃金の経済）を利用することはあっても、これを自動的に解決しえない。こうした「退化」の側面を是正し、産業社会の発展力を「進歩」の軌道に向けて強く押し流しておくことが、ナショナル・ミニマムをはじめとしたウェッブの制度改革論の核心であった。[14]

　当然、ウェッブの失業対策論においても、同様の視座が貫かれている。『少数派報告』の一節には、次のように記されていた。

　　失業の特徴である強制的怠惰と長引く剥奪は、強者も弱者もなく、品行方正の者も放縦者もなく、肉体、精神、筋肉およびその意志におそるべき後退的影響を与える。まず最初に、生産的労働者に課される強制的怠惰の何百万の日々、次に、人格・肉体の退化・低下として現れる国民的損失は、どんなに誇張し過ぎてもし過ぎることはない。(Royal Commission 1909: 1177; Webb 1909: 241-2)

　ウェッブは、経済主体一般の経済的・人間的能力は、「進歩」と「退化」の両面へ向けて可変的だと把握していた。だが、「失業」は人間の能力を「退化」させる悪弊の典型であり、根絶されるべきである。しかも、注意すべきは、悪弊は単に除去されれば済むのではなく、その対策の中身が、労働者の経済的・

---

(14)　ウェッブの社会経済思想のコアについては、江里口 (2003) を参照のこと。

人間的「進歩」に対して、プラスのインセンティブを与えるべく入念に構想されていなければならないことであった。ウェッブにとって、福祉政策は、単なる弱者への恩恵であってはならず、「進歩」へと開かれたインセンティブ機構を備えておく必要があった。

『少数派報告』第II部で、ウェッブは失業対策の歴史を振り返り、救貧法の枠組みの問題点に注目する。ウェッブは、現行の救貧法による失業者対策を五つに分類して次のように述べていた。まず（1）「一般混合ワークハウス」、（2）「無条件で不適切なワークハウス外救済」は、「労働可能被救済者」（Able Bodied Pauperism）の「領域拡大」と「道徳的退廃」を促している。さらに、（3）「ワークハウス外労働テスト」[16]、（4）「労働可能者テスト・ワークハウス」[17]、（5）「臨時宿泊所」[18]は、失業問題への対策として「不適切」である。最後の三つは事実上、雇用対策的な賃仕事と化しており、支払い基準はあいまいで、誰にでもできる単純作業が労働者に道徳破壊的な影響を及ぼすからである。これら五つすべては「寄生的な生活方法、断続性・不規則性な努力、臨時雇用」を助長し、被救済者の「道徳破壊」を促し、「被救済民を増大させてい

---

(15) Royal Commission（1909: 1093）、Webb（1909: 95）。ウェッブは次のように述べていた。（1）「一般混合ワークハウス」では、被救済者の類別を無視した非専門的な処遇が状況を悪化させている。また、（2）「無条件で不適切なワークハウス外救済」とは、「ワークハウス原則」からの「抜け穴」が放置された状態であり、倫理や生活面の改善を強いることなく、慈善による現金給付など重複し、就労意欲を破壊してしまうと批判されていた（Royal Commission 1909: 1042-46; Webb 1909: 13-21）。みられるように、ウェッブは、貧困者への無条件的な救済には批判的であり、貧困者の側での自立への意欲・道徳性を重視するCOSと非常に近い。ウェッブとボザンケらCOS派との類似と差異については、江里口（2005）を参照のこと。

(16) 「ワークハウス外労働テスト」については、Crowther（1981: 72）を参照。

(17) 「労働可能者テスト・ワークハウス」とは、厳密に言えば、ポプラとステプニーの教区連合の間で1871年に始まった相互調整のもと、労働可能者のみを収容するワークハウスを指す。「まい肌作り」などが主に課され、病人、児童、高齢者にはそれぞれ別々の専門的施設が準備されていた。ウェッブはこれを「1834年報告書で提唱されたもの」であると評価し、「一般混合ワークハウス」の対極に位置づけていた。Royal Commission（1909: 1059）、Webb（1909: 40-1）を参照。

(18) 「臨時宿泊所」の状態は、ワークハウスの裏庭程度のものから、独立した建物まで様々であり、また入所の条件となる課業と、食料などの給付との間にも、教区連合の間で大きな開きがあった。通常そこでは、「石切」、「鋸引き」、「薪割り」、「製粉」、「穴掘り」、「まい肌作り」などの単純作業が課されることが多かった。Royal Commission（1909: 1079-82）、Webb（1909: 74-8）を参照。

る」(Royal Commission 1909: 1093-94; Webb 1909: 96-7) と、ウェッブは厳しく批判した。

ただし、運営が厳格であれば問題が解決するわけではない。各種の慈善がすでに発達している現状では、救貧法の処遇を厳しくすれば、貧困者は民間の慈善組織へと流れ込むだけであるから。しかも、後者においても、「拡大的、無差別的、無条件的、不適切な救済」が蔓延しており、「性格の後退 (degradation) と道徳破壊」を促してしまっている (Royal Commission 1909: 1093, 1101; Webb 1909: 96, 113-4)。

このように、救貧法や慈善による対応が行き詰まる一方、中央政府主導の新しい動きもみられた。ウェッブは、「チェンバレン通達」から「失業労働者法」(1905) に至る一連の政策を、「失業者の救貧法からの分離政策」と呼び、その方向性を高く評価していた (Royal Commission 1909: 1129; Webb 1909: 159)。ただし、「失業労働者法」の効果には批判的であった。同法は失業者の実態について、誤った想定に基づいていたからである。

「失業労働者法」は、「常習的貧民・浮浪者」(自助努力に失敗した失業者)と「レスペクタブルな一時的労働者」(景気循環による失業者)[19]との二分法に立脚し、前者をそのまま救貧法で処遇し、後者のみにスティグマのない救済事業を与えようとしたものであった。しかし、同法に押し寄せてきたのは「一時的失業者」ではなく、かといって「常習的貧民・浮浪者」にも分類できない「慢性的失業者・不完全就業者」(chronically Unemployed or Under-employed) という新しい階層であった。この「不完全就業者」の実態は、ロンドンの波止場(イースト・エンド)に集積する雇用の断続的な日雇い労働者の一群であり、ビアトリスが若き日に、C. ブースと調査を行った階層のことであった。[20]*

ウェッブは、こうした「不完全就業」の深刻さについて、次のように述べていた。

---

[19] 厳密に言えば、「それまで規則的な仕事に従事し、ある地方に定住し、自己の責任を超えた環境によって一時的に失業したレスペクタブルな労働者」(Royal Commission 1909: 1114; Webb 1909: 134-5) ということになる。
[20] ウェッブにおける労働者階級の貧困を、経済的・人間的「退化」とみる着想は、この時のビアトリスのロンドン調査の時点である程度明らかであった (Webb 1926: 440-1)。詳しくは江里口 (2003) を参照。

全種の失業のうち"不完全就業"と呼ばれるものは、数十万の労働者から全
　　体へと拡大しつつあり、その邪悪な影響において最悪である。被救済貧民の絶
　　えざる増大の原因の中で、慢性的"不完全就業"というこの制度はもっともひ
　　どい。そしてそれは他種の"失業者"に対処すべき"窮乏委員会"の職務を望
　　みなく実行不能にする。(Royal Commission 1909: 1178; Webb 1909: 243)

「不完全就業」は、「常習的貧民」か「一時的失業者」か、という旧来の二分法では対処できないのである。「不完全就業者」も労働市場で自活していれば「レスペクタブルな人々」に変わりはない。したがって当局は、「一時的失業者」と「不完全就業者」との間に、これ以上の区別はできず、救済事業は、窮迫度と数にまさる「不完全就業者」で占められてしまう。しかも、仕事の総量は限られているから、各人には1週間に数日ほどの断片的仕事しか行き渡らない。
　このような状況では、「不完全就業者」への救済事業は、「治療ではなく悪弊を強化することさえある」とウェッブは言い切る。救済事業による仕事が断片的であれば、労働者は、穴埋めのために「不完全就業」の巣窟である波止場との間を行き来せねばならない。このことは「不完全就業」をかえって温存してしまうのである (Royal Commission 1909: 1129-30; Webb 1909: 160-1)。ウェッブは問題の「特定部分のみへの対策はすべて無意味である」として、個々の失業問題の相互連関の根深さに注目した (Royal Commission 1909: 1178; Webb 1909: 244)。
　ウェッブは「全国的労働市場の組織化」によって、失業の発生自体を根こそぎ「予防・最小化」する必要があると主張する (Royal Commission 1909: 1215)。ここで言う、「予防的抑止」(preventive deterrence; Webb 1910: 316) という考え方は、社会問題が起こってしまってから事後的に対応するのではなく、問題の根元を突き止め、問題の発生自体を先回りして防止しようとするウェッブの基本姿勢であった。[21]

---

(21) 『少数派報告』第I部における窮乏の「予防」の視座については、江里口 (2005) を参照のこと。

第 3 章　ウェッブ夫妻における「進歩」の構想　89

(2)　失業の「予防的抑止」

　「失業の予防」に向けてウェッブは、まず失業問題を専門的に所轄する「労働省」の設置を提唱する。元来、救貧法の行政単位は地方であり、このことは『少数派報告』第Ⅰ部の提案にも引き継がれた基本方向であった[22]。つまり救貧法下の「教区連合」は、代表制の地方政府（カウンティ・カウンシル、カウンティ・バラ・カウンシル）に福祉業務を委譲することとされていた。他方で、失業を「労働省」がダイレクトに所轄することは、福祉政策と失業政策とを、行政機構の上で完全に切り離すことを意味していた。ウェッブは、「労働省」の設置とともに、地方政府は失業者への責任をすべて手放すことで「全国的労働市場の組織化」への道が開けるとみていた (Royal Commission 1909: 1217; Webb 1909: 329-30)。

　失業の「予防」に向けたウェッブの出発点は「職業紹介所」であった。「職業紹介所」の機能は大きく二つに分類される。第一は、求職者への情報提供である。このことで特定の場所・業種ごとに異なる雇用の状況について、休職者はより適切な判断を迅速に下すことができるだろう。第二に、「不完全就業」部門の断続的雇用を健全化させるための雇用契約の監視である。紹介所を通じて職が提供されることで、所与の仕事を可能な限り同一人物が連続して獲得できるようにすべきであると。特に、この場合は「強制」的な監視という国家権力が活用されることになる (Royal Commission 1909: 1215; Webb 1909: 326)。

　しかし、このように労働市場の情報を補い、雇用契約を監視しても、失業がゼロになることはなく、かえって「労働過剰が顕在化」することになろう。したがって問題は、そうした「労働過剰」をいかに「吸収」し、あるいは「公費扶養」するかということであった (Royal Commission 1909: 1216; Webb 1909: 326)。ウェッブは、まず労働市場の外枠から着手すべきだという。その第一は、義務

---

[22]　もちろん、新救貧法においては、「救貧法委員会」「救貧法庁」「地方自治庁」を頂点として、末端の「教区連合」、救貧税の徴税単位としての「教区」といった組織が前提されていた。『少数派報告』第Ⅰ部でウェッブは、「都市自治体法」(1835)、「地方政府法」(1888) で設立された代表制の地方政府によって社会福祉行政を担わせようとした。ただし、いわゆる地方行政のスピルオーバ効果を阻止するために、これを中央政府からの「国庫補助金」によって統制・誘導し、福祉サービスのナショナル・ミニマムと効率化を達成しようとしていたことは指摘しておかねばならない。詳しくは、江里口 (2005) を参照のこと。いずれも、地方が執行主体になることは同じである、という意味である。

教育すなわち「教育のナショナル・ミニマム」の徹底であった。義務教育は、労働市場からの児童労働の排除と成人労働者への置換をもたらす。また、幼児を抱える母子に対する公費扶養なども、同様の効果を持つ。さらに長時間労働の規制（「余暇のナショナル・ミニマム」）によっても、いわゆるワーク・シェアリングが達成される。ウェッブの「ナショナル・ミニマム」論は、劣悪な労働条件による労働人口の効率低下の阻止、および非効率な産業の淘汰といった「国民的効率」の産業政策であるだけでなく、労働市場を健全化することで失業削減効果も合わせ持つというわけだ。[23]

　だが、これらの施策では対処できない失業がある。景気循環による失業のことである。ウェッブはここで、政府支出を活用した失業対策を提唱する。不況期には、「森林保全、沿岸保護、土地改良」などの「公共事業」が遂行されるべきであると。種目は、今日でいう土木事業であり、財源は、必要に応じては「借り入れ」によって調達されるものと構想されていた。また実施にあたっては、「不完全就業者」の殺到を防ぐために、地域の標準賃率で労働者の選抜を行うべきだと構想されていた（Royal Commission 1909: 1216; Webb 1909: 327）。こうした「公共事業」の構想は、直後の「開発および道路基金法」(1909) に体現されることになり、イギリスは景気対策的な公共事業を容認した最初の国家となったと言われている（Winch 1969: 55）。

　従来、こうしたウェッブの公共事業論について、ケインズ経済学の形成史のパースペクティブから注目されてきた。つまり、ウェッブにおける循環的失業への対策は、「反循環的な公共事業」論（ibid. 1969: 54-5）と理解され、あわせてその理論的「限界」が指摘されてきた。もちろんウェッブの構想に、後のケインズ、カーンらにつながるような乗数分析の視座は欠如していたから、こうした指摘は正しい。[24]

---

(23) ウェッブのナショナル・ミニマム論の基本構造については、江里口 (1996) を参照のこと。
(24) 「我々の判断では、もし真剣に望みさえすれば、失業という悪弊のほとんどを治癒することが行政的に可能であるということを報告しなければならない」(Royal Commission 1909: 1215; Webb 1909: 324) というウェッブの主張に対して、ウインチ (Winch 1969: 54) はケインズ経済学形成しの立場から、「時期尚早」であると述べていた。ハリス (Harris 1972: 259) も、「循環的失業は、景気循環の変動を平滑化させる10年おきの公共事業計画によって最小化されるものとされていた」として、ウェッブの議論を未熟な「公共事業」論と理解していた。

第 3 章　ウェッブ夫妻における「進歩」の構想　91

　ただし、ウェッブの構想は、いわゆる公共事業というよりも、政府支出のタイミング調整に関するよりシンプルなものであった。ウェッブは言う。

> 　規則的に繰り返される産業の全般的不況（general depressions）に備え、政府は、そうした時期には、労働者の失業と同じだけの資本の未使用（Unemployment of Capital）を活用せねばならない。政府は、可能な限り、全国的労働需要の規制（Regulation of National Demand of Labour）を実行すべきだ。このために、少なくとも年 400 万ポンドの規模で、10 年計画で各省の経常事業割合を調整すべきである。10 年計画の 400 万ポンドに値する事業は、年々均等にではなく、景気循環が落ち込んだ年に重点投入されねばならない。それらは、必要な時に短期借入で調達され、もっとも有能な労働者を、標準賃率で、通常条件で雇用するべきである。(Royal Commission 1909: 1216; Webb 1909: 327)

　ウェッブの循環的失業への対策は、借り入れによる公共事業というよりも、政府支出を景気循環のバッファーに活用する、財政への負担の少ない構想であった。ウェッブは、ＬＳＥの統計学教授 A. L. ボウリー*の統計に依拠しながら、景気循環の山と谷における賃金総額を、それぞれ 7 億ポンド、6 億 8000 万ポンドと推計し、差額を 2000 万ポンドと推計する。他方で、中央・地方を合算した政府支出は、総額で 1 億 5000 万ポンドと推計される。その上で、ウェッブは政府支出の数％が、景気下降局面に集中投入されれば、不足分の賃金支払いをまかない、「循環を解毒」することができると主張した（Webb 1920/1911: 112-4）。

　ウェッブはこうした政府支出の調整は、従来の非効率な「救済事業」とは異なり、循環的失業を「予防」しうると断言した。後のケインズ経済学の理論的精緻さに比較すれば、ウインチ（Winch 1969: 54）の言うように、いささか「時期尚早」な勝利宣言ということになろう。ただし、ウェッブは自説に対して予想されるいくつかの批判に対し、逐一反論を試みており、そこにはいくつかの興味深い思考が残されていた。

　まず、不景気の追加的雇用は好景気に同量の失業を生み出すだけだ、という批判がある。ウェッブの反論はこうであった。そもそも好景気における雇用増

大は、労働時間延長、残業などの労働者に有害な慣行を生み出しており、生活の論理からみれば平準化はむしろ望ましい。また、不景気には資本設備が遊休するから、仕事が平準化されれば、無駄を省き、「国富への追加」がもたらされると (Webb 1920/1911: 120-1)。

次に、政府支出の調整が影響しうるのは、政府との取引部門に限定されており、雇用維持効果は産業毎にバラツキがあるという批判がある。これに対してウェッブは、政府がコントロールできるのは抽象的「総労働需要」に過ぎず、部門ごとの不均等の是正の保証はないと認める。ただしウェッブは、「蓄音機の生産」を例に挙げ、このように政府取引に直接無関係な部門でも、例えば他部門の労働者の所得が維持されることで好影響が及ぶという「反響」効果を指摘した (ibid.: 121-3)。

最後に、政府支出は租税負担でまかなわれるから、政府支出の増額は納税者の支出総量の減少をもたらし、雇用の総量は増えないという批判がある。これに対して、ウェッブは「労働の失業と同様に資本の未使用がある」として、「不景気に遊休している資本から借り入れ」が行われることで、雇用量にプラスの影響を与えることができると述べた (ibid.: 123-4)。

これらのウェッブの考え方には、「労働の総需要」、「資本の遊休」、「反響」効果など、いくつかの興味深い概念がちりばめられていたことは注目されて良い。ただし、ウェッブにおいてはそこから国民所得決定の理論に至るという道筋は弱い。彼らのねらいは、景気循環によって生じる浪費を、財政の活用によって平準化し、無駄をなくしていこうとするゆるやかな計画化の実現にあったと言えるだろう。[25]

以上、ウェッブは、「職業紹介所」、「ナショナル・ミニマム」、「政府支出の調整」などの方策により、「総雇用量の変動の大部分が除去され」、「慢性的"不完全就業"における剰余労働は、即座に吸収され」ることで、失業にさら

---

(25) タムソン (Thompson 1994: 219) は、20年代における失業の深刻化をめぐる労働党内部でのホブソンら独立労働党 (ILP) とウェッブらフェビアン協会との対立について、「ホブソンの政治経済学が危機にある資本主義に対し一連の処置を提示したのに対し、フェビアン政治経済学は、公有化の拡大しか提唱できなかった」と述べていた。だが、ウェッブにおける所与の財政規模による政府支出の調整と、こうした「総労働需要」の平準化の視座を考慮すれば、両者の対立図式はやや異なってみえてくると思われる。

されるのは「わずかな残余の労働者」に過ぎなくなるとみていた (Royal Commission 1909: 1216; Webb 1909: 327-8)。ウェッブはこうした「雇用不適格な究極の残余労働者」に対して、職業「訓練」と引き替えの「扶助」を与えるべきだと提案する。具体的には「労働省」管轄の窓口で、失業の申請を受け付け、医学・能力上の検査をもとに訓練方法が確定されることになろう (Royal Commission 1909: 1217; Webb 1909: 328-9)。

　行き場のない申請者からみれば、課業と引き替えに生活の資を得る点で救貧法のもとでの「労働テスト」および「救済事業」と類似しているが、決定的な違いがある。そもそも、「労働テスト」としての賃仕事は、懲罰的な「救済抑止」を原則としていたから、申請者はわずかな蓄えに応じて、出入りを繰りかえす。課業は、最低能率者に即して決められ、道徳破壊的な影響が強化されるなど、むしろ悪弊のみが助長されていた。これに対して、ウェッブの職業訓練構想は、当局が申請者の状態に専門的かつ適切な配慮をし、労働生活や品行の改善を求めていくものである。(26) 政府による生活保障は、必ずそれと引き替えに、申請者の側での何らかの主体的改善を伴うべきであるという、ウェッブの基本思想がよく現れている。

　こうした職業訓練付きの扶助は「究極の残余労働者」に対する最後のセーフティネットとして機能するわけだが、申請者のなかには、こうした「訓練」を忌避する人も予想される。ウェッブは、これらの人々が「犯罪」を犯したり、「扶助」を受領しなければ、自由が尊重されるべきだと考えていた。具体的には、私的慈善によって生活している人々が考えられよう。しかし、「社会的義務の怠り」、「ホームレス」といった公共の秩序を乱した場合や、「扶助」の申請という共同社会の財政負担を求める際には、当局への「登録、出頭」が「強制」されるべきだと主張する。しかも、この場合、職業「訓練」に従わない人もいるだろう。ウェッブはここで、職業訓練には、「拘留コロニー」(Detention Colonies) が併設されるべきだと主張する (Royal Commission 1909: 1217; Webb 1909: 329)。ウェッブの社会保障の全体構想のなかでも、この点こそは、ハリス (Harris 1972: 259) や大沢 (1986: 234) が指摘したように、ベンサム的な「統制」

---

(26) こうした構想は、ニュー・レイバーによる職業訓練"Welfare to Work"の構想に非常に近い。例えば Field（2001）を参照。

の思想が窺われる箇所である。またキッド（Kidd 1996: 192）は、ウェッブのこうした面を、「国家権力の道徳的潜在性」についてのパターナリズムと理解している。こうした理解は、いずれもウェッブの構想の一面をついている。

しかし、『少数派報告』におけるウェッブの主張のこうした一面と、彼らの構想の全体像とは、きちんと区別されねばならない。しかも、そうした全体構想から眺めたとき、ウェッブには、こうした強権的な「国家コレクティヴィズム」とは全く別の要素がみえてくる。すでに確認したように、ウェッブは、職業紹介所、政府支出の調整、職業訓練などの一連の施策によって、失業を大幅に「予防」できるとみていた。ウェッブは、こうした施策が失業の発生とリスクを減少させることで、これまで労働者階級の比較的上層部のみに限られていた友愛組合、労働組合への加入が「より広い範囲の産業によって実行可能になろう」と予測していた（Royal Commission 1909; Webb 1909: 328）。その上で、ウェッブは、こうした自発的保険の倫理的価値と効率性を高く評価し、「強制失業保険」に強く反対していた。こうした点は、一見すると社会保障分野に固有の技術論とみなされがちであるが、そこには、彼らの社会保障の制度設計の基礎である、国家と中間組織の役割分担と協調関係についての明確な思想的立場があったのである。以下、そうした社会保障の全体設計について、ウェッブの特殊性を浮き彫りにする際、もっともふさわしい比較対象として、ベヴァリッジを取り上げ、両者の対比を行うことにする。

4. 社会保険をめぐるウェッブとベヴァリッジ

（1） ベヴァリッジとの対比

ベヴァリッジとウェッブ夫妻とは生涯にわたって親交を結んだが、両者がもっとも接近して活動したのは1904年から1908年の時期であった。1904年頃までのベヴァリッジはトインビー・ホールを拠点に「ロンドン市長公邸委員会」などで活躍しつつも、状況に不満を持ち、失業問題への新しい対応のあり方を模索していた。そうしたなかでベヴァリッジは1904年前後にウェッブ夫妻の「ナショナル・ミニマム」に関心を持ち、親交を開始した。この関係は、1905年12月「救貧法に関する王立委員会」へのビアトリスの任命とともに強

化され、直後の1906年1月にはベヴァリッジとウェッブ夫妻の間で失業問題についての話し合いが開始された。委員会の途上で、ベヴァリッジは失業問題の専門家として証人喚問され、特に「職業紹介所」に関する自説を展開した。ベヴァリッジの自伝によれば、1906年の末までに両者の間で「同盟」が成立し、ウェッブの「職業紹介所」構想はベヴァリッジから大きく影響されていたのであった。(27)

しかし両者の関係は、やがて「決別」にいたる。ベヴァリッジはウェッブの紹介もあって、商務相のチャーチルのもとで「リベラル・リフォーム」への関わりを深めていき、その過程で、ウェッブ夫妻と距離を取り始めた。ベヴァリッジは言う。

> 強制保険にふみ切ったことは我々の決別を意味していた。ウェッブ夫妻はそれ程までに社会保険が嫌いであった。ビアトリスが言っているように、ロイド・ジョージが1908年10月にはじめて彼らにその計画を打ち明けた時、"大変な議論"になってしまった。"保険制度のもとで、全ての給付を無条件に与えるということは、重大な誤りである。国家はそのやり方では、資金だけ出して何も得ることがない"と。(Beveridge 1955/1953: 85-6, 邦訳111-2)

「リベラル・リフォーム」の「失業保険法」(1911)は「強制失業保険」であり、ベヴァリッジとルウェリン・スミス*の創意によって導入されたものであった。もちろん「強制失業保険」をベヴァリッジのみに帰すことはできない。ハリス(Harris 1997: 178)は、この2人の相互依存関係を重視し、その業績もどちらか一方に帰属できないとみている。ウェッブは、こうしたベヴァリッジらによる「強制失業保険」の導入に強く反対した。(28)

ただし意外にも、失業問題の状況認識において、ウェッブとベヴァリッジの間にさほどの差異はみられない。初期のベヴァリッジはウェッブ夫妻から強く

---

(27) ハリス(Harris 1972: 137)によれば、1900年代の最初の10年間、「彼(ベヴァリッジ)の見解は、進歩主義的"社会進化"論のビジョンによって強く形どられていた。――つまり社会が生物種のように高次で複雑な形態に進化し続け、社会関係と社会諸制度は、この進化プロセスを促進し、阻害することのないように目的論的に再調整されうるという信念のことである」。この意味では、ベヴァリッジは、ウェッブ夫妻の"進歩"へ向けた制度機構改革の思想に、強く影響されていたことになろう。

影響を受け、ウェッブは救貧法に関する王立委員会において、ベヴァリッジから多くを学んだ。両者には、不況を慢性的なものと捉える視座はなく、あくまで循環的かつ規則的なものと捉えていた。その意味で、同時代のJ. A. ホブソン*とは異なる(29)。また、こうした循環的失業の存在のしわ寄せが、もっとも大きく現れるのが、「不完全就業者」であるという認識でも一致していた。ウェッブの「不完全就業者」分析はすでにみたが、ベヴァリッジも同様に、失業者問題の核心は、「彼らが失業していることではなく、彼らが断続的に雇用されていることである」(Beveridge 1909: 77) と述べていた。これまで、あまり指摘されることはなかったが、ウェッブとベヴァリッジの失業問題の現状認識は、ほぼ同一とみてよい。

　両者の対立は、政策分析にあたっての理論的枠組みにあった。両者ともに経済思想史上では社会工学的な制度分析を重視する流れに属するが、制度の理論的位置付けが異なるのである。制度を、ウェッブは人間主体による経済社会への進歩的適応の手段として、ベヴァリッジは市場メカニズムの純然な機能を補助する機構として把握していた。

　ベヴァリッジは、労働市場は長期的には需給一致傾向にあるとみており、労働市場の組織化の欠如がこれを妨げているとみていた。雇用が断続的な「臨時労働」市場においては、事業の性質による労働需要の変動に対応するために、雇主は「労働の予備」を確保しておこうとする。ただし、雇主の間には相互連絡はなく、補充も締め出しも、独自の「予備」から行う。結果的に、「労働の予備」は相互に分断され、相互の過不足を融通できずに、必要以上に滞留して

---

(28) このあたりの経緯について、ベヴァリッジは、次のように述べていた。「疾病および廃疾保険は、ロイド・ジョージが、1908年8月にドイツを訪問し、1889年にビスマルクのつくった制度に感激した結果、生まれたものである。ドイツ訪問からの帰りに、彼はすぐに仕事にとりかかっていた。10月までには、もう強制保険の構想を、他の人たちやウェッブ夫妻に内密に相談していたが、ウェッブ夫妻はその構想に全く反対であった」(Beveridge 1955/1953: 80, 邦訳104)。「その後、1908年に彼らが商務省で、我々の失業保険に対する計画を聞いたとき、シドニーは私に、我々が、彼の希望とは正反対のことをしようとしているように思えると遺憾の意を表明した。彼は、強制的な職業紹介と任意の保険を望み、我々は任意の職業紹介と強制保険制度を採用しようとしていたのである」(Beveridge 1955/1953: 85-6, 邦訳111)。

(29) ホブソンの経済思想については、姫野(1994)、八田(2001)を参照のこと。なお、ウェッブ夫妻は、ホブソンの過少消費説に依拠して議論することはなかったが、「示唆に富む業績」であると評していた(Webb 1897: 628, 邦訳756)。

しまう。こうした悪弊は、雇主どうしが相互に競争関係にあることから生じるのであり、「失業は少なくともある程度まで産業的競争の代償の一部である」(*ibid.*: 235)とベヴァリッジは言う。したがって、こうした断片的な労働市場を組織化し統一するのが「職業紹介所」の任務であるということになる。

その上で、「失業保険は労働市場の組織化ともっとも密接な関係にあり、失業問題への攻撃の第二戦線を形成する」(*ibid.*: 229)。ベヴァリッジは、「職業紹介所」を導入しても、循環的な失業をゼロにすることはできないとみていた。ここに失業保険の必要がある。その本質は、「個々の労働者にとっての良い時と悪い時の間の稼得額の平均化であり、労働者の一群にとっては彼らがさらされているリスクの分担である」と述べていた (*ibid.*: 223)。職業紹介所が仕事のインターバルを最小化するとともに、失業保険はこうして最小化されたインターバルを乗り切るために必要とされる。失業保険の本質は賃金の一部分の貯蓄であり、その意味で失業対策は「本質的に賃金の問題」なのであった (*ibid.*: 236)。ベヴァリッジによる強制失業保険制度への是認は、このような純粋に経済的な視点から導き出されていた。[30]

厳密に言えば、ベヴァリッジはその理論的観点から、必ずしも社会保険に固執したわけではない。[31]すでに確認したように、失業保険を、好景気と不景気との間での賃金の平準化という「賃金の問題」と捉えていたベヴァリッジにとっては、制度設計においてもこうした基本点が満たされていればそれで良く、官僚としての柔軟さ、現実性を備えていたわけである。[32]ウェッブ夫妻が、自己の社会改革の価値を前面に押し立てて突き進む社会改良運動家であったとすれば、ベヴァリッジは与えられた政策枠組みのなかで制度を自由自在にリファインしながら自己の構想を実現していく調整者であったと言えよう。

---

(30) ベヴァリッジの失業論の理論的核心と政策体系との関連については、小峯 (Komine 2004) を参照のこと。

(31) ベヴァリッジ (Beveridge 1909: 233) は、次のように述べていた。「それは多数の労働者が各々働いている間、賃金の一部を別にとっておき、失業した場合に手当を得るための手続きであると大体考えられる。それは他財源からの保険ファンドへの補助金の可能性を排除しない。その本質は、個々の労働者にとっては良い時と悪い時の間の稼得額の平均化であり、労働者の一群にとっては彼らがさらされているリスクの分担である」。ここでいう「保険ファンドへの補助金」とは、ウェッブが支持した「ゲント制度」のことである。

(32) 「官僚」としてのベヴァリッジの基本スタンスについては、小峯 (2002) を参照のこと。

歴史の事実から言えば、失業保険は、「強制保険」として成立した。その際、ベヴァリッジは、ルウェリン・スミスとともに調整力のある官僚としての彼らの能力を遺憾なく発揮したわけであった。ところが、ウェッブはこうした「強制失業保険」を厳しく批判していた。そこには、ウェッブ独自の社会保障制度設計案が込められていたのである。『少数派報告』(1909) の 2 年後、「リベラル・リフォーム」の途中経過を視野に入れて出版された、ウェッブの『窮乏の予防』(1911) を中心にこの問題をみていこう。

(2)　ウェッブ流「福祉の複合体」

　『窮乏の予防』において、ウェッブは、自発的保険、強制保険を問わず保険制度一般が持つ最大の問題点を、「保険は予防しない」(Webb 1920/1911: 160) という言葉に凝縮して表現した。すでにみたように、ウェッブ夫妻の失業対策論は「予防的抑止」という観点に貫かれており、このことは『少数派報告』第Ⅰ部における狭義の社会福祉論にも共通する。だが保険は、社会的事故の発生に対して、事後的にのみ作用するのであり、上述の失業「予防」策を代替しえない (*ibid*.: 161)。そればかりか、保険は加入者の意識をゆるめることで、かえって「悪弊を増大」させることさえある (*ibid*.: 162)。ウェッブは、当時の社会保険の議論をめぐって、保険を万能視する風潮を「一般にみられる誤解と思い込み」(*ibid*.: 213) として厳しく戒めていた。保険制度を社会保障の重要な場面で活用しようとすれば、同時に「予防」の役割、さらには保険によって助長される「悪弊の予防」がより重要になってくると (*ibid*.: 163)。

　ただし、こうした限界を正しく認識すれば、保険は、社会保障において正しい位置付けを与えられ、十分に活用することができるとウェッブはみていた。すでにイギリスには友愛組合、労働組合による失業給付が行われており、他方でドイツ型の強制保険が失業保険分野に適用されようとしている (*ibid*.: 163-4)。問題は、そうした保険制度の利点をどこに見出し、これをどのような枠組みで活用していくかという制度デザインに関わっているのだった。

　ウェッブは自発的保険における長所と短所の両面について考察する。まず、友愛組合の基本原則は大いに賞賛できるものであった。それは労働者の生活に対する保険を労働者のみの出費でまかなうという受益者負担であり、政府（救

貧法)や慈善的供与からの「独立性」を意味していたからである。ウェッブによれば、友愛組合に代表されるこうした自主独立の精神は、その加入者に「先見」、「倹約」、計画性などの合理的な生活態度を身につけさせるものであった。「社会の一階級に属する制度で、友愛組合、労働組合の"共済"事業ほど、創業者と受益者の間で正当性や満足をもたらしたものはなく、他の社会階級の満足をもたらしたものはない。結果的に"保険"という言葉は、イングランドにおいて、神聖な後光によって取り巻かれるようになった」とウェッブは最大級の賛辞を送る (*ibid.*: 164-5)。

　他方で、友愛組合は、組合員の虚偽申告を排除するために様々な機構を備えていた。しかし、ウェッブの目からは、この面は、あまり満足できるものではなかった。失業給付の金額、支給期間およびルールはいまだ不十分である。加入者が、支払った拠出金に対しなるだけ大きな見返りを引き出そうとして保険財政を圧迫すること（モラル・ハザード）も十分に防げていない。だが、その最大の問題点は、組織の範囲が労働者階級の上層のみに限定され、「もっとも必要とされているところで防衛に失敗している」ことであった。貧困階層にまで保険のメリットが普遍化されることが望ましく、この点に限っては「強制保険」の意図にウェッブは理解を示していた (*ibid.*: 165-8)。

　しかし、ウェッブはあくまで「強制保険」に反対していた。その理由はこうであった。

　　倹約、慎重さ、自治独立、将来への備えといった特徴は、すでにみたように、任意で自発的な個々人の倹約行動である保険の特徴であり、それは国民的・強制的・普遍的システムでは、全く消滅してしまう。あらゆる賃金所得者への強制的な拠出金は、税金と同じである。それは1381年の人頭税であり、拠出者の性格と無関係であり、税金がそうであるように彼らの道徳的な性格に影響を及ぼさない。さらに受益者は、すべての政府サービスについてそうであるように、自分が蒔いていないところで刈り取ろうとするのである。(*ibid.*: 168-9)

自主独立の精神や、生活の合理性と倫理を普及させるという最大のメリットが、強制保険では消滅してしまうというわけである。また、自発的保険においてさえ避けられない利用者のモラル・ハザードが、強制保険においては歯止めがか

からなくなってしまう。社会保険機構に取り込まれた「認可組合」では、経営の自律性が失われ、「巨大な新政府省庁の請負機関かつ現金支払い機関」となってしまうだろう。また、計画は富裕な労働者にも適用されるから、援助の必要のない高所得者にも、政府、雇主からの補助を与えることになる。このように、強制保険の運営は「費用のかさむ」非効率なものになってしまうとウェッブは批判する (ibid.: 169-72)。

とすれば、なんとかして従来の任意組織のメリットを活かしつつ、そのデメリットを補うことはできないのであろうか。ウェッブは、それが「中間的な形態」において可能であると主張する。

> 友愛組合、労働組合の自発的で自立的な保険とは別に、また、すべての労働者が従属するところの、ドイツ政府およびイギリス現内閣の強制・補助計画とは別に、中間的な形態があるのだ。それは普遍的計画が約束するほど多くを成し遂げようと努力せずとも、自発的システムの利益を大いに拡大し、強制システムよりも多くの利益を有する。(ibid.: 203)

それは「ゲント制度」(Ghent system) として知られる「自発的な失業保険を提供する組合への公的基金からの補助制度」であった。「ゲント制度」においては、保険の運営主体はあくまで友愛組合などの自発的組織であり、加入、集金、給付金支払い、詐称のチェックなどはすべて自律的に行われ、国家から干渉されない。ただし、政府は、各組合が支出した金額の一定割合を比例的に補助するのみである。補助金が支払われる理由は、より貧困な階層にも保険への加入を可能にすることと、そうでなければ救貧・救済事業などで国庫から支出されていたであろう金額を節約したことへの対価としてであった。この補助金は支出の2分の1以上を超えてはならず、管理運営経費をたえず節約する自立的なインセンティブを阻害しないように工夫されていた (ibid.: 203-5)。[33]

---

(33) ウェッブは、このことを「補助金というイギリス政府の典型的装置を、社会保険の部門に活用すること」であると述べていた (Webb 1920/1911: 203)。ウェッブは「補助金」について、これを官僚主義的な面から否定的に捉えずに、政府が、地方自治体、民間組織の有益な行為にインセンティブを与えるための制度デザインとして、積極的に把握していた。詳しくは、江里口 (2005) を参照のこと。

第3章　ウェッブ夫妻における「進歩」の構想　　101

　実は、こうした「ゲント制度」は、当時、ベルギー、オランダなどの大陸諸国で実績があった。だが、ウェッブの「ゲント制度」評価は、単なる技術論に留まらなかった。「ゲント制度」によって、「失業という最悪の悪弊から保護される組合員の数は増え、すでに述べた自発的保険のメリット——先見と倹約の育成、自治の訓練、現在の享楽よりも将来の必要を重視する意識はそのままである」(*ibid*.: 204-5)という点をウェッブは重視した。

　そうした生活態度を裏で支えているのが、労働者の家庭を頻繁に訪問する「保険外交員」であった (Webb 1915: 4)。ポール・ジョンソン (Johnson 1985) によれば、当時の友愛組合その他の保険外交員は、労働者の生活に非常な影響力を持っていた。「保険外交員は、また社会的機能を持っていた。毎週、彼らは、数百万の独立した家庭を——シドニー・ウェッブが指摘しているように、牧師、医師あるいはいかなる国家公務員よりも頻繁に訪問し——必然的に、イギリスの労働者階級の生活に影響を及ぼすだけの力を持つ存在となった。」(*ibid*.: 39, 邦訳33)。ウェッブは自発的保険の長所を引き継ぐ「ゲント制度」を、構成員の経済的・人間的進歩に向けた「団体的自助」の価値を維持するにあたって、適切なインセンティブが機能しうる優れた制度機構だと判断していたわけである。

　パット・セイン (Thane 1998) の指摘、すなわち「国家"コレクティヴィズム"を指示した人々が望んでいたのは、政府の活動が自助や慈善や労働の義務にとって代わることではなく、むしろ社会的にも道徳的にも望ましいとみなされていたこうした特質を補完し強化することであった」(*ibid*.: 12, 邦訳14) という指摘は、きわめて正鵠を射ている。だが残念なことにセイン自身は、こうした優れた洞察力を持ちつつも、この図式がそのままウェッブ夫妻にこそあてはまることを見逃していた。[34]このことは、従来のイギリス福祉政策思想史の研究において、ウェッブ夫妻を国家中心主義者とみなす風潮がいかに根強く、また、我々にとって、いったん出来上がってしまった「通説」から脱却することがいかに難しいかを物語っている。ウェッブ夫妻は「社会主義者」であり、その構想は国家権力の拡大を前提としたものに違いない、という誤った「通説」が、いつの間にか出来上がり、彼らの真のメッセージをおおい隠しているとすれば残念なことである。このことは、ウェッブ研究において、どれほど強調しても

し過ぎることはない。

5. おわりに

　その後の歴史の歩みからみれば、ウェッブの任意保険プラス補助金の構想（「ゲント制度」）は実現されることはなかった。ロイド・ジョージ、チャーチルらの「リベラル・リフォーム」による「社会保険」が勝利し、ベヴァリッジもそうした路線の上で活躍をすることになった。ウェッブの伝記作家マッケンジー（MacKenzie 1977）は、ベヴァリッジとウェッブとが明暗を分けた理由を、つぎのように述べていた。「ウェッブ夫妻は、自分たちの提案の長所を強調することに頭がいっぱいで、チャーチルとロイド・ジョージと協力してリベラル・リフォームの草稿を書くチャンスが何度かあったのに、どれも取り逃がしてしまった」(*ibid*.: 357, 邦訳420) と。つまり、ウェッブは、その政治的な頑迷さによって歴史を動かすチャンスをつかみ損なったのだと。だが、こうした理解は、ウェッブの人的コネクションの広さを強調する反面、関係者の思想対立の根深さに目を向けていない。失業問題に関して非常に類似した状況認識を持っていたウェッブとベヴァリッジであったが、両者の思想のより根元的な部分の差異によって、ベヴァリッジは「リベラル・リフォーム」に協力できたが、ウェッブにはそれができない理由があったのである。

　ベヴァリッジの思考の中軸にあったものは、市場メカニズムへの信頼であった。労働市場には長期的に需給を均衡させる諸力があるが、競争による分断と組織の欠如が継続的な「臨時雇用」を生み出している。「職業紹介所」に代表

---

(34) セイン（Thane 1996/1982）は、ウェッブの構想を次のように整理していた。「フェビアン協会員たち、とりわけシドニー・ウェッブとビアトリス・ウェッブは、社会経済状況の分析に専念した。彼らは、貧困と不平等を減少させるために、自由市場は無力であると確信した。彼らはそれに代わって、社会的所有、経済の計画化、そして失業、老齢、疾病、その他の困窮原因に起因する貧困を防止し解決するための施設救済やその他の救済を提供するための中央および地方政府による広範囲な諸措置に信頼を置いた。」(*ibid*.: 16, 邦訳19)。「官僚的な侵入に対するこのような反対が、多くの労働者階級をフェビアン社会主義者から離反させた。特にウェッブ夫妻は、"謙虚な専門家"による社会の効率的な再設計に将来を託していた」(*ibid*.: 59, 邦訳75)。みられるように、セインは、ウェッブの構想を、国家主義、官僚主義としてのみ理解している。

される制度機構は、労働市場を適切に組織化し、市場諸力の働きを円滑にする。しかし、循環的要因に代表されるように、失業はある程度まで不可避であると、ベヴァリッジは把握していた。その上でベヴァリッジは、失業保険の問題を本質的には「賃金の問題」であると把握した。産業循環によって周期的に生じる失業は、保険によって平準化されうる計算可能なリスクと把握され、社会（強制）保険によって十分にカバーできる問題であるということになる。

　他方でウェッブは、失業を、労働者階級の経済的・人間的「退化」の原因として把握した。その上で、ウェッブは「失業の予防」という観点から、失業の発生自体を限りなくゼロに近づけるべきだし、それがかなりの程度まで可能であると考えた。「職業紹介所」に加えて、政府支出の調整によって失業の発生を大幅に予防すべきだし、またそれが可能であると考えた[35]。失業が予防できるとすれば、残るはもっぱら「雇用不適格」者の問題となろう。ウェッブはここで、職業訓練や国家による強制力を発揮することで「進歩」への強いインセンティブ機構を確立することも厭わなかった。他方、失業が緩和されれば、労働者による自発的な失業保険の試みは十分に可能になろう。ウェッブは自発的な友愛組合などが、労働者階級の経済的・人間的「進歩」に対して有する価値を、非常に高く評価していた。社会保険の導入は、こうした価値を破壊し、同時に財政的なモラル・ハザードを助長する非効率な制度であると厳しく批判される。社会保障制度は、たんなる弱者への恩恵であってはならず、経済主体の「進歩」へ向けて巧妙に設計された緻密な制度機構でなくてはならない、とみるところにウェッブの構想の思想的特徴があると思われる。

---

(35)　W. A. ロブソン（Robson 1963: xii）は、ウェッブ夫妻と、ケインズの間の興味深いやりとりについて証言していた。「1930 年代初頭のある夕べ、私はウェッブ夫妻がソコルニコフソ連大使のために開催した晩餐会に呼ばれ、ジョン・メイナード・ケインズもそこに居た。ケインズが、私が話していたウェッブ夫人に近づき挨拶すると、彼女は言った。「ケインズさん、私たちは、失業を治癒するためのあなたの経済理論に非常に興味を持っています」。ケインズは答えた。「ああ、ウェッブさん、それはすべて『少数派報告』にありますよ」と。ケインズが、ウェッブ夫妻とボウリーへの知的な恩義を自認していたことが今日よりも広く知られることを望む」と。ロブソンは、控えめながらも、ウェッブ夫妻のアイデアが、ケインズの英知によって活かされたことを主張している。

参考文献

Beveridge, W. H. (1909) *Unemployment; A Problem of Industry*, London: Longmans, Green & Co.

Beveridge, W. H. (1955/1953) *Power and Influence*, New York: Beechhurst Press. (伊部英男訳『ベヴァリジ回顧録：強制と説得』至誠堂、1975 年)

Beveridge Papers (n.d.), IXa (1), WHB's notes on 'Relations to Webbs to Socialism,' n.d. British Library of Political and Economic Science, London School of Economics and Political Science.

Crowther, M. A. (1981) *The Workhouse System 1834-1929: the History of an English Social Institution*, London: Batsford Academic.

Field, F. (2001) *Making Welfare Work, Reconstructing Welfare for the Millennium*, London: Transaction Publishers.

Harris, J. (1972) *Unemployment and Politics; A Study in English Social Policy 1886-1914*, Oxford: Clarendon Press.

Harris, J. (1992) "Political Thought and the Welfare State 1870-1940: An Intellectual Framework for British Social Policy," *Past and Present*, No. 135, pp. 116-41.

Kidd, A. J. (1996) "The State and Moral Progress: The Webbs Case for Social Reform c.1905 to 1940," *Tewntieth Century British History*, Vol. 7, No. 2, pp. 189-205.

MacKenzie, Norman & Jeanne (1977) *The First Fabians*, London: Weidenfeld & Nicolson. (土屋宏之・太田玲子・佐川勇二訳『フェビアン協会物語』ありえす書房、1984)。

Freeden, M. (1978) *The New Liberalism: An Ideology of Social Reform*, Oxford: Clarendon Press.

Johnson, P. (1985) *Savings and Spending: The Working-Class Economy in Britain 1870-1939*, Oxford: Oxford University Press. (真屋尚生訳『節約と浪費―イギリスにおける自助と互助の生活史―』慶應義塾大学出版会、1997)。

Komine, A. (2004) "The Making of Beveridge's Unemployment (1909): Three Concepts Blended," *European Journal of the History of Economic Thought*, Vol. 11, No. 2, pp. 255-80.

Kidd, A. J. (1996) "The State and Moral Progress: The Webbs Case for Social Reform c.1905 to 1940," *Tewntieth Century British History*, Vol. 7, No. 2, pp. 189-205.

Kidd, A. J. (1999) *State, Society and the Poor in Nineteenth-Century England*, London: Macmillan.

Robson, W. A. (1963) "New Introduction," in Webb S.&B., *English Poor Law History*, Edinburgh: Frank Cass and Co.LTD.

Royal Commission on the Poor Laws and Relief of Distress (1909) *Report of the*

Royal Commission on the Poor Laws and Relief of DIstress, London: Printed for his Majesty's Stationary Office, Wyman and Sons, Ltd.［Cd.4499］
Thane, P. (1996/1982) *The Foundations of Welfare State*, Second Edition, New York: Addison Wesley Longman Ltd.（深沢和子・深沢敦監訳『イギリス福祉国家の社会史』ミネルヴァ書房、2001）。
Thompson, N. (1994) "Hobson and the Fabians: Two Roads to Socialism in the 1920 s," *History of Political Economy*, Vol. 26, No. 2, pp. 203-20.
Webb, Beatrice (1977/1926) *My Apprenticeship*, New York; USA: AMS Press Inc.
Webb, Sidney & Beatrice (1897) *Industrial Democracy*, London: Longmans & Green.（高野岩三郎監訳『産業民主制論』法政大学出版局、初版 1927、第三版 1990）。
Webb, Sidney & Beatrice (1909) *The Break-up of the Poor Law: Being the Part One of the Minority Report of the Poor-Law Commission*, London: Longmans, Green & Co.
Webb, Sidney & Beatrice (1963/1910) *English Poor Law Policy*, Edinburgh: Frank Cass and Co Ltd.
Webb, Sidney & Beatrice (1920/1911) *Prevention of the Destitution*, revised London: Longams Green & Co.
Winch, D. (1969) *Economics and Policy, A Historical Study*, New York: Walker and Company.

安保則夫（1978 a）「救貧法行政の展開、1834―47 年」『経済学論究』第 32 巻第 2 号。
安保則夫（1978 b）「イギリス救貧法行政の展開―1861―65 年の「綿花飢饉」と失業救済の問題を中心に―」『経済学論究』第 32 巻第 3 号。
安保則夫（1979）「イギリスにおける失業救済事業の展開、1886～1908 年―いわゆる「救貧法の解体」の一過程として―」『経済学論究』第 33 巻 3 号。
江里口拓（1996）「ウェッブの労働組合運動論と社会改革構想」『経済学史学会年報』経済学史学会、第 34 号、pp. 65-76。
江里口拓（2001）「イギリス福祉政策思想史―20 世紀初頭における貧困・失業をめぐる諸思想―」『経済学史学会年報』第 40 号。
江里口拓（2003）「ウェッブにおける社会進化と社会改良―市場・中間団体・国家をめぐって―」、岡村東洋光・久間清俊・姫野順一編著『経済社会思想の進化とコミュニティ』ミネルヴァ書房、pp. 32-55。
江里口拓（2005）「ウェッブ夫妻における福祉政策と地方行政―『救貧法少数派報告』(1909 年) と『国庫補助金論』(1911 年) を中心に―」、秋田清編『環境としての地域』晃洋書房、pp. 27-48。
金澤周作（2000）「近代英国におけるフィランスロピー」『史林』第 83 巻第 1 号。
樫原朗（1973）『イギリス社会保障の研究 I 』法律文化社。
小峯敦（2002）「ベヴァリッジにおける経済参謀」NSU Discussion Paper Series

No. 26.
大沢真理（1986）『イギリス社会政策史―救貧法と福祉国家―』東京大学出版会.
高田実（2001）「「福祉国家」の歴史から「福祉の複合体」史へ」『「福祉国家」の射程』社会政策学会誌、第6号、ミネルヴァ書房.
西沢保（2000）「救貧法から福祉国家へ―世紀転換期の貧困・失業問題と経済学者・官僚―」『経済研究所年報』成城大学経済研究所、第13号、pp. 75-105.
八田幸二（2001）「J. A. ホブソンの新自由主義と過少消費説」『経済学史学会年報』第40号.
姫野順一（1994）「イギリス新自由主義とJ. A. ホブスンの市場・制度認識―組織（独占）と不均衡の経済学―」、岡村東洋光・佐々野謙治・矢野俊平編『制度・市場の展望』昭和堂.
藤井透（1990）「イギリス失業保険の源像」『大原社会問題研究所雑誌』No. 377、pp. 20-32.

第4章
戦間期アメリカの「計画化」
J. M. クラークを中心に[1]

佐藤方宣

1. はじめに――戦間期の「計画化」論議とJ. M. クラーク

　戦間期のアメリカでは、「社会保障法」やワグナー法の制定（1935）、不況や失業に対する積極的な介入政策など、社会経済の安定化に連邦政府が積極的な役割を果たすべきとの考え方が登場した。政府がいかなる役割を果たすべきかをめぐっては様々な立場が見られたが、その際、キーワードとなっていたのは「計画化（Planning）」[2]であった。これは"自由市場と自己責任"といったアメリカに対する通俗的なイメージからすると意外ということになるかもしれない。「計画化」論議を促進した要因は複数挙げられる（Balisciano 1998: 153-5）。例えば政府によるコントロールや政府と実業界の協力が際立った第一次大戦時の動員の経験、1920年から1921年の不況を期に進んだ経済変動安定化の模索、そして技術進歩の時代における科学への信頼などである。だが何と言っても1929年の株式市場暴落に端を発する未曾有の大恐慌の到来が、経済運営の

（1）　本章は総合セミナー「福祉国家の経済思想」の報告原稿「J. M. クラークにおける『コントロール』と『計画化』」に加筆・修正を加えたものである。セミナー参加者各位、とりわけ討論者の小峯敦氏、ならびに総括コメンテーターの下平裕之氏、江里口拓氏からは、同時期のアメリカと欧州の動向の異同など示唆に富むコメントをいただいた。また小峯氏には改訂段階でも丁寧な助言を受ける機会を得た。記して感謝申し上げます。
（2）　戦間期から第二次大戦後にいたるアメリカの「計画化」論を通覧するものとしてはBalisciano（1998）がある。本章の問題設定においても示唆を受けるところが大きかった。その上で本章は、バリシャーノが分類（1）に入れているクラークの特異なポジションに注目してみたい。

「計画化」を国民的な関心事とする主要因となった。

この時期のアメリカの「計画化」論をバリシャーノはニューディールとの関連で四つのタイプに分類している (Balisciano 1998)。それは（1）社会的管理の計画化（タグウェル*、J. M. クラーク、チェース [Stuart Chase]、ソール [George Soule]、（2）技術・産業上の計画化（ミーンズ*、エゼキール [Mordecai Ezekiel]）、（3）ビジネス経済の計画化（スウォープ [Gerard Swope] の"スウォープ・プラン"）、（4）マクロ経済の計画化（L. カリー [Lauchlin Currie]）である。分類（3）は当時の民間ビジネス・リーダーが大胆な政府介入を求めた「計画化」の主張という点で興味深いものであるし、また（4）はその後1970年代にいたるアメリカでのケインズ主義の展開を考える上で重要となる。しかしここで注目したいのは、（1）と（2）という戦間期の「計画化」論の主要タイプの二つがいずれも「制度経済学」に与する経済学者たちによるものだったということである。この点は後で詳しく見ることにするが、傍流で拡散的とのイメージのある制度経済学が論争の主役であったことは注目に値するだろう。

本章ではこの制度経済学者の「計画化」論のなかでもとりわけジョン・モーリス・クラークの主張に焦点をあててみたい。彼は戦間期の景気変動論の主要な論者であり(3)、1935年にはアメリカ経済学会会長職に就くなど、制度経済学のみならず当時のアメリカ経済学を代表する人物の1人であった。基本的に理論家であったクラークは、実際の政策形成・経済運営に直接に関与したわけではない。ルーズヴェルト政権に参加した制度経済学者タグウェルなどとは異なり、クラークの現実政策への影響は各種政府委員会への参画や著述を通じた間接的なものであった。しかし生涯一貫して経済活動のコントロールの問題に取り組んでいたクラークの主張の展開からは、制度経済学者の「計画化」論の背

---

(3) クラークの景気変動論の特長については Davis (1971: 64-84) を参照のこと。
(4) ただしクラークが、ルーズヴェルト政権でエックルズらと共に"ケインズ的"な積極的財政政策を主張する有力閣僚だったヘンダーソン (Leon Henderson, 1895〜1986) に重用されていたという事実は留目に値するだろう。ヘンダーソンはラッセル・セイジ財団の消費者クレジット調査部にいた経済学者でローズヴェルト政権では全国復興局（NRA）の調査計画部の部長や事業促進局（WPA）のホプキンズの経済諮問官を務めた。彼はしばしばクラークを顧問として招いている（Barber 1996: 65, 142）。

景にあるヴィジョンがいかなるものだったのかを理解することができる。またクラークはフーヴァー政権期からルーズヴェルト政権期にかけて、一貫して「計画化」の問題に取り組み続けており、彼が「社会自由主義的な計画化」を提唱するにいたる過程をたどることは、そのまま当時のアメリカの「計画化」論議の主要問題をたどることになるのである。

　本章は次のように構成される。第2節ではクラークの所論の検討に先立ち戦間期の制度経済学の概観を行い、「経済活動のコントロール」というヴィジョンが占めていた重要性を確認する。そして第3節ではより具体的にクラークによるビジネスの"社会的な"コントロールという主張について検討する。第4節では大恐慌・ニューディールを経て提示されたクラークの「社会自由主義的な計画化」の構想を検討する。とりわけそれが同時代の他の「計画化」構想のいかなる批判なのかに焦点を当てたい。最後の5節では、本章でのクラークの「計画化」論の検討を通じて浮かび上がる戦間期アメリカの問題についてまとめることとする。

2. 制度経済学と「計画化」

（1） 戦間期の制度経済学

　先に記した制度経済学が当時のアメリカの「計画化」論において枢要な位置を占めていたという事実は、多くの人にとって意外なものだろう。従来、「制度経済学」とは経済学史の教科書の片隅に追いやられた存在であり、「正統派経済学に異議を唱える弱々しい傾向以上のものでは決してなかった」(Blaug 1985: 710) とされてきたからである。だが近年の研究の進展と共に、戦間期アメリカの経済思想の歴史的描像は急速に変化した。[5]当時の制度経済学のプレゼンスが再認識され、とりわけ同時代の政策思想における重要性が注目されるようになっている。[6]次節以降でクラークの主張を検討する前に、まず戦間期の制度経済学の運動を概観し、その一般的特徴を明らかにしておきたい。

---

(5) 例えば最近の経済学史の"教科書"である Backhouse（2002）でも、戦間期アメリカを"主流の新古典派対傍流の制度経済学"という図式で考えるのは誤りだとして、当時の「多元的状況」が強調されている（*ibid.*: 201-2）。

制度経済学の知的源泉が、均衡論的な経済学を批判し「制度の累積的変化の研究」の必要性を指摘したヴェブレンであることは誰もが指摘するところである。だがヴェブレンがいかなる意味で知的源泉と言えるかは、実はそれほど自明なことではない。ヴェブレンの主たる活躍期は19世紀末から世紀転換期にかけてだが、アメリカで制度経済学が大きな存在となったのは第一次世界大戦後だからである。そのため戦間期に興隆した「運動」としての制度経済学は、ヴェブレンと相対的に独立に考える必要がある。

　現在では、制度経済学が伝統的経済学への批判運動として大きな盛り上がりを見せる端緒は、1918年のアメリカ経済学会第31回大会におけるハミルトンの報告「経済理論への制度的アプローチ」だとされている。この報告でハミルトンは市場における均衡を中心とする「伝統的経済学」に代わる新たな経済理論の要件を五つ挙げた。第一にそれは経済科学を統合するものでなければならず、第二にそれはコントロールという現代の問題に関連していなければならず、第三にその固有の主題は制度であり、第四にそれはプロセスという事柄に関心を向けるものでなければならず、第五にそれは人間行動についての受容可能な理論に基づいていなければならない（Hamilton 1919）。ハミルトンが要件の二番目に「コントロールという現代の課題」との関連を挙げているのは留目に値する。言ってみれば制度経済学は当初から"コントロールの経済学"という側面を持っていたのである。

（6）　制度経済学の政策思想の位置づけについては、バーバーによる戦間期の政策思想と経済学についての包括的研究（Barber 1994 b; 1996）が代表的なものとなる。また個別の経済学者に即した研究も進められており、タグウェルとニューディールについて論じた西川（1999）、コモンズとニューディールについて論じた高（1999）、ミーンズを中心に初期ニューディーラーの見解を論じた神野（2003）などがある。

（7）　ヴェブレンと制度主義の関係については、ラザフォードの一連の論考を参照のこと（Rutherford 1997; 1999; 2000 a; 2000 b; 2004）。彼は戦間期の制度経済学を統計的・帰納的手法を重視した、より適切な心理学的基礎を求める現実的で実践的な志向を持ったものと捉え、ヴェブレンの思想と峻別する必要性を論じている。なおこうした制度経済学の再評価が持つ意味については、佐藤（2002）もご参照いただきたい。

（8）　「制度経済学者（institutional economist）」という言葉の最初の使用例は、ハミルトンが、ホクシイ（R. F. Hoxie）の自称として言及したものだとされる（Hamilton 1916）。また「制度主義（institutionalism）」や「制度主義者（institutionalist）」といった言葉の使用はもう少しあとになるが、1930年代には一般化したようだ。こうした名称使用をめぐる問題については、Rutherford（2000 b: 278 n-9 n）が網羅的である。

ハミルトンやJ. M. クラーク、そしてミッチェル*らを中心に、制度経済学者による伝統的経済学批判は大きな声となった。彼らの特徴を一言で言えば、より"科学的"で"現実的"な経済理論の模索、ということになるだろう[9]。伝統的経済学の前提とする合理的な人間行動理解の狭隘さが批判され、心理学的・社会学的知見を踏まえた"現実的"な経済理論の必要性が強調された。また過度に演繹的な理論が批判され、統計的・実証的手法に基づく"現実的"な研究の重要性が説かれた。そして伝統的経済学が理論的な市場を前提に自由放任に傾きがちなのに対して、組織化が進む20世紀初頭の"現実の"市場を前提に公益実現のための「コントロール」の必要性が強調されたわけである。

(2) 制度経済学とコントロール

 「経済のコントロール」への関心は、いま見たように戦間期の制度経済学者を特徴づけるものである。クラークが"ビジネスの社会的コントロール"を論じたように、スリクターは"経済活動のコントロール"を (Slichter 1924)、アトキンスは"変革とコントロール"(Atkins et al 1931) を、そしてエディは"経済的コントロール"(Edie 1926) を、それぞれ論じていた。彼らは決して市場機構や自由企業を一掃することを望んでいたわけではなく、市場機構が孕む弱点が様々な形態の政府介入を必要とすると考えていた。そして市場における"ゲームの規則"を変更する法律制定から、公益事業体やトラストの規制、公共サーヴィスの供給、経済的安定のための何らかの形態の包括的な計画化などを論じていたのである (Rutherford 2000 b: 301-2)。

 彼らの経済社会構想の特徴はいかなるものだったのか。この点についてグルーチーは、とりわけヴェブレンとの相違を意識して、制度経済学者を二つのグループに分類している (Gruchy 1939: 123-4)。第一のグループは、ヴェブレン、ホブソンそしてウェッブ*である。彼らにとって経済的な利害対立が解消するように資本主義を作り変えるのは不可能であり、社会主義的な体制のような近代資本主義とは相容れない形態の社会が唯一可能な結論となる。第二のグループは、近代資本主義の改良を通じてあらゆる経済的利害対立の解消が可能だと考

---

[9] 戦間期の制度経済学にとって「科学的」という形容の持っていた特別な意味合いについては、Rutherford (1999) を参照のこと。

える人々であり、J. M. クラーク、ミーンズ、ミッチェル、エゼキール、コモンズらがこちらに属するとされる。グルーチーは、第一のグループの主張はマルクスと親近性を持ち、第二のグループは国家的な計画化プログラムの提唱者たちだとした上で、後者のよりコンサバティヴな人々が同時代アメリカの制度経済学者の代表的な存在だとしている。「彼ら［ミッチェル、クラーク、タグウェルら］の見解によれば、経済の計画化とは、［経済システムを］一から新たに作り上げるようなことであってはならず、われわれの現在のシステムに何らかの方法で接木するようなものでなければならないのである」(Gruchy 1939: 125)。

　ここでグルーチーが"あらゆる経済的な利害対立を解消するような近代資本主義の改良"の志向という点で共通性を指摘していた人々の見解については、より細やかな腑分けの試みがなされている。例えばラザフォードは、戦間期の制度経済学者を二つのグループに分けている (Rutherford 2005: 234-5)。第一にウィスコンシン・グループ。コモンズとその教えを受けた人々である。彼らは公益事業規制や産業上の事故の補償、失業保険、その他労働立法などを管理する独立委員会を提唱した。特にウィット、アルトメイヤーといったウィスコンシンの経済学者は、1935年の社会保障法の制定にも関与している。第二に、何らかの形の"計画化"を提唱する人々。これにはミッチェルからタグウェル、エゼキール、ミーンズといったニューディール初期に強い影響力を持った"構造主義者"に至る人々が属すとされる。

　もちろんこういった分類であらゆる人々をきれいに分けられるわけではない。各々の見解自体も多面的で複雑であり、クラーク自身も後で見るように大恐慌やニューディールの登場に伴い見解を変化させている。制度経済学者たちの経済社会観、コントロール観については、人物ごとの詳細な検討が今後も必要となるところであろう。

　以上のような制度経済学者とコントロール・計画化の問題との結びつきは何に由来するのだろうか。この点についても個別の経済学者ごとに検討していく必要があるが、一般的な背景としては、独占や労使対立の激化という自由競争がもたらした経験、そして第一次世界大戦中に120名もの経済学者をワシントンに送り込みながらそれほど効果ある管理・コントロールが実行できなかったことへの反省など、19世紀末から第一次大戦に至るアメリカ経済社会と経済

学者たちの経験が指摘されている (高 2004: 155-6)。とりわけアメリカでは他国に先駆ける形で進んだ巨大法人企業の形成に伴う独占・寡占化や労働組合の組織化という経済社会の変化と、それに伴う自由な私益追求と公益実現との乖離という問題が論議の的となった。そうしたなかで経済活動を社会的・公共的観点からコントロールすべきという主張が大きなものとなっていったのである。

3. クラークと経済の「コントロール」

(1) ジョン・モーリス・クラークについて

前節で見てきた戦間期の制度経済学者のコントロールや計画化への志向の特徴や背景について、以下では、その一端を中心人物の1人 J. M. クラークの主張を中心に見ていくこととしたい。クラークについては、その主張はもちろんプロフィール自体いまだ十分に知られているとは言いがたい。本章の問題設定に関わる限りで、Engerman (1999)、Shute (1997) などに基づき見ることにしよう。

クラークは 1884 年 11 月 30 日、マサチューセッツ州ノースハンプトンで"アメリカ新古典派経済学の父"ジョン・ベイツ・クラークの三男として生まれた（没年月日は 1963 年 6 月 27 日）。アマースト大学でカナダ生まれのクルークのもとで経済学を学んだ後、コロンビア大学大学院に進学。当時のコロンビア大では主専攻のほか二つの副専攻を選択する必要があり、クラークは第一の副専攻としては社会学を学び、第二の副専攻はアメリカ史と憲法の両方に振り分ける形で学んだ。1908 年にはコロラド大学の経済学・社会学講師に。1910 年には鉄道事業の費用問題についての論考「地域運賃の差別待遇における妥当性の基準」で学位を取得 (Clark 1910)。この学位論文は父ジョン・ベイツ・クラークの直接的指導のもとに書かれた。[10]

1910 年までのコロラド大学勤務、そしてアマースト大学勤務を (1910～15)

---

(10) 父との共同作業としては、ジョン・ベイツが 1901 年に出版した『トラストのコントロール』の増補改訂版の出版（1912 年）がある。父の単著である初版では全5章88ページだったが、第2版では全8章202ページに拡張。初版にあった副題「自然な手法による独占力抑制賛成論」は削除された。この改訂の意義については Dewey (1999)、田中 (1998) を参照のこと。

経たのち、1915年からはシカゴ大学に移る。そして1923年には学位論文以来の資本集約型産業における固定費用負担をめぐる問題への関心を『間接費用の経済学の研究』(Clark 1923) へと結実させる。この理論的著作でクラークは生産に関する間接費用の存在の意義を普遍的な問題として一般化しようと試み、その実践的含意として労働者を社会的な間接費用と捉え直そうとする「社会会計」を提唱した。この書物は制度経済学者の範囲を超えた広範な好意的反響を呼ぶことになる (Copeland 1924; Edgeworth 1925; Hugh 1925)。さらにクラークは1926年の『ビジネスの社会的コントロール』を出版。同年からはコロンビア大学へ移り、父の名を冠した経済学教授ポストに就いた。1935年にアメリカ経済学会会長となり、1952年にはフランシス・ウォーカー・メダルを受けるなど、20世紀アメリカを代表する経済学者の1人といってよいであろう。

(2) クラークにおける「コントロール」への関心

以上の略伝からも、クラークが当初から"トラストのコントロール"や"鉄道規制"に関心を寄せていたことがわかる。彼がこの問題に実践的かつ理論的な関心を向けた理由の一つは、彼が学んだコロンビア大学の雰囲気に求めることができるかもしれない。というのも、「この時点において、とりわけジョン・ベイツ・クラークとムーアを擁することで、［コロンビア大学の］経済学部は、鉄道規制、労働問題、財政、そして大企業とトラストなどといった同時代の主要問題の分析においてだけでなく、新古典派理論においても、アメリカの他の主要な［経済］学部よりも優位性を保持していた」からである (Rutherford 2004: 36)。この時期にコロンビア大学で学んだ他の経済学者と同様に、クラークは新古典派理論と共に、社会的価値をめぐる理論問題や経済的・社会的改革の問題に関心を抱くこととなった。そして修士論文「鉄道運賃設定の原理の研究」(未出版) と博士論文「地域運賃の差別待遇における妥当性の基準」(Clark 1910) に示されるように、鉄道産業の規制問題が、その後の彼の方向を決定的なものとしていくことになる。

シュートが強調するように、この博士論文にはクラークは彼の主要著作となる『間接費用の経済学の研究』と『ビジネスの社会的コントロール』の二つにつながる論点・見解が示されている (Shute 1997: 62-3)。それは鉄道業の実際の

運賃設定において基礎となっている価格原理の探求という間接費用の研究へとつながる論点と、そこから導かれる産業の公的なコントロールの新たな手法が必要だという見解である。クラークはこの論文で、鉄道産業に関して、利益動機と公的サーヴィスという動機の間の根本的な差異があることを指摘する。アメリカやイギリスでは前者が強く、ドイツやオーストリアでは公的コントロールが規範として受け入れられている (Clark 1910: 12-3)。クラークはこうした鉄道産業においては通常の価格原理が適切な資源配分を導くものとして機能し得ないこと、そしてそれは相対的に大きな間接費投資を要するすべての産業において同様であると主張する。これは現在の言い方に直せば、資本集約型産業に関する「市場の失敗」を指摘するものということになるだろう。

(3) クラークによる社会経済学の提唱

こうして醸成されたコントロールの問題をめぐるクラークの理論的かつ実践的な問題意識は、経済理論の社会化＝「社会経済学」の提唱という形で表明された。クラークは、第2節（1）で見たハミルトン報告と同じ1918年の第31回アメリカ経済学会のセッションにおいて「社会的再調整の時代の経済学」を報告した。"価値経済学"や"価格経済学"との対比で"社会経済学"を特長づけた上で、価格経済学は、社会経済学の体系の下位分野として位置づけ直されるべきだと主張した (Clark 1919: 281-2)。

> 価値経済学は、市場価値が社会的目的や欲求の基準として扱いうる限りでその機能を分析するので、社会経済学は、市場価値が破壊したり無視したりする社会的価値について解釈すること、市場価値とより包括的な社会的価値の観点との間や競争的効率性、国家的効率性、そして世界規模の効率性の間で結果として生じる矛盾について解釈することによって、その貢献をなさねばならない。
> (*ibid.*: 286-7)

市場価値と社会的目的・価値との乖離を問題とすることは、個人の選好やそれを作り出すシステムに対する規範的判断を含むものである。これは経済学の

---

(11) クラークによる「社会経済学」の提唱の経緯とその背景については、佐藤 (2004) を参照のこと。

範囲を超えた倫理学の範疇の問題ではないかとも思える。しかしクラークは、不動産所有者が光と空気の快適さを享受するのを妨げるビルディング建設の例など（彼が用いる言葉ではないが）外部不経済の問題を指摘することで、これが純粋に倫理的な問題ではなく経済的問題として論ずべきものだと主張する (*ibid*.: 287)。これ以降、クラークは「非ユークリッド経済学の精査」(1921) そして「経済理論の社会化」(1924) などで、自身の構想を明示していくこととなる。そして、ハミルトンやタグウェルといった若手経済学者たちと共に、伝統的経済学批判の運動に与することで戦間期の「制度経済学」の中核を担うようになっていった。

　クラークの著作『ビジネスの社会的コントロール』(1926) はこうした社会経済学の延長として理解できる。そこでは自由市場それ自体も自然で自明な制度というよりも「社会の経済的諸力の組織化」の手段の一つと位置づけ直され、社会的観点からの経済運営の一手法・一選択肢として相対化されている。当然それは、経済社会の変化と共に、問題があれば改良されたり他のものに置き換えられるべきものとなるのである。

（4）　経済活動の社会的なコントロール

　クラークは『ビジネスの社会的コントロール』(Clark 1926) の冒頭で、次のように述べている。「我々は革命の只中に生きている。その革命とは、ビジネスの性質を、すべての市民の経済生活と経済的関係を、そしてビジネスに対するコミュニティの権力・責任とコミュニティに対するビジネスの権力・責任を変化させるものである」(*ibid*.: 3)。クラークはこの現在の経済的変革といわゆる「産業革命」は「科学の発達と経済生活へのその応用」という一つの大きな変革の二つの側面をなすものだとしている。それはガリレオ、コペルニクスからカーネギーやロックフェラーにいたる人々により推し進められてきたものだというのである (*ibid*.: 3)。

　具体的には、1873年以来の約50年間、経済生活の様々な領域で「コントロール」への動きが見られると彼は指摘する。「一般に、私的なビジネスがもはや100年前にこの言葉が使われていたような意味では私的なものではないことを、誰もが認めている」(*ibid*.: 4)。まず電気や電話が発達し公益事業体として

第4章　戦間期アメリカの「計画化」　117

認識されるようになり、またそれらが州境を超えたビジネスとなって本質的に国家的な問題となるに伴って、鉄道や公益事業体への効果的なコントロールが発展することとなった。さらにトラスト運動や反トラスト法、連邦準備制度、労働立法の進展、社会保険、最低賃金法や産業争議の強制的調停、食料純粋法や公衆衛生の発達しつつあるコントロール、市場やマーケティングへのコントロール、移民と国際貿易への拡張されたコントロール、都市計画とゾーニング、などのコントロールが登場している。なかでももっとも現代的な問題となっているのは、健康保険、ビジネスサイクルと失業のコントロール、そして"ビジネスの民主化"を通した産業構造それ自体への社会的コントロールの挿入だとされている (*ibid.*: 4)。

クラークはこうした変革が生じた主要原因として次の三つを挙げている (*ibid.*: 5)。第一に、組織化された大規模生産。第二に民主主義の成長。第三に科学の発達に伴う世界や人間組織に対する態度変化、特に社会的制度に対する科学的な態度の登場であるという。こうした時代認識の下、彼はビジネスの社会的コントロールを問題としていくのである。

実は『ビジネスの社会的コントロール』というタイトルはいささか誤解を招きやすい。というのも、コントロールなるものとは無縁の自由放埒な民間のビジネス活動に対して何らかの外的基準から規制を加える、という枠組みが想定されてしまうように思えるからだ。しかしクラークの論述においてはむしろ、「個人主義」（彼は市場経済を中心とした経済システムをこのように呼ぶ）に基づく現在のビジネス活動を成り立たせている、歴史的に形成されまた現に作動している調整システムとしての"コントロールのシステム"を明確化することに力が注がれている。

　　常識的な考え方にとっては、個人主義とはコントロールの不在ととられるし、またコントロールとは個人主義のアンチ・テーゼに見える。もちろんこれは、単にあまりに馴染みすぎて問題が生じない事柄についてわれわれは意識するのを全く止めてしまうということの結果である。それゆえ困難な課題の一つは、個人主義をそれ自体コントロールのシステムとして提示することであり、またそれが依拠しているコントロールの諸制度を分析することである。個人や財産の法的権利はその［システムの］基礎に位置しており、道徳や世論というイン

フォーマル・コントロールや競争の多面的な制度によって補完されているのである。(*ibid.*: viii)。

　　……"ビジネスの社会的コントロール"について語る際には、ビジネスははじめから存在しそれがコントロールされるという含意を避けるよう努力しなければならない。コントロールはむしろビジネスの中心的な部分なのであり、それなしには全くビジネスたりえないようなものなのである。(*ibid.*: 12-3)

　クラークは原始的な部族社会から軍事的な寡頭制・奴隷制国家、中世の農村経済・都市経済、重商主義期の国家に見られる国家システムや商業慣行といった「コントロール」の発達のプロセスを確認し、現在の個人主義という制度が歴史的に形成されてきたことを強調する(*ibid.*: 21-31)。つまりクラークは、個人の所有権や経済的自由に基づく「個人主義」という経済システムを、コントロールのシステムの進化のプロセスに位置づけ、歴史的に相対化するわけである。

　個人主義というシステムの構成要素たる権利や自由という概念についても、クラークはコモンズやイリーらの見解にならい、旧来のように絶対的なものとしてではなく、より進化論的な観点から捉える必要があると強調している。「われわれの法体系は進化している。……経済的責任の新たな諸観念は法に規定されるようになっており、個人主義的なコモンローの教義は修正されている。私的な権利や自由は、その性質上決して絶対的なものではなく、社会的な要求が認知されることでより制限されるようになっており、損害賠償請求のような私的な解決策は、集団的な保険や予防策あるいはその両方によって補完されたり取って代わられるようになっている」(*ibid.*: 139)。これはクラークにとって、「法が意図的に社会的コントロールの道具となってきている」ということを意味している(*ibid.*: 145)。

　ここで「社会的コントロール」という言葉で意味されているのはどのようなことなのか。クラークによれば「"社会的コントロール"とは、我々が"社会"と呼ぶ存在の行使するコントロールのことである」(*ibid.*: 8)。もちろん社会それ自体が行為するといったことはない。通常そのもっとも明確で強力な行為主体は政府だが、クラークの考える社会的コントロールとはもっと広がりを持つ

第 4 章　戦間期アメリカの「計画化」　119

概念である。「広い意味では、個人が自分自身の利害ではなく彼がメンバーである何らかの集団の利益の観点で行為するよう強制ないし説得されるような場合はつねに、われわれはそれを社会的コントロールと呼びうる」（ibid.: 8）。クラークは例として新聞や同業者組合や職業組合や商工会議所や隣人、教会、などを挙げ、これらすべてが社会的コントロールの手段を行使する主体だとしている。その意味では国家も他の利害団体と同様に特定の利害集団の一つに過ぎないことになる。違いは国家が個々の特定の利害を持つ小集団を包括している点にあり、クラークは一般にはより包括的な集団であればあるほど多様な利害を含みこむことで、行使されるコントロールがよりよく社会化されたものになるとしている（ibid.: 9）。この社会的コントロールの担い手についてのクラークの見解は、第 4 節で見る彼の「社会自由主義的な計画化」の特徴を理解する上でも重要になるだろう。

　社会的コントロールは大別するとフォーマルなものとインフォーマルなものとに分けられる。前者は主に政府機構のようなフォーマルな存在によって行使され、後者は政府による媒介を必要としない。クラークは後者の具体例として慣習、伝統、宗教、教育、プロパガンダ、世論、階級意識、組織、専門職といったものを挙げている。「これらすべてはきわめて重要な諸力であり、これらを通じて様々なタイプのあらゆる道徳的諸力が支えられている」（ibid.: 221）。それゆえクラークはこのインフォーマルなコントロールを理解することなしには、なぜビジネスが無秩序な状態ではなく秩序あるものとなりえているのかが理解できないと主張した。[12]

　以上のように、クラークのコントロール論においては、政府以外のレヴェルでの社会的コントロールの重要性が強調されている。実際、大恐慌以前の時点でクラークがコントロールの主体として想定していたのは、公益事業体やトラストであった。しかしクラークの見解は、大恐慌からニューディールに至る 1930 年代のアメリカ経済社会・経済思想の大きな転回と共に変化することに

---

(12)　この関連で興味深いのが、クラークが同時代の実業界に見られた業界団体を単位とした倫理綱領（Codes of Ethics）制定と、それを通じたビジネス慣行の自己規律化の動向に着目し、その「インフォーマルなコントロール」としての意義を考察していることである。この点については佐藤（2005）を参照のこと。

なる。それは経済活動のコントロールにおける連邦政府の役割の劇的な変化と「計画化」論議である。

4. 大恐慌・ニューディールとクラークの「計画化」構想

（1） 大恐慌・ニューディール以降のクラーク

　大恐慌とニューディールは戦間期の経済学者たちに大きな意味を持っていた。[13] クラークもニューディールという政府主体の大規模なコントロールの登場には大きな意義を認めていた。彼は1939年に『ビジネスの社会的コントロール』(1926) を大幅に改訂したが、[14] その改訂版の序文では当時のアメリカの歴史的現状について次のように書いている。

　　この本が書かれてから過ぎた13年の間に、ビジネスの社会的コントロールは、単に広く拡大しただけでなく、新たな時代に突入した。政府は不況と失業の諸問題に対処する責任を自覚するようになり、これらの問題は現状において大きな位置を占めるものである。これは生産を活発化することについてたまたま誤りが生じたという問題でなく、経済システムがその主たる責務に失敗していることの問題である。1925年にコントロールの分野の代表として選んだ公益事業体やトラストはいまやこの目的に資するところがない。この改訂版での主たる取り組みは、コントロールの一般的枠組みの一部としての位置づけにおいてこの新たな主要問題のもっとも重要な側面を要約し、根本的に異なる枠組みとの比較において描き出すことである。(Clark 1939: ix)

　こうしてクラークは連邦政府による不況と失業への本格的対処をコントロールの"新時代"と評したわけである。しかし彼のニューディール評価を実際に確認してみると、かなり限定的なものに留まるとの印象を受ける。例えば初期ニューディールの一連の施策の基礎となる全国産業復興法NIRAの成立（1933年6月）の半年後（同年12月）、クラークは論考「経済学とNRA」(1934) で、全

---

(13)　大恐慌・ニューディール期のアメリカの経済学者たちの対応については、Davis (1971)、Barber (1994 b; 1996) に詳しい。

(14)　この改訂では、初版（全3部構成）にはなかった第4部「新時代：不況と包括的コントロール」が設けられた。新たな三つの章が追加され、他の章も書き直しがなされた。

国復興局（NRA）をはじめとする活動が危機的状況での雇用増加と購買力維持に一定の貢献をしたと認めている。だがその上で「産業のための社会的組織としてみれば、NRA の組織は、おそらく不可避の発展と一致したものではあるが、単に一つのステップに過ぎない」とも指摘している (Clark 1934: 11)。また NIRA の違憲判決、社会保障法の成立 (1935) そして一連の労働立法を経た後の 1938 年の時点でも、社会保障法と（労働時間と賃金についての）公正労働基準法の意義は高く評価しながらも、ニューディールのプログラムは危険をはらむものでもあるとの限定的な評価をくずしていない (Clark 1939)。ではクラークはニューディールの経験をいかに受け止め、その背景にはいかなる望ましい経済システムについての構想があったのだろうか。

（2） 大不況・ニューディール期のクラークの活動

まず 1926 年の『ビジネスの社会的コントロール』初版出版以降のクラークの活動を年表形式で確認しておきたい。クラークの理論的関心が景気循環論研究に、実践的関心が計画化論に向けられていることが確認できるだろう。またクラークがフーヴァー政権時から（つまりニューディールに先立つ時期から）政府委員会の議長を務め、産業安定化のための「計画化」を提唱していたことは強調しておきたい。これは次節以降見ていくニューディールに対する微妙な評価に関わる点となる。

1926 年　『ビジネスの社会的コントロール』初版出版。
1929 年　アメリカ経済学会でラウンド・テーブル「公共事業と失業」開催 (12月27日)。チェアはウォルマン (Leo Wolman)。参加者はクラークのほか、キャロル (Mollie Ray Carroll)、ディッキンソン (Frank G. Dickinson)、ゲイヤー (Arthur D. Gayer)。
1931 年　『アメリカ国民への世界大戦のコスト』出版。
1931 年　アメリカ経済学会で開催されたラウンド・テーブル「制度経済学」に参加。
1932 年　「産業規制のための長期的計画化」発表。「全国革新派会議」での失業と産業安定化委員会の下部委員会の報告書。クラークは議長を務

めた。後に Clark (1936) に収録。
1934 年 『景気循環における戦略的重要性を持つ要因』出版。1920 年に設立された NBER の景気変動にかかわる膨大な統計データと「近年の経済的変化についての委員会」の特別研究を利用。
1934 年 論文「経済学と NRA」発表。執筆は 1933 年 12 月。NRA の施策を分析。ルーズヴェルトの大統領就任が同年 3 月。NRA の法的根拠である全国産業復興法 NIRA の成立が同年 6 月。
1935 年 『公共事業計画化のための経済学』出版。
1939 年 『ビジネスの社会的コントロール』増補改訂版を出版。ニューディールの登場以降を主題とした第 4 部が追加される。

(3) クラークのニューディール評価

　ニューディールには二つの予備的な前段階があるとクラークは指摘している (Clark 1939: 424-7)。それは第一次大戦の際の戦時動員と、フーヴァー政権 (1929～33) の際に試みられた諸政策である。ただし彼は第一次大戦時の統制経済におけるコントロールは必ずしも不況の際のコントロールと直結するものではないとしている。戦時には生産への刺激は不足しておらず、相対的に希少な資源の有効利用がコントロールの目的であり、不況時のそれとは正反対の性格を持つからである。またクラークは 19 世紀的な漸進的コントロールを超えるものをもたらしたのは実はフーヴァー政権であるとも主張する。ワーク・シェアリング、賃金率の安定化、民間の資本投資レヴェル維持の呼びかけなどの政策を挙げて、それが"粗野な個人主義"に基づいたものではなかったと強調している (Clark 1939: 424-427)。

　クラークのニューディール評価を見てみよう。ニューディールはきわめて雑多な政策からなるが、クラークは、ドルと金との兌換禁止とドル切り下げという通貨政策、1933 年の全国産業復興法に基づく全国復興局 (NRA) と赤字財政支出、農業政策、国土利用計画、TVA によるテネシー川流域の地域計画化、1935 年の社会保障法とワグナー労働関係法などの一連のニューデュール期の施策については、緊急事態的な不況への対処策として一般に肯定的に評価している (以下、*ibid.*: 427-49)。それは 1933 年 3 月の銀行危機に際して「敗北主義者

の心理学」を打破した。また全国産業復興法（NIRA）がワーク・シェアリングと最低賃金率の設定を通じた総労働分配分の増加と購買力の上昇ならびにそれを支える労働者の団体交渉の権利保護を目的として作られた。それは危機的な状況において産業界における士気を高め、200万人もの労働者に仕事をもたらし、16歳以下の児童労働者を産業界から一掃した。さらに赤字財政支出は少なくとも景気の呼び水としての効果を持っていた。農業統制も最初の3年間は成功と言える。そして1935年の社会保障法の下で拠出制社会保険の原理に基づく基金がつくられた。クラークはこの法案を「我々の経済構造に対するニューディールのもっとも恒久的な貢献である」(*ibid.*: 442) ととりわけ高く評価している。

しかし彼は同時にニューディールの一連のプログラムに対し多くの問題点を指摘している (*ibid.*: 427-49)。NRAの"コード"はその適用前に投機的な一時的景気回復が起きてしまい、実際の効果はあいまいで疑わしいままに終わった。またNRAは一時的な緊急策と区別される永続的な政策に適用されるべき最低賃金決定の基準を作り上げなかった。さらに前政権では無計画に行われた巨額の赤字支出を意図的に私企業への"景気の呼び水"として用いたが、その救済策の効果は税負担の増加を通じた景気刺激効果の中立化により一時的なものに留まる。また政府がひとたび意図的な赤字支出政策を始めるとそれを止めることが難しいという危険を孕むものでもある。

だがクラークがもっとも問題視していたのは、ニューディールの進展に伴う行政機関の権力の拡張とそれに付随する個別の既得権益を政策へ反映させる危険性という、より大きな問題であった。

クラークはニューディール期における行政、政治、法的領域での変化は、経済的な領域と同じくらい広範囲に渡ったとしている。この時期多くの行政機関が作られ、政治的利益供与の領域は拡大した。そして部局、委員会そして個々の行政官やそのスタッフの手に委ねられた行政的支配権も莫大に増加した。「これは我々の統治システムの性格の変化であり、この変化は永続的なものであり、我々の同時代の主要問題の一つを構成する」(*ibid.*: 449)。行政機関は対立する利害を含む問題に対し経済的コントロールを働かせるが、その際、立法上の、執行上の、裁判上の権力を併せ持つことになる。こうした状況は伝統的

な権力分立論の想定からかけ離れたものである。例えば NRA は公正な競争のためのコードの設定とそれを実行する機関を組織化し、その条項に政府による承認を通じて強制力を持たせるものである。それゆえ反トラスト法の現行解釈とコードの規定との間に合法性に関するあいまいな境界領域の存在がもたらされることになる。

またクラークは、ニューディール期の様々な行政機関の設立は、個別の機関が、対立する利害を調整するよりも個々の利害関係者を保護する傾向を生んだと主張する (ibid.: 450)。州際通商委員会 (ICC)、連邦公正取引委員会 (FTC) は消費者を保護しようとする。また全国労働関係委員会 (NLRB) は労働者の個別の権利と集団交渉の権利を守ろうとする。諸々の施策をすべての利害を代表する団体によって再吟味する必要性はますます大きくなっているにもかかわらず、既存の機構のあり方はそれと相反するのである。

（4）"社会自由主義的な計画化" とその問題

以上のようにクラークは、ニューディールを緊急避難的なプログラムとして限定的に評価した上でその進展とともに見られた行政権力の拡大に危険な兆候を見出していた。その上でより長期的で包括的な観点に立った民主的なコントロールのあり方を模索することになる。クラークはこの自身の立場を「社会自由主義的な計画化 (Social-Liberal Planning)」と呼んでいる。

クラークの視野にあったのは、ロシアでの5カ年計画の開始 (1928)、イタリアとドイツでのファシスト経済の存在、そしてニューディールの開始と共にアメリカ内部で高まりつつあった計画化への志向である。[15]「未解決のもっとも大きな問題の一つは、計画化が、その目的に合理的に適用されるのであれば、必然的に社会主義ないしファシスト経済のような完全な統制的形態を意味するのかどうかである」(ibid.: 456)。

クラークは完全に社会主義的なシステムは経済の麻痺状態や失業を実質的に

---

[15] この点についてクラークは具体的人名を挙げていないが、予想される人物としてはタグウェル、ソール (George Soule)、チェース (Stuart Chase) らが挙げられるだろう。タグウェルはソヴィエトの経済計画を高く評価しており、それを批判したケインズに批判的であった (西川 1999: 193)。またソールやチェースらも、1930年代初頭に政府主導の本格的な計画経済の必要性を強調していた (秋元 1989: 27-30)。

取り去ってくれるかもしれないと認めている。ただしその場合のコストとして、①革命的変化に伴うコスト、②ビジネス的競合や交渉の無駄に取って代わる新たなタイプの無駄、③自発的な革新や実験に基づく進歩の部分的停滞、④我々がもっとも気にかけているタイプの自由の犠牲、特に思想と表現の自由、宗教の自由、文化の自由などを挙げる (ibid.: 405-6)。こうした「完全な社会化」のコストより少ないコスト（＝少なくともいくつかの戦略的重要点でのコントロールの増大とビジネス領域における自由な行動の減少）で現状の改善をなしうる可能性の模索がクラークの課題となっていたのである。

　クラークは、まず計画化の目的とは「確実で恒久的な基礎の上で、産業活動の望ましくない変動を取り除くこと、そして適切な生活水準を支えるために我々の生産力を合理的に十分使用すること」(ibid.: 455) だとしている。ここでクラークが強調するのは、あくまでも"望ましくない"変動の除去が問題となることである。例えば鉄道や高層建築といった事業の活発化（とその逆）に伴う変動は「計画化」の対象にならない。しかし一般消費財のようなその必要性がほぼ一定であるものの生産がそうした事業と連動して大幅に変動しまうのは望ましくないため、安定化が必要となる。

　また生産力の完全利用については、この定義自体が計画化の課題となる難しい問題だとしながらも「原則的には、それは生産の犠牲を正当化する十分な必要性のあるすべての財を作り出すことを意味する」(ibid.: 456) としている。クラークが強調するのは、この必要性とは単に市場における購買力の裏付けのみを意味するわけでないことである。例えばある人の所得がないからといってその人のニーズをゼロとすることはできない。

　クラークは設定される目的が包括的か否かで「限定された計画化」と「包括的な計画化」を区別している。「限定された計画化」とは、工場内の科学的管理や、カルテルや生産者組織におけるビジネス計画化などであり、その目的は主に需給の調整である。また農業上の計画化やTVAのような地域計画化も「限定された計画化」に含まれる。さらにクラークは第一次大戦時の生産と資源利用の計画化も「限定された計画化」に分類している。それは経済システム全体に広く関わるものではあったが、緊急事態においてその目的が極めて限定されていたからである (ibid.: 458)。それゆえニューディールでの当面の危機的

状況への対処も、基本的に「限定された計画化」の範疇に留まることになる。「包括的計画化」の例としては、社会主義的計画化とファシスト的計画化のほか、「スウォープ・プラン」が包括的なビジネス計画化の数少ない例だとされている。[16]

　クラークは、自身の「社会自由主義的な計画化」を「包括的な計画化」の一つとして提示する (*ibid.*: 465-71)。つまり「社会自由主義的な計画化」の提唱とは、現に同時代に存在する社会主義的計画化、ファシスト的計画化、そして包括的なビジネス計画化とは異なるタイプの経済の「包括的計画化」が存在しうるのだ、という主張なのである。この「社会自由主義的な計画化」が社会主義的計画化と決定的に異なるのは、後者が自らの管理下にある産業についての計画化であり、それゆえその計画化は単に管理一般に付随する問題に過ぎないのに対し、「社会自由主義的な計画化」は自らの管理対象ではない民間の経済主体を中心とした経済活動を計画化する試みであるという点である。それゆえ支出と貯蓄についての消費者の選択と、生産設備への投資の時期や水準についての生産者の選択という、決定的に「戦略的重要性」を持つ二つの要素は、あくまで民間の経済主体の行動に委ねられている。政府はそれを自らの管理対象のように直接的にコントロールすることはできないのである。

　そのため「社会自由主義的な計画化」においては、直接的にではなく様々な間接的な方法の組み合わせによって調整が試みられる。クラーク自身認めるように、こうした間接的に産業活動をコントロールする方法は目新しいものではない。金融制度、銀行や信用政策、公的支出、課税、公的資産の管理、いくつかの賃金率や価格や商品の産出のコントロール、社会保障制度などが現に存在する。[17]

　こうして「社会自由主義的な計画化」に求められるのは次の三つとされる。

---

(16)　これは1931年9月にGE社社長のスウォープによって提案された。産業別の業界団体を軸として"コード"の作成を通じた価格安定と生産と消費の調整ならびに包括的社会保険制度の統括を行おうという提案であった。

(17)　この政府が自由企業によってもたらされた問題を直接にコントロールするのではなく間接的に補正するという経済像については、クラークは、リップマン (Walter Lippmann) の"補正された経済"という概念に負っているようだ (Clark 1935: 1)。なおリップマンの「計画化」をめぐる見解については、Skidelsky (1995) 第4章を参照のこと。

第4章　戦間期アメリカの「計画化」　127

　第一に、量的に定義された目標。これは財の供給量・需要量、賃金の決定、消費面、特に貯蓄量の決定などの目標を量的に決めることである。第二に必要となるのは、この目標に向けて調整された政策。調整の手段は計画委員会や国家経済審議会といった"スタッフ"形態の国家的組織であり、これらは先の目標に対し責任を持つ。また望ましい政策を自主的に受け入れるような個別業界団体の枠を超えた産業における公式の組織も必要となる。第三に、自由主義的な国家が管理ないしコントロールする政策に従った行動。それは戦略的重要性を持つ要因や自主的な協調を通じて行われる主に間接的なものとなる。

　では「社会自由主義的な計画化」は最終的にいったい何をもたらしてくれるのか (*ibid.*: 469)。まずそれは政策を非常に安定させることで、自主的なビジネスの拡大の最大の阻害効果の一つである不確実性を減ずることができる。また（少額所得者に重くまた直接的に生産を制限してしまう）間接税に過度に頼らない課税制度を通じて所得分配の不平等を実質的に減少できるかもしれない。さらにビジネス・システムの調整による資本収益率の削減に成功できるかもしれない。そして最後に計画化はビジネス、労働者、そしてもっとも深刻な状況にいる集団を説得することを通じて、個別の既得権益を部分的に放棄させ、共通利益を推進する組織だった手法への自主的協力に至らせる可能性をもつ。「この可能性にこそ、おそらく非社会主義的計画の最大の有望さがある」(*ibid.*: 470)。ニューディールの個別政策が既得権益保護につながってしまう危険性を見ていたクラークにとって、様々な個別利益集団の譲歩の必要性と可能性こそが包括的な計画化組織の要となるのである。ここに見られる、より多くの利害を含み込むことで行使されるコントロールをより良く"社会化"しうるという考え方は、先に見たように『ビジネスの社会的コントロール』の初版の段階から示されていたものであった (Clark 1926: 9)。

　こうしてクラークの構想する「社会自由主義的な計画化」のプログラムとは、生産者による投資水準・時期の決定と消費者による消費・貯蓄の決定を管理下に置かない自由主義的な国家体制において、戦略的重要性を持つ要因に間接的な手法を通じて働きかけることで政府が民間の経済活動を「補正する」ものだということになる。そして1930年代の彼の理論的関心であった景気循環論は、戦略的重要性を持つ要因とその働きを確定し計画化に貢献するものとし

て位置づけられるのである。

5. おわりに

本章では、戦間期アメリカにおける「計画化」をめぐる問題への関心、とりわけ制度経済学者たちの「計画化」への関心から、J. M. クラークの主張の検討を行ってきた。他の制度経済学者と同様に、クラークにとって経済活動のコントロールは主要な関心事であった。そして 20 世紀初頭のアメリカ経済社会の状況、とりわけ組織化された大規模生産と民主主義、そして科学の発展のなかでの、望ましい「コントロール」の条件を模索していた。たしかに大恐慌とニューディールの登場という戦間期の激動は、（連邦）政府がコントロールの主体となる新時代への移行をもたらした。だがクラークは、ニューディールの進行に行政権力の拡大という問題点を見出してもいた。それゆえにニューディールとも社会主義やファシズムとも異なる"リベラルな"タイプの「包括的な計画化」として、「社会自由主義的な計画化」を提唱するにいたったわけである。「社会自由主義的な計画化」とは、ニューディールのような緊急避難的なものでもなければ、同時代の社会主義的志向を持つ計画化とも異なる、リベラルなタイプの「包括的な計画化」を目指すものであったのである。

財政・金融政策などの「間接的手法」によるコントロールという結論だけ見ると、現在の我々にとってクラークの主張は極めて穏当なものとの印象を受ける。「本質的に、クラークの立場は穏健で中道派のものである」(Seligman 1990: 220) との評価もうなずけるところである。しかしクラークのこの結論は、連邦政府の経済安定化への積極的役割の必要性を認めつつも、同時代の「計画化」の難点を批判するプロセスを経てたどり着いたものであった。ニューディールを通じた行政権力肥大は民主主義の原理と抵触するものだと難じ、社会主義的な計画化は自由を代償とするものだと退けるなかで、クラークは政府によるコントロールの拡大を適切に位置づけようとしていたのである。「クラークの目指したものが"均衡の取れた経済"であったことは明らかだ。そこでは私的な活動と政府のコントロールが協力することで、個人の自由と社会的介入の間の均衡が、そして私的な利益と集団の利益の間の均衡が成し遂げられるであ

ろう」(Seligman 1990: 220)。

　第一次大戦から大恐慌、そしてニューディールへと至るアメリカ経済社会の激動は、経済活動の社会的・公共的観点からのコントロールの必要性を人々に認識させた。とりわけ大恐慌という未曾有の経済危機は、不況と失業に対する連邦政府レヴェルの責任と対処を人々に求めさせ、経済活動の「計画化」をめぐる論議を引き起こした。そこには大胆な国家レヴェルの計画経済の構想の提案も見られた。しかし同時に、経済活動の"望ましくない"変動の除去への政府の責任を強調しつつも、ビジネスの自発的拡大や産業界の自発的協力といった自律性を基礎とする経済社会構想が模索されてもいたのである。ここに我々は、戦間期アメリカの「計画化」をめぐる問題の構図を見ることができるだろう。

参考文献

Atkins, Willard E., et al. (1931) *Economic Behavior: An Institutional Approach*. Boston: Houghton Mifflin.

Backhouse, Roger E. (2002) *The Penguin History of Economics*, London: Penguin Books.

Balisciano, Marcia (1998) "Hope for America: American Notions of Economic Planning between Pluralism and Neoclassicism, 1930-1950," in Morgan and Rutherford (1998). pp. 153-79.

Barber, William J. (1994 a) "The Divergent Fates of Two Strands of Institutionalist Doctrine during the New Deal Years," *History of Political Economy*, Vol. 26, No. 4, pp. 569-87.

Barber, William J. (1994 b) *From New Era to New Deal: Herbert Hoover, the Economists, and American Economic Policy, 1921-1933*, Cambridge: Cambridge University Press.

Barber, William J. (1996) *Designs within Disorder: Franklin D. Roosevelt, the Economists, and the Shaping of American Economic Policy, 1933-1945*, Cambridge: Cambridge University Press.

Blaug, Mark (1985) *Economic Theory in Retrospect*, Fourth Edition, Cambridge: Cambridge University Press.

Clark, John Maurice (1910) "Standards of Reasonableness in Local Freight Discrimination, doctorial dissertation," *Studies in History, Economics and Public Law*, edited by the Faculty of Political Science of Columbia University, Vol. 37, No. 1, pp. 1-155.

Clark, John Maurice with John Bates Clark (1912) *The Control of Trusts*, rewritten and enlarged edition, New York: Macmillan.

Clark, John Maurice (1916) "The Changing Basis of Economic Responsibility," *Journal of Political Economy*, Vol. 24 (March), pp. 209-29.

Clark, John Maurice (1917) "The Basis of War-time Collectivism," *American Economic Review*, Vol. 7 (December), pp. 772-90.

Clark, John Maurice (1917) "Business Acceleration and the Law of Demand: A Technical Factor in Economic Cycles," *Journal of Political Economy*, Vol. 25 (March), pp. 217-35.

Clark, John Maurice (1919) "Economic Theory in an Era of Social Readjustment," and "Rejoinder," *American Economic Review*, Vol. 9 (supplement), pp. 280-90, 323-24.

Clark, John Maurice (1921) "Soundings in Non-Euclidiean Economics," *American Economic Review*, Vol. 11 (supplement), pp. 132-47.

Clark, John Maurice (1923 a) *Studies in the Economics of Overhead Cost*, Chicago: The University of Chicago Press.

Clark, John Maurice (1923 b) "Some Social Aspects of Overhead Costs: an Application of Overhead Costs to Social Accounting, with Special Reference to the Business Cycle," *American Economic Review*, Vol. 13, Supplement (March), pp. 50-9.

Clark, John Maurice (1924) "The Socializing Theoretical Economics," in *The Trend of Economics*, edited by Rexford Bye Tugwell, New York: Knopf, pp. 73-102.

Clark, John Maurice (1926) *Social Control of Business*, Chicago: University of Chicago Press.

Clark, John Maurice (1931) *The Cost of the World War to the American People*, New Haven: Yale University Press.

Clark, John Maurice (1934 a) *Strategic Factors in Business Cycles*, New York: National Bureau of Economic Research in cooperation with The Committee on Recent Economic Changes.

Clark, John Maurice (1934 b) "Economics and the National Recovery Administration," *The American Economic Review*, Vol. 24, No. 1, pp. 11-25.

Clark, John Maurice (1935) *Economic Planning Public Works*, National Planning Board, Washington: U.S. Government Printing Office.

Clark, John Maurice (1936 a) *Preface to Social Economics: Essays on Economic Theory and Social Problems*, New York: Augustus M. Kelley Publishers, 1967.

Clark, John Maurice (1936 b) "Long-Range Planning for the Regularization of Industry," in Clark (1936 a), pp. 229-69.

Clark, John Maurice (1939) *Social Control of Business*. Second Edition, Chicago:

The University of Chicago Press.
Copeland, M. (1924) "Review of Studies in the Economics of Overhead Costs," *Political Science Quarterly*, Vol. 40, pp. 296-99
Davis, J. Ronnie (1971) *The New Economics and the Old Economists*, Ames: Iowa State University Press.
Dewey, Donald (1999) "John, Bates Clark," *American National Biography*, New York; Tokyo: Oxford University Press, pp. 934-36.
Dorfman, Joseph (1959) *The American Economic Mind in American Civilization*, Vol. 5, New York: The Viking Press.
Edgeworth, F. Y. (1925) "Studies in the Economics of Overhead Costs by John Maurice Clark," *Economic Journal*, Vol. 35, pp. 245-51.
Edie, Lionel D. (1926) *Economic Principles and Problem*, New York: Thomas Y. Crowell Company.
Engerman, Stanley L. (1999) "John Maurice Clark," *American National Biography*, New York; Tokyo: Oxford University Press, pp. 936-37.
Gruchy, Allan G. (1939) The Concept of National Planning in Institutional Economics, *The Southern Economic Journal*, Vol. 6, No. 2, pp. 121-44.
Gruchy, Allan G. (1947) *Modern Economic Thought: The American Contribution*, New York: Augustus M. Kelley Publishers, 1967
Hamilton, Walton H. (1916) "The Development of Hoxie's Economics," *Journal of Political Economy*, Vol. 24, No. 9, pp. 855-83.
Hamilton, Walton H. (1919) "The Institutional Approach to Economic Theory," *American Economic Review*, Vol. 9 (March), pp. 309-319.
Hamilton, Walton H. (1930) "Affection with Public Interest," *Yale Law Journal*, Vol. 39 (June), pp. 1089-112.
Hickman, C. Addison (1975) *J. M. Clark*, New York and London: Columbia University Press.
Hugh, Jackson (1925) "The Economics of Overhead Costs by John Maurice Clark," *American Economic Review*, Vol. 15, pp. 82-4.
Morgan, S. Mary and Malcolm Rutherford (1998) *From Interwar Pluralism to Postwar Neoclassicism*, Annual Supplement to Volume 30, *History of Political Economy*, Durham; London: Duke University Press.
Rutherford, Malcolm (1997) "American Institutionalism and the History of Economics," *Journal of the History of Economic Thought*, Vol. 19, No. 2, pp. 178-95.
Rutherford, Malcolm (1999) "Institutionalism as "Scientific" Economics," in Roger Backhouse and John Creedy (eds.), *From Classical Economics to the Theory of the Firm: Essays in Honor of D. P. O'Brien*, Cheltenham: Edward Elgar, pp. 223-42.

Rutherford, Malcolm (2000 a) "Institutionalism between the Wars," *Journal of Economic Issues*, Vol. 34, No. 2, pp. 277-308.

Rutherford, Malcolm (2000 b) "Understanding Institutional Economics: 1918-1929," *Journal of the History of Economic Thought*, Vol. 22, No. 3, pp. 277-308.

Rutherford, Malcolm (2004) "Institutional Economics at Columbia University," *History of Political Economy*, Vol. 36, No. 1, pp. 31-78.

Rutherford, Malcolm (2005) "Walton H. Hamilton and the Public Control of Business," in Steven G. Medema and Petter Boettke (eds), *The Role of Government in the History of Economic Thought*, Annual Supplement to Volume 37, *History of Political Economy*, Durham NC: Duke University Press, pp. 234-73.

Seligman, Ben (1990) *Main Currents in Modern Economics*, New York; London: Transaction Publishers.

Shute, Laurence (1997) *John Maurice Clark: a Social Economics for the Twenty-First Century*, Basingstoke: Macmillan Press and New York: St. Martin's Press.

Skidelsky, Robert (1995) *The World after Communism: a Polemic for Our Times*, London: Macmillan. （本田毅彦訳『共産主義後の世界―ケインズの予言と我らの時代―』柏書房、2003）。

Slichter, Sumner H. (1924) The Organization and Control of Economic Activity. in Tugwell (ed.) (1924), pp. 303-355.

Slichter, Sumner H. (1928) *Modern Economic Society*, New York: H. Holt.

Tugwell, Rexford Guy (1922) *The Economic Basis of Public Interest*, New York: Augustus M. Kelley

Tugwell, R. G. (ed.) (1924) *The Trend of Economics*, New York: Alfred A. Knopf.

秋元英一 (1989)『ニューディールとアメリカ資本主義―民衆運動史の観点から―』東京大学出版会。

尾上一雄 (1985)『フーヴァ大統領の不況対策―ニューディールへの道―』千倉書房。

佐藤方宣 (2000)「フランク・ナイトにおける市場経済の倫理的検討」『三田学会雑誌』第93巻1号、pp. 237-58。

佐藤方宣 (2002)「フランク・ナイトと制度主義―1920年代における"制度主義批判"の意味するもの―」『経済学史学会年報』第42号、pp. 59-70。

佐藤方宣 (2004)「J. M. クラークの社会経済学のヴィジョン」『経済学史学会年報』第45号、pp. 40-54。

佐藤方宣 (2005)「1920年代アメリカの"ビジネス・エシックス"―『倫理コード』をめぐる動向とその同時代評価―」『経済学史研究』第47巻2号、pp. 92-107。

神野照敏 (2003)「初期ニューディーラーの経済思想―管理価格論の可能性と限界―」『社会システム研究』(京都大学大学院人間・環境学研究科) 第6号、pp. 205-28。

小林清一 (1999)『アメリカ福祉国家体制の形成』ミネルヴァ書房。

高哲男 (1999)「コモンズの経済思想とニューディール」田中 (1999)、pp. 163-83。

高哲男 (2004)『現代アメリカ経済思想の起源―プラグマティズムと制度経済学―』名古屋大学出版会。

田中敏弘 (1998)「独占の形成とアメリカ新古典派経済学―J. B. クラークの独占分析と反独占政策を中心に―」、小西唯雄編『産業と企業の経済学』御茶の水書房、pp. 21-36。

田中敏弘編 (1999)『アメリカ人の経済思想:その歴史的展開』日本経済評論社。

田中敏弘 (2002)『アメリカの経済思想―建国期から現代まで―』名古屋大学出版会。

西川純子 (1999)「タグウェルとニューディール」田中 (1999)、pp. 185-217。

第5章
ミュルダールにおける福祉国家と福祉世界
累積的因果関係論による統合的理解(1)

藤田菜々子

1. はじめに

　第二次世界大戦後において、スウェーデン生まれの経済学者グンナー・ミュルダール*は、代表的な福祉国家擁護論者の1人であった。その時代における彼の福祉国家研究は、1957年の『経済理論と低開発地域』などの開発経済研究を主眼とする諸著作の中に確認できるし、アメリカ経済論である1963年の『ゆたかさへの挑戦』などにも含まれている。しかしながら、もっとも体系的にまとめられており、理論的な到達点をなしていたのは、1960年の著書『福祉国家を越えて』であった(2)。

　『福祉国家を越えて』では大きく2点が論じられた。第一に、先進資本主義諸国たる「西側諸国（Western countries）」(3)に共通に観察される福祉国家の進展

---

(1) 本稿は、2005年2月19日に行われた総合セミナー「福祉国家の経済思想―自由と統制の混合―」（研究代表者：小峯敦助教授（龍谷大学））における報告原稿に基づく。セミナー参加者各位、とりわけ討論者である下平裕之助教授（山形大学）からは、セミナー時のみならず原稿の改訂段階においても有益なコメントをいただいた。ミュルダール福祉国家論に対する現代的評価の視点が深まったのはコメントによるところが大きい。なお、本稿は藤田（2005a）および藤田（2005b）を縮小したうえで加筆・修正し、再構成したものである。

(2) 1960〜70年代には「福祉国家のどこが悪いのか」、「国家間の相互依存の増大と国際協力の失敗」などの諸論文が書かれている。福祉国家に関するミュルダールの見解は『福祉国家を越えて』以後、ほとんど変わらなかったことが確認できる。

(3) Myrdal（1960）の邦訳書では「西欧的諸国」と訳されている。以後、本稿における訳出は必ずしも邦訳書に従っていない。「西側諸国」には、北アメリカ諸国、オーストラリア、西北ヨーロッパおよび中央ヨーロッパが属するとされる。

についての理論的考察である。第二に、そうした各国福祉国家の進展が国際経済に及ぼす影響と福祉世界のヴィジョンについてである。本稿では、前者を「福祉国家形成論」、後者を「福祉世界論」と呼ぶ。総称として「福祉国家論」という言葉を用いる。

現代において、福祉国家形成論と福祉世界論は対照的に評価されがちである。ミュルダールは「資本主義の黄金時代」とスウェーデンを背景にもつことで、各国福祉国家に共通した経済的成功とそのよりいっそうの進展を展望した。しかし、1980年代以降、各国福祉国家は顕著に衰退もしくは分岐・多様化の様相を見せるようになった。現実の歴史は必ずしも彼の見通しどおりには進まなかった。ミュルダール福祉国家形成論の現代的意義が認められることはほとんどない。他方、福祉世界論の方はしばしば再評価を受けている。従来の福祉国家研究はその分析視野が一国国内に絞られがちであった。しかし、ミュルダールは福祉国家を世界経済・世界政治との関連において論じ、世界経済に対する統治の必要を主張した。グローバル化や地域経済統合が進行する現代において、そのヴィジョンの先駆性が認められている。

さて、本稿はミュルダールにおける福祉国家と福祉世界の理論的認識について検討する。筆者は上述のような福祉国家形成論と福祉世界論の対照的評価に満足しない。ミュルダールの福祉国家・福祉世界研究の意義は、両者の統合的理解によってこそ十分に解明されると考えられるからである。本稿では、ミュルダールの中心的分析概念である累積的因果関係論の理論的枠組み、およびその基礎をなす「価値前提の明示」の方法論に基づいて分析を進めることで、福祉国家形成論と福祉世界論の統合的理解を示す。

本稿の構成は以下のとおりである。第2節では、ミュルダール経済学における福祉国家論の位置づけを明らかにする。ミュルダール福祉国家論の分析目的と理論的特徴が明確になろう。第3節、第4節はそれぞれ、福祉国家形成論、

（4） Esping-Andersen (1990) 以来、福祉国家の多様性研究が盛んに行われている。富永 (2001) は、ミュルダールをウィレンスキーの産業主義の論理と並べて位置づけ、ともに「福祉国家の収斂論」であったとする。福祉国家論の歴史的整理についてはPierson (1991) を参照。正村 (2000: 183-94) は福祉国家形成論の現代的意義を認めているが、福祉世界論との統合理解は図っていない。

（5） 例えば、武川 (1999: 230-1) を参照。

福祉世界論の方法論的・理論的検討を行う。第5節では、結論として、福祉国家形成論と福祉世界論の統合的理解を示したうえで、以上の議論に基づいた現代的評価を示す。

2. 「平等問題」と福祉国家
ミュルダール経済学における福祉国家論の位置

(1) 1930年代スウェーデンにおける人口問題

ミュルダールの福祉国家論というと、1930年代スウェーデンにおける人口問題をめぐるミュルダール夫妻の政策論が想起されることが少なくない。1929年から1930年にかけて、アメリカで研究生活を送っていたミュルダール夫妻は、貧富の格差と大恐慌を目の当たりにした。政治活動に関心をもった夫妻は、帰国後、スウェーデン社会民主労働党に入党した。

社会民主労働党は1932年から長期政権の座に着いた。ミュルダールはストックホルム学派の一員として、1933年の政府予算案付録の作成に携わったことで知られる。しかし、ミュルダールの政治活動は経済学の守備範囲に収まらなかった。その大きなきっかけとなったのが、アルバ夫人との共著『人口問題の危機』(初版1934)である。同著はスウェーデンにおいてベストセラーとなり、広く議論を巻き起こした。これを契機に人口問題委員会が設立され、ミュルダールは委員長を務めることになった。

ここでいう人口問題とは出生率低下である。ミュルダール夫妻は、出生率低下はモラルの問題ではなく経済的問題であると主張した (Carlson 1990: 86)。女性は就労によって収入を得ることが可能な状況にある。しかし、出産・育児が女性個々人の負担となっている現状では、子供をもつ女性の就労は困難である。つまり、女性が子供をもつということは所得減少を意味する。したがって、所得減少を望まない女性は出産を望まないだろう。これが夫妻の考えた出生率低下の原因であった。それでは他方で、出生率低下の何が問題なのか。出生率低下が経済的問題であるということのもう一つの意味がここにある。それは、出生率低下はやがて生産と消費の低下につながり、長期的な経済停滞をもたらすということであった。

第 5 章　ミュルダールにおける福祉国家と福祉世界　137

　ミュルダール夫妻は、新たな社会民主主義的プロナタリズム（出産奨励主義）を提示したということができる。出生率を上昇させるための従来からの一つの提案は、避妊や堕胎を法的に認めないというものであった。それに対して、ミュルダール夫妻は望まれない子供を増やすことは事態の解決に結びつくものではないと強く批判した。彼らの主張は、望む数だけ子供をもつことができるよう、出産・育児にかかわる社会経済的困難を取り除くということであった。こうした主張は「予防的社会政策（profylaktisk socialpolitik）」の提唱に直結している。「予防的社会政策」は、貧困などの諸困難が顕在化する前に普遍的施策を与えるという意味において、「予防的」と称される。それは同時に、若年層を中心に人的資本への投資を行うことで、将来に向けて社会の生産性を向上させるというポジティブな意味をもちあわせていた。彼らは、老年よりも若年への社会政策の拡充を、福祉提供よりもむしろ雇用の確保を求めた。また、諸政策が有効に機能することを確約するために、現金よりも現物の支給を訴えたのであった。

　人口問題に関するミュルダール夫妻の諸議論は、「スウェーデン・モデル」の成熟過程、とりわけ普遍主義的福祉政策の発達にとって大きな思想的基盤を与えた。この意味において、夫妻の人口政策論は確かに福祉国家論と呼ばれるに値するものであった。しかしながら、本稿で検討しようとするミュルダールの福祉国家論は、これとは別物として理解される必要がある。なぜなら、両者は少なくとも二つの側面において異なっているからである。

　第一に、1930 年代の人口政策論は、スウェーデンという一国における「平等問題」を扱うものであった。とりわけ、子供をもつ人ともたない人との間の「平等問題」を論じるものであったといえる。それに対し、1950 年代以降のミ

（6）　この点に関係して、ミュルダール夫妻における優生思想がしばしば批判される。二文字・椎木（2000）の他、Carlson（1990: 90）、宮本（1999: 84-6）を参照。
（7）　児童手当を現金で給付しても、それが親の都合で使用される場合があることが指摘されている。
（8）　諸定義があるが、さしあたり平等主義的賃金政策、積極的労働市場政策、普遍主義的福祉政策の三本柱からなる政治経済システムということができよう。
（9）　同時期に提示された、ハンソン首相による「国民の家（folkhemmet）」というスローガンも大衆思想に大きな影響を与えた。ただし、ミュルダール夫妻の議論の方がジェンダー平等的であり、「はるかにモダンで社会工学的な性格が強い」（宮本 1999: 70）ものであった。

ュルダールは、世界レベルにおける「平等問題」、すなわち、先進諸国と低開発諸国との経済格差拡大問題を主たる分析対象に据えるようになった。[11]

　第二に、分析手法の確立という点において異なる。ミュルダールは1938年からアメリカで黒人差別問題調査に取り組み、その研究成果として『アメリカのジレンマ』(初版1944) を発表した。その付録において「価値前提の明示」の方法論と累積的因果関係論という方法論的・理論的枠組みを確立した。ミュルダールは以後、それらの枠組みに沿って、世界レベルの「平等問題」に関する研究を展開した。「制度派経済学者」と自称するようになるのも、このときからであった。

　1930年代スウェーデンにおける人口問題は、ミュルダールに「平等問題」の具体的検討の機会を与えるものであった。また、「予防的社会政策」の提言のなかには、本稿で検討する福祉国家論に結びつくような「平等な社会(＝福祉国家ないし福祉改革)は生産的である」という主張の萌芽が見られる。これらの点において、人口政策論と本稿で検討する福祉国家論とは切り離されるものではない。しかしながら、人口政策論には「世界」への分析視角および分析枠組みが現れていないことも確かである。ミュルダールは、累積的因果関係論という理論装置を整えることで、はじめて福祉国家と福祉世界とを関連させて理論的に認識できるようになった。ミュルダールにおける福祉国家と福祉世界の理論的認識は、累積的因果関係論の分析視角から明らかにされなければならない。

（2）　累積的因果関係論に基づく福祉国家・福祉世界認識

　『アメリカのジレンマ』以降のミュルダール経済学(主として、福祉国家研究と低開発経済研究)は、「価値前提の明示」の方法論と累積的因果関係論という方法論的・理論的枠組みに基づいて成立している。

　経済学方法論に関するミュルダールの研究は、『経済学説と政治的要素』(初版1930) に始まる。同著において、ミュルダールは古典派や新古典派といった

---

(10)　この点をより明確にする例として、子供をもたない世帯からもつ世帯への所得移転や住宅助成、子供に対する無償ヘルスケア、無償給食・テキスト配布、独身税が提案されている。
(11)　Tilton (1992: 18) によれば、1947年が境目である。

伝統的な主流派経済学では、利害の予定調和が理論構築の大前提となっており、またそれに従って、市場諸力の自由放任が望ましいという規範的結論が暗黙のうちに導出されていると批判した。

「価値前提の明示」の方法論とは、経済学における客観性と実践性の両立を目指すミュルダールの挑戦的な試みである。彼は、社会科学はどうしても価値判断から離れられず、純粋な意味では客観的になりえないと考えた[12]。しかしながらまた、価値判断との関係をもたない社会科学は不毛であるとも考えた。「価値前提の明示」の方法論は、分析から価値判断を排除しようとするのではなく、むしろ価値前提として積極的に明示することが必要であるとする[13]。そうすることによってこそ、経済学は「暗黙のうちの政治的偏向」を伴うことがないという意味での擬似的な「客観性」を保つことができ、なおかつ、その価値前提が政策的結論を導出するための明示的な論理的前提となることで、実践的役割を担うことができるとする立場であった（Myrdal 1996: 1043）。

ミュルダールは、分析対象に応じてさまざまな価値前提を明示した[14]。しかし、彼の分析における「最高次」の価値前提は一貫して「平等」であった[15]。したがって、価値前提を基礎として構築される累積的因果関係論は、何よりも「平等問題」を分析する理論的枠組みとしての意義をもつということができる。『アメリカのジレンマ』において初めて提示された累積的因果関係論（「累積の原理」）は、黒人差別という「平等問題」を扱う論理であった。それはやがて、先進諸国と低開発諸国との経済格差拡大という「平等問題」を説明する論理（「循環的および累積的因果関係の原理」）として適用され、広く知られることとなった[16]。

---

(12) ミュルダールは自身の方法論の思想的背景として、スウェーデンの法哲学者ヘーイェルストレーム（Hägerström, A.）とウェーバー（Weber, M.）の存在を挙げている。Myrdal (1958: 251) を参照。
(13) 価値前提は、分析対象に関して、適切性ないし関連性、重要性、実現可能性、論理的整合性をもたなければならないとされる。Myrdal (1996: 1059) を参照。
(14) 『アメリカのジレンマ』においては「アメリカ的信条」、『国際経済』では「経済統合」、『経済理論と低開発地域』では「政治的民主主義と機会均等」、『アジアのドラマ』では「近代化諸理念」であった。
(15) ミュルダールは、さまざまな価値判断のなかにも階層性があり、上位の価値判断は下位の価値判断のコンフリクトを消滅させるとする。
(16) ミュルダールにおける累積的因果関係論の理論的発展については、藤田（2003）を参照。

ミュルダールの累積的因果関係論は、先進諸国と低開発諸国とを対立的かつ対照的な構図として捉える。彼によれば、先進諸国と低開発諸国との間には「福祉国家」の有無という根本的な制度的相違がある (Myrdal 1957: 39-42, 邦訳 47-50)。先進諸国は、程度の差こそあれ、すべて「福祉国家」である。低開発諸国では不平等と貧困との間に「悪循環」の構図が存在しているのに対し、先進諸国では「福祉国家」を制度的基盤として、平等と高成長との間に「好循環」の構図が存在しているというのが基本的認識であった。

　さらに、ミュルダールの累積的因果関係論は、「逆流効果 (backwash effects)」や「波及効果 (spread effects)」を媒介概念として、先進諸国と低開発諸国とを総体として捉える理論的枠組みでもあった。逆流効果とは貿易・移民・資本移動などを媒介とした格差拡大効果を意味する。反対に、波及効果とは技術の移転や普及、発展地域の所得上昇による低開発地位の生産物に対する需要の上昇などを通じた格差縮小効果ないし全般的発展の論理を意味する。累積的因果関係論によれば、市場諸力は先進諸国に有利に、低開発諸国に不利に作用する一般的傾向がある。つまり、逆流効果のほうが波及効果よりも大きいために、格差拡大が生じると説明される。

　ミュルダールの福祉国家論は、累積的因果関係論に基づく「平等問題」研究の一環として位置づけられる。ミュルダールは累積的因果関係論によって、先進各国における「好循環」と低開発各国における「悪循環」の存在を認識したうえで、両者の相互作用としての世界レベルでの格差拡大という「悪循環」を認識し、問題視した。福祉国家は先進諸国に平等と高成長をもたらす制度的基盤として認識される一方、低開発諸国に「逆流効果」という格差拡大効果をもたらすものとしても認識される。「平等」という価値前提に基づくならば、福祉国家は各国レベルでは好ましい結果を与えているが、世界レベルでは必ずしもそうではないという評価が与えられる。こうした福祉国家の二面性を理論的に認識したうえで、ミュルダールが出した処方箋が福祉世界の構築であった。福祉世界とは、先進諸国と低開発諸国との経済格差拡大という「悪循環」の現実に代えて、世界レベルでの「好循環」を生み出そうとする理想的ヴィジョンであった。

　ミュルダールの理論的認識において、福祉国家と福祉世界はともに、平等と

高成長の「好循環」をもたらす好ましい制度的基盤である。異なるのは、それが各国レベルか世界レベルかということであり、現実問題か理想的ヴィジョンかということである。ミュルダールの累積的因果関係論に関する従来の研究は、福祉国家（先進諸国）と低開発諸国との関係を解明することに多くの焦点を当ててきた。[17] しかし、福祉国家と福祉世界とがいかなる関係にあるのかという点、あるいはそこから導かれるミュルダールの実践的結論については必ずしも明確ではなかった。ミュルダールにおいて、福祉国家と福祉世界はともに価値前提からして望ましいものとされている一方、両者の間には利害および価値判断の対立も存在する。本稿が明らかにしようとするのはこうした点に他ならない。ただし、それを正確に論じるには、福祉国家形成論と福祉世界論各々の理論的検討を経る必要があるだろう。

3. 福祉国家の形成

(1)「無計画な展開の計画化」

ミュルダールの福祉国家形成論のスタンスは、何よりも現実の経済社会動向を分析するということである。ミュルダールは当時よくいわれた「自由」経済対「計画」経済という対比には批判的であることを宣言し、そうしたイデオロギー的対立とは別に、現実経済は「ますます統制され、組織化され、調整（coordinate）され」（Myrdal 1960: 6-7, 邦訳14）てきたという。[18]

ミュルダールによれば、国家の主目標として経済発展が目指され、そのために「計画」が必要とされているということは、資本主義と社会主義との体制間の相違を越えた共通性である（*ibid.*: v, 邦訳10）。しかし、両者の「計画」は同じではない。「計画」の性質、とりわけ策定の手続が異なるのである。ミュルダールは、「西側諸国」たる先進資本主義諸国、ソ連圏をはじめとする社会主義諸国、低開発資本主義諸国と、世界を三つの圏に区分し、各々が歴史的、物質

---

(17) Toner（1999: ch.5）、上村（1997: ch.14）を参照。
(18) 同時代におけるイギリス労働党の理論家クロスランド（C. A. R. Crosland）も資本主義対社会主義のイデオロギー的対立とは別に、福祉国家が進展していると見た。ただし、福祉国家は社会主義を体現したものと評価されている。

的、文化的、イデオロギー的、制度的および政治的に異なる型の「計画」を有するものと理解した (ibid.: vi, 邦訳 11)。このうち、彼が分析対象としたのは、「西側諸国」における「計画」の形成過程であった。これを「計画化 (planning)」と呼び、とくに「無計画な展開の計画化 (plannning an unplanned development)」(ibid.: 12, 邦訳 25) と特徴づけた。

ソ連圏の社会主義諸国では、単一権力国家による「上から」の指令とともに、プログラム的で包括的な内容をもつ事前的「計画」がなされてきた。低開発諸国の場合、民主主義が求められており、そうした「上から」の社会的統制は支持されない。しかし、既存の先進諸国との競争を通じた経済発展を目指さなければならないという意味において、急速な経済発展を目的とした事前的「計画」が望まれてきている。それらに対して、「西側諸国」では、国家の発展目標やそれに対する政策手段の選択が民主的な過程によって決められるという意味において、「下から」の社会的統制がなされてきた。そして、それは一時的・例外的な見通しによる国家干渉が累積的に増大してからの事後的な「計画化」であった。この「計画化」は初めから完全な設計図をもっていたわけではなく、真の意味での「計画」ではなかった。「西側諸国」の「計画化」が「無計画な展開の計画化」と呼ばれるのは、こうした意味においてである (ibid.: 8-9, 邦訳 18-9)。

それでは、「計画化」は何によって進められてきたというのか。この点について、ミュルダールは、「計画化」とは「一国の政府による——通常はその他の組織体を参加させつつ——意識的な企図によって、公共政策をいっそう合理的に調整しようとすること」(ibid.: 15, 邦訳 30) と説明している。彼によれば、福祉国家形成の初期段階において、「計画化」をなしえるのは「公衆の意思を代表する中央機関としての国家」(ibid.: 46, 邦訳 84) をおいて他になかった。今までのところ、「計画化」の大部分は国家によってなされてきたというのが彼の見解であった。[19]

ミュルダールは、1960 年時点において、今やすべての「西側諸国」が「福祉国家」であるとした (ibid.: 45, 邦訳 83)。その証拠に、「無計画な展開の計画

---

(19) これに対し、Chossudovsky (1992: 103) は、国家の中立性や合理性がアプリオリに決定されているとして批判する。

化」の結果として、租税システム、住宅、健康、都市設計、その他さまざまな分野において「計画」が出現してきていることを挙げた (*ibid.*: 46-50, 邦訳 85-93)。なかでも彼が重視した「計画」の出現は、社会保障制度の整備と完全雇用の準達成であった。彼は、完全雇用が目標とされるようになったことについて、「民主的福祉国家の輝かしい業績」(*ibid.*: 50, 邦訳 92) であるとの評価を与えた。

しかしながら他方で、ミュルダールは、「福祉国家は、今のところ、まだどこにも完成してはいなくて、それは引き続き生成過程にある」(*ibid.*: 45, 邦訳 83) とも述べていた。彼は福祉国家の現状に決して満足していたわけではなかった。むしろ、福祉国家は依然として改良されなければならないものと考え、その行く末を憂慮しさえしていたのである。こうしたミュルダールにおける福祉国家の将来像・理想像に関する議論は、本節の第3項で扱うことにする。その前に、次項では、ミュルダールに沿って、福祉国家形成の論理を明らかにする。福祉国家形成の諸力とメカニズムに関して、その理論的特徴を探ることにしよう。

(2) 福祉国家形成の論理

「無計画な展開の計画化」は、一時的・例外的な国家干渉の増大が先行し、そうした国家干渉の増大から必然的に生じてきた現象であった (Myrdal 1960: 21, 邦訳 40)。つまり、国家干渉の増大こそが「計画化」の推進力であった。したがって、ミュルダールにおける福祉国家形成の論理を明らかにするには、まず国家干渉の増大がいかに引き起こされてきたかという問題に答えなければならない。この点について、彼は三つの主要因 (国外的要因1＋国内的要因2) を指摘した。

第一に、国外的要因とは国際的危機の継起である (*ibid.*: 15, 邦訳 30)。2度の世界大戦と 1929 年の大不況が念頭に語られている。各国は、経済的・政治的混乱を乗り切るために、国内における雇用や福祉、生産や消費の安定化を図って、貿易統制などのさまざまな保護政策的手段を講じてきたとされる。

第二に、国内的要因として、経済面における「市場の組織化」の傾向が挙げられている (*ibid.*: 21, 31, 邦訳 41, 58)。技術的・組織的発展によって、経済単位の規模は大きくなり、市場構造はますます完全競争理論の前提から遠ざかってき

た。いいかえれば、市場はその参加者によって意識的に「規制」されるようになってきた。ミュルダールはいう。「この非自由化の趨勢に直面した社会は、それがもし自由のままにとどまって干渉を拒否するならば、分裂してしまうであろう。また抑制されないまま放置すれば、利口な者や強い者がそうでない者を搾取するであろう」(*ibid.*: 31, 邦訳58)。こうした理由から、公正な市場社会を可能とするために国家干渉が必要とされてきた。労働時間や最低賃金に関する規制、雇用保障や失業補償などがこうした国家干渉によって可能となろう。

第三に、もう一つの国内的要因とは、政治面における民主化の進展である (*ibid.*: 26, 邦訳49)。産業化により経済発展が進んだ諸国においては、政治的民主化も進んだ。よりいっそうの平等や再分配政策が政治の場において要請されるのに従い、国家干渉が増大してきた。累進課税や生活保護、住宅政策、農産物の価格支持制度の整備が想起されよう。

ミュルダールは以上の三つの主要因のうち、国外的要因は福祉国家形成の速度を速めたにすぎず、仮にそれがなかったとしても福祉国家形成の過程は緩慢にではあるが進行しただろうという。この意味において、国外的要因は非本質的要因とみなされた (*ibid.*: 21, 邦訳40-1)。本質的要因は国内的要因というわけである。

しかし、以上の議論は福祉国家形成の主要因を明らかにしたにすぎず、福祉国家形成の論理を明らかにしたことにはならない。ミュルダール福祉国家形成論における一つの重要な主張は、「計画化」は累積的かつ不可逆的に進行してきたということであった。その主張はどのような論理に依拠しているのだろうかという疑問がわく。

前節において、累積的因果関係論の分析視角から、ミュルダールの福祉国家論を位置づけた。ミュルダールにおいて、福祉国家とは平等と高成長の「好循環」の制度的基盤であった。となると、福祉国家形成論は、その制度的基盤自体がいかにして形成されてきたかという点を明らかにしようとする議論であるといえる。そして結論をやや先取りしていえば、その論理は、実のところ、ヴェブレン以来の制度学派的な累積的因果関係論の構図に沿うものであった[20]。そ

---

(20) 累積的因果関係論の諸潮流の存在については、藤田(2004)を参照。

そもそも累積的因果関係という分析概念は、ミュルダールの専売特許ではない。彼に先立ってヴェブレン*は、経済学が進化論的科学となるために、累積的因果関係論の構築が必要であると主張していた (Veblen 1898)。ヴェブレンのいう累積的因果関係論とは、個人の思考様式と社会構造とは、支配的な思考慣習たる「制度」を媒介とした相互連関関係にあるとし、両者の相互変化過程を捉える理論図式であった。福祉国家形成論において、ミュルダールはヴェブレン的に、個々人における思考様式や価値判断の変化と福祉国家形成という社会構造の変化を結びつけて論じたのであった。

国際的危機の継起に関していうならば、保護政策的手段が用いられることは、人々の思考様式に影響を与え、「このような変動の効果を和らげるために何かがなされなければならないという考え方に慣らす」(Myrdal 1960: 16, 邦訳30) という効果をもつのである。人々は、自分たちの利害に合うように社会的・経済的条件を変革したいとますます強く思うようになる。それによって、さらなる保護政策的手段の行使が求められるようになる。こうした心理変化の過程は累積的かつ不可逆的であるために、保護政策的手段の増加を通じた「計画化」の趨勢も累積的かつ不可逆的になると論じられた。

「市場の組織化」は「態度の合理化」と相互連関関係にあるとされる。生活水準の上昇、工業化、地理的・社会的移動性の増大、知的交流の強化、教育と教会の分離、その他全般的な社会変化が人々を因襲から解放してきた。人々はより「進取的、実験主義的、非素朴的、快楽主義的、「経済的に合理的」になりつつあった」(ibid.: 23, 邦訳44)。そして、「合理的快楽主義が現実に普及し始めるにつれて、また人々が一般的に理論的『経済人』に少しでも似た形の思考と行為とを実際に始めるにつれて、自由主義社会はその根底を失った」(ibid.: 24, 邦訳46)。ミュルダールは、人々の態度がより「合理主義的経済人」に近づくにつれ、まさに逆説的に、人々は組織化という手段を行使して市場構造自体を自己の利害に合うようにするために協働するようになったと主張した。

再分配政策の増加に結びつく政治的民主化の進展については、それを支える人々の思考様式や価値判断の変化が二通り言及された。相対的に貧しい人々の立場にあっては、「態度の合理化」にも関連して、政治参加による結束という手段を通じて社会改革を要請しうることが認識されてきた (ibid.: 27, 邦訳51)。

他方、相対的に裕福な人々の立場にあっては、そうした貧しい人々の平等を求める政治参加によって、それまでほとんど意識されてこなかった平等問題に対する意識が目覚めてきた[21]。さらに、持続的経済成長のなかで、寛容の精神が発達してきた (ibid.: 59, 邦訳 108)。こうした人々の思考様式の変化が、さらなる民主化を後押ししてきたとされる。

　要するに、ミュルダールは、福祉国家の形成過程においては、先に三つの主要要因として示したような経済的・政治的要因だけでなく、人々の思考様式や価値判断の変化といった社会的ないし制度的要因が重要な意味をもつことを主張したのである。彼は、ヴェブレン的な累積的因果関係論の枠組みに沿って、人々の思考様式や価値判断の変化は累積的かつ不可逆的であるために、福祉国家形成という社会構造の変化もまた累積的かつ不可逆的に進行し、容易に後戻りできない過程となると論じたのであった。こうした制度的要因重視の動態分析枠組みは、ミュルダール福祉国家形成論の大きな理論的特徴である。

(3)　福祉国家の将来像

　『福祉国家を越えて』において明示された価値前提は、「昔から受け継がれている自由・平等・友愛の前提」(Myrdal 1960: 10, 邦訳 21) であった。この点について、山田 (1995) は以下のような解釈を示した。すなわち、「自由・平等・友愛」といった上位概念にとどまるのはミュルダールの真意ではない。『福祉国家を越えて』においては、「利害の圧力的干渉が組織的調整に代わっていく過程が述べられ、さらに中央集権や官僚主義のあり方の変化が国によって異なる様相を呈していることが指摘されている」のであり、「ミュルダールのいう『価値前提』は抽象的な上位概念的なものが次第に具体化されていく全内容を指している」。それは結局のところ、ミュルダールが「集団的組織の支柱構造 (infra-structure of collective organizations)」というものの発達である (山田 1995: 60)。

　ミュルダールが福祉国家形成要因の本質的要因の一つとして取り上げたのが「市場の組織化」であった。これに関してミュルダールは、国家は市場におけ

---

[21]　Myrdal (1969: ch.12) 参照。

る組織化の趨勢そのものを抑制して自由競争を回復しようとしたことは少なく、むしろそうした趨勢自体は認めつつ、「秩序と平等の両者についての公衆の利益を保護するように、この趨勢の動きを統制できる方策」(Myrdal 1960: 31, 邦訳 59) をとったと指摘する。その結果、国家の直接的干渉に代わるものとして、団体間の交渉が発達してきた。国家はむしろ調停者としての役割を求められるようになってきた (*ibid*.: 32-6, 邦訳 59-66)。こうした状況を指して、ミュルダールは「集団的組織の支柱構造」の発達という言葉を用いるのである。

「集団的組織の支柱構造」の発達の具体的内容としては、スウェーデンにおける政・労・使による中央集権的賃金交渉や連帯的賃金政策の実現が想起される。ミュルダールは、「西側諸国」における福祉国家の進展という一般的趨勢について分析するとしつつも、福祉国家の先進国として自国スウェーデンをしばしば例に挙げた。このことからも分かるように、その趨勢の評価や方向性の観察にあたって、彼が念頭においているのはスウェーデン型の福祉国家といっていいだろう[22]。

ミュルダールのいう福祉国家の形成ないし進展とは、「集団的組織の支柱構造」の発達による「組織的な国家」(*ibid*.: 31, 邦訳 58) あるいは「統制された社会」(*ibid*.: 61, 邦訳 111) の出現を意味する。それは、「計画化」の担い手がもはや国家のみではなく、各種の団体や組織体もその担い手となってきている状況を表す。労働組合や使用者団体、あるいは消費者団体、農業団体、さらには大企業も社会的責任を伴うために、支柱構造を構成しうる。いまや実質的に公共政策の性格をもつものが、国家当局や地方当局によって直接的に施されるだけでなく、集団の利益や共同の主張を掲げる各種団体の間の交渉によって取り決められている。こうした状況は、公共政策の立案と実施の分権化の進展ということもできよう。

さらに、ミュルダールにおいて理論的に重要なことは、こうした福祉国家の形成過程において、人々の思考様式や価値判断が累積的に変化してきたことである。所得再分配政策の存在そのものの是非についての激しい論争はなくなり、論点はそれがどういった領域でどの程度認められるかという問題に移ってきて

---

(22) 同時代のアメリカにおいては、ガルブレイス (J. K. Galbraith) が「拮抗力」概念を用いて、ミュルダールの支柱構造論と重なる議論を展開している。

いる。産業の国有化問題は事実上消滅した。こうした事例から、ミュルダールは、スウェーデンなどの福祉国家の先進国においては、福祉国家に対する人々の価値判断および政治的態度が収斂に向かってきていると主張した（*ibid.*: 53-6, 邦訳97-102)。そして、彼はそうした状態を「創造された調和 (created harmony)」(*ibid.*: 56, 邦訳103) と形容し、福祉国家の先進国は「福祉的構造のなかに『福祉的文化』が現れる」(*ibid.*: 67, 邦訳121) という理想的状況に近づきつつあるとした。

　こうしたミュルダールの見方は、「資本主義の黄金時代」を背景とした「福祉国家の黄金時代」を強く反映しているように思われる。しかし、注意すべきは、ミュルダールは福祉国家の現状に満足していたわけではなかったということである。彼は「集団的組織の支柱構造」の発達の先に「次の段階」を展望していたのであり（*ibid.*: 67-70, 邦訳121-6)、それはすなわち国家干渉の漸減を意味した。(23) ミュルダールによれば、「次の段階」における国家の役割は次の二つにとどまる。第一に、一般的性格をもつ政策構造、すなわち、貿易・為替、課税、労働立法、社会保障、教育、保健、国防その他公共事業関連の維持・強化である。第二に、国民社会での地域・部門におけるルールの確立・調整や審判者としての役割である。これ以外の事項については、地方の自治と支柱構造内での団体間での協力と交渉にゆだねることができるとされる。

　ミュルダールは福祉国家の望ましい将来像を以下のように語った。「国民社会全体に対して定められている、よりいっそう効果的な総体的政策の限度内において、市民たち自身が、必要最小限の直接的国家干渉だけがある状況で、地域的・部門的協力と交渉という手段を通じて、自らの労働や生活を組織化する責任をますます多く負う」(*ibid.*: 70, 邦訳126) というような体制である。彼はこうした体制をユートピアであるとしながらも、現実的な目標であるとした。それはまた、「自由・平等・友愛」の理想のうちに内在するものであるとも述べている（*ibid.*: 70, 邦訳126-7)。この段階における福祉国家の担い手としては、国家よりもむしろ個人、あるいは個人によって良好に統制されている各種組織体

---

(23) これはすぐに国家の役割の減少を意味するものではない。むしろ国家は「最終的な仲裁者」としての重要な役割を担っているとされる。問題は、分権と集権のバランスないし適切な関係である。Myrdal (1960: 35, 邦訳65) を参照。

の役割が重視されているのである。

したがって、ミュルダールにおける福祉国家の将来像は「福祉社会」とでもいうべきものであった。ただし、ミュルダールはこうした理想的将来が易々と得られるとは考えていなかった。彼は、とりわけ人々の政治参加の低下とそれに伴う過度の中央集権化・官僚主義化を危惧していた。[25]

4. 福祉世界の構築

（1） 福祉国家の国民主義的限界

福祉国家形成論は、福祉国家がいかなる要因やメカニズムで形成されてきたか、そして将来に向けていかに形成されていくのが望ましいのか、ということを明らかにする議論であった。それに対し、福祉世界論は、福祉国家における「好循環」の構図を踏まえたうえで、福祉世界の構築の必要と可能性を論じるものであった。

ミュルダールは、各国福祉国家における平等と高成長の「好循環」の構図を次のように説明する。すなわち、「すでに達成された経済発展の水準が比較的に高いということは、教育や訓練の制度がよく改善されていること、および、もっと一般的には、すべての地域や階級が国民文化にますます広範に参加するということに、反映されているのである。このような文化的前進と国民的統合に向かう成長過程は、運輸や通信の利用可能性の上昇と一緒になって、西側各国で拡張力が、一産業や一地方から他の産業や他の地方へと、よりいっそう効果的に広がっていくことを意味してきた。それが今度はまた再び経済的進歩を促進したのである。このような状況のもとでなされた経済的進歩は、同時にまた国内の不平等を減少することができたのである」（Myrdal 1960: 112, 邦訳 198）。

ミュルダールによれば、福祉国家の進展は国民的統合――それは「空間的・社会的移動性が高いうえになお上昇を続けること、機会の均等化、文化的同質性の向上、および、完全な政治的民主主義への漸進的な発展」（*ibid*.: 103, 邦訳

---

(24) 「福祉社会」に関する古典として Robson (1976) を参照。
(25) Myrdal (1960: 70-4, 邦訳 126-35) および Myrdal (1966: 34) を参照。その他、福祉国家の進展における問題点については Myrdal (1960: ch.7) を参照。

183) と定義される——の過程でもあった。福祉国家はその平等主義的な性質によって、国内における地域間ないし経済主体間に大きな逆流効果を生じさせることはなく、波及効果を高めてきた。それは同時に、国民的統合を後押ししてきた。福祉国家の進展と国民的統合は、「各国で最も重要な天然資源、すなわち国民のもつ本来の——それは最も富裕な国でも決して無視できない——国民の潜在的生産力」(*ibid*.: 112-3, 邦訳 199) をより完全に利用できる条件を整えるという役割を担ってきたのであり、経済成長を促進してきた。ミュルダールは、福祉国家においては国民的統合を伴いつつ、平等と高成長とが「好循環」をなしていると認識した。[26]

しかしながら、ミュルダールは各国福祉国家の経済的・政治的成功の分析に満足することはなかった。なぜなら、彼の累積的因果関係論は、低開発諸国の「悪循環」の大きな原因として、市場諸力を通じた先進諸国からの逆流効果を指摘するものであったからである。そして、福祉世界論におけるミュルダールの焦点は、とりわけ福祉国家間の利害対立の問題に当てられた。各国福祉国家は国内における成功を確保するために対外的伸縮性を失ってきたのであり、国際的分裂が深まってきているというのである。世界的視野において、ミュルダールは福祉国家の現状に批判的であった。

こうした批判的見解は、「福祉国家の国民主義的限界」の議論に凝縮されている。[27] 福祉国家は本質的に国民主義的である。それゆえに国内的には成功を収めてきたが、対外的には限界をもつという議論である。それは経済構造や経済政策の利害対立の問題である。しかし、より根本的には各国国民における社会心理の問題であるとミュルダールは考えた。福祉国家形成の論理でみたように、福祉国家形成過程における人々の価値判断や思考様式の変化は累積的かつ不可逆的である。例えばそれは「何かがなされなければならない」という思考様式を人々に植え付けてきた。福祉国家に暮らすことが人々の関心を国内のみに向けさせ、思考様式を内向的にする傾向がある。ミュルダールにおいて、それがすなわち「福祉国家の国民主義的限界」なのである。

ミュルダールは、「福祉国家の国民主義的限界」の問題を「真のジレンマ」

---

(26) Myrdal (1967: 90) は「福祉改革は実際のところ生産的であった」としている。
(27) Myrdal (1960: 117-9, 邦訳 205-8) を参照。

(*ibid*.: 120, 邦訳 211) と表現した。その意味するところは、たとえ福祉国家に暮らす人々が福祉国家のもたらす対外的弊害に気づいたとしても、自国の経済的・政治的成功を保護しようとするために、既存の福祉国家のあり方を変えようとしないということである。この場合の「ジレンマ」とは、国民的統合と国際的統合の対抗関係をめぐっての、個々人の心理的葛藤の問題として捉えられよう。[28]

　福祉世界のヴィジョンは、国民的統合と国際的統合をめぐる心理的ジレンマを解決する方法として示された。それを裏づけるかのように、ミュルダールは次のように福祉世界の必要を説いたのであった。「ひとたび国民的福祉国家が存在するようになって、西側世界の民主主義国で政治権力をもつ諸国民の心中にがっちりとその停泊所を築いてしまえば、国際的分裂に代わるべきものは、国際協力と相互調整とによって福祉世界の建設に着手する以外にない」(*ibid*.: 129-30, 邦訳 228)。福祉国家形成過程における人々の価値判断や思考様式の不可逆性がここでも強調されている。

（2）　低開発諸国の自助努力と先進諸国の責任

　福祉世界とは、「富国と貧国の双方の側で国際的結束が増大すること、および、それを基礎にして、世界的規模で機会を均等化させようとする国際協力へ向かう趨勢が上昇すること」(Myrdal 1960: 164, 邦訳 285) と定義される。[29] 福祉世界の構築を目標としたミュルダールの政策提言は、一方で低開発諸国に自助努力を、他方で先進諸国に責任を求めるものであった。

　低開発諸国の抱える問題は何といっても貧困である。低開発諸国においては不平等と貧困の間に「悪循環」の構図が存在しているという認識に基づいて、ミュルダールは低開発各国内における平等主義的改革を提言した。ただし、「［低開発諸国における］貧しい者たちが必要なのは、わずかな貨幣ではなく、根本的な制度改革である」(Myrdal 1978: 156, 括弧内は引用者による) と述べているよ

---

(28)　Myrdal (1977: 98-9) は、福祉国家に暮らす人々はほとんど精神分裂症（統合失調症）にかかる危険のなかにいる、と述べている。
(29)　Myrdal (1956: 3) は、「プレ 1914 年システム」とここでいう「福祉世界」を対比している。前者は「部分的世界社会」と特徴づけられている。

うに、ここでいう平等主義的改革とは、所得の再分配よりも、むしろ農地改革や人口政策、教育政策、行政改革などの諸制度・諸政策の根本的な改革である。そうした改革こそが低開発諸国においてはより急速な成長・発展の基盤となると考えられた[30]。

農地改革としては、土地の再分配や協同農業、あるいは自治体や国による土地所有が提言されている。旧来からの土地所有制度や小作制度が存続していることによって、低開発諸国の農民は生産性を上昇させようというインセンティブが削がれている。農地改革は労働の低利用と低生産性の連鎖を断ち切ることになろう。

人口政策に関しては、避妊法を普及させるといった公共政策としての産児制限が早急に必要であるとした。そのためには人口問題専門の行政機関の設立も一つの手段であるとされる。

教育に関しては、すべての国民が読み書き能力をつけることがまず求められる。それは意思伝達・情報伝達の基本的ツールであり、「波及効果」を増大させる有効な手段であるからである。成人教育が不可欠であるとともに、初等教育の質を向上させること、そのためにも教師の数と質を向上させる必要が強調された。

最後に、行政改革についていうと、ミュルダールは、低開発諸国はすべて「軟性国家 (soft states)」であると見ていた。それは、「社会的規律の欠如のさまざまな形態の総合」（Myrdal 1985: 166）と定義され、法律制度に欠陥があることなどから法が遵守されないということや、行政に不正や汚職が付き物となっていることを意味する。ミュルダールは、とりわけ低開発諸国においてこうした政治的腐敗が進んでいるが、それが成長や発展といった経済の文脈でほとんど語られることがないことを批判した。

ミュルダールのいう自助努力とは、低開発諸国の発展は何よりも個々の国自身が上述のような制度改革に向けて何をなすかによって決まるということを意味する。「外国から与えられるどのような恩典にもまして、この線に沿った国

---

(30) こうした主張は、クズネッツの逆U字仮説に抵触することから、実証面での批判にさらされている。以下の記述の詳細については、Myrdal (1970; 1985; 1972: ch.6)、小野編 (1981) を参照。

第 5 章　ミュルダールにおける福祉国家と福祉世界　153

内的改革が急速かつ持続的な発展にとってずっと必要な必要要件なのである」
(Myrdal 1972: 119, 邦訳 121)。加えて彼は、低開発諸国という集団に対して、経済面・政治面における相互結束の有効性を説いた。低開発諸国は、福祉世界の構築を推進する政治的集団として、ならびに、経済協力や共同市場の創設による経済発展を目標とした経済的集団として、積極的役割を果たすことが求められたのであった (Myrdal 1960: 173-5, 邦訳 301-6)。

　しかしながら、ミュルダールは低開発諸国に自助努力を求めるだけではなかった。むしろそれ以上に、福祉世界論の焦点は先進諸国に責任を追及することにあったといえる。世界経済の安定および世界平和についての責任である。それは、たとえ低開発諸国の平等主義的改革および相互協力への努力が実現するとしても、先進諸国がそれを既存の経済的・政治的圧力を使って封じようとするならば、そうした努力が意味をなさないだろうという見方によるものであった。その見方の背後には、累積的因果関係論による経済動態認識、および、「福祉国家の国民主義的限界」の問題意識があったことは明白である。

　先進諸国に対する責任の追及は、低開発諸国に対する先進諸国の貿易政策や援助のあり方について語られた。低開発諸国には、より国民主義的な経済政策を採る合理的根拠があるとされる (*ibid.*: 151-8, 邦訳 263-76)。低開発諸国が行う幼稚産業保護などの貿易統制を承認すること、ならびに、関税などについては対先進諸国と対低開発諸国といった二重の道義的水準の適用が求められた。これらは「逆流効果」を抑制する目的をもつ政策提言であった。

　他方、援助については、ミュルダールはやや批判的である。「豊かな国が低開発諸国と取引する方法のラディカルな変革の方が重要である」(Myrdal 1997: 29) とも述べている。というのも、援助は慈善の心からして比較的容易に行われるものの、「西側諸国」の経済構造にそれほど変化をもたらすことがないと考えられるからである。しかし、ミュルダールは援助の好ましいあり方について積極的に論及したのであり、その重要性を否定したわけではなかった。当時、冷戦構造も大きく影響して、援助の負担はアメリカ偏重であった。それに対し、ミュルダールは、援助は国際機関を通じたものであるとともに、明確な優先順位をもったものであるべきと主張した (Myrdal 1960: 189-93, 邦訳 330-5)。後年には、援助は改革を実施する努力をしている低開発諸国に優先して与えられるべ

きであるとも意見している (Myrdal 1972: 130, 邦訳 133)。援助はあくまで自助への助けでなければならないというのが彼の基本認識であった。

ミュルダールは、低開発諸国が自助努力を行うこと、および、先進諸国が世界の安定と発展に向けて責任を果たすことを求めた。彼のいう福祉国家が組織化された経済を意味するように、福祉世界とは国際経済の組織化を意味する。ミュルダールは、国際的統合に向かう組織化の過程において、政府間組織ないし国際機関が重要な役割を担うようになると展望した。現に、第二次世界大戦後には国際連合が発足し、各種国際機関が創設・拡充された。ミュルダールはそれらの諸機関は概して十分に機能していないと批判したが、福祉世界構築の糸口として大きな期待を寄せたのであった。

(3) 福祉世界構築の可能性

ミュルダールにとって、福祉世界の構築は、世界レベルでの「平等」の達成という価値前提に基づいて好ましいだけでなく、世界全体の経済効率を上昇させるという意味においても望ましい目標であった。しかし、福祉国家の形成要因に対応するような福祉世界の形成要因というものは大部分欠如している。また、たとえ低開発諸国が国内での平等主義的改革を実現し、福祉国家への道のりを歩み始めたとしても、それは福祉世界の構築へと直結するわけではない。なぜなら、「福祉国家の国民主義的限界」があるからである。福祉国家は歴史の流れのなかで自然に形成されてきたが、福祉世界は意識的に構築されなければならない。

ミュルダールは福祉世界の構築が困難であることを認める。しかしながら、彼は宿命論的見方を極端に嫌った。歴史は人間がつくるものである、というのが彼の信念であった。ミュルダールによれば、国際的統合は一般的・長期的には受け入れられている理想であり、実際にそうした理想を掲げた政府間組織が存在している。加えて、国際的理想や外国人との連帯感も社会的現実の一部をなしている (Myrdal 1960: 143, 邦訳 250)。最終的に、彼は、国際協力に向けた「理想のもつ力」の存在を認め、その力を増強することによって、福祉世界の

---

(31) この点において、ミュルダールはマルクスを批判する。Myrdal（1960: 164-6, 邦訳 286-90）を参照。

構築を図ろうとするのである (*ibid*.: 206-9, 邦訳 357-361)。

　ミュルダールは、各国の福祉国家の形成過程にも阻害要因があったという歴史的事実に目を向けさせ、論を展開する (*ibid*.: 121, 邦訳 212)。阻害要因とは、福祉国家形成過程の初期における富裕層やそれに味方する保守的政治勢力であった。彼らは、福祉国家における平等主義的政策が自分たちにとって不利益を意味すると考えたために抵抗したのであった。しかし、ミュルダールの時代において、確かに福祉国家は大部分の賛同を得るに至っている。それはなぜか。彼は、「福祉改革が生産的である」ということが事後的にではあるが広く認められるようになってきたからであるという。「福祉改革は生産的である」ということは、もともと理論的に認められていたわけではない。しかし、ミュルダールはこの「あとからの思いつき」にすぎなかった「事実」こそが、福祉世界の構築を実現に近づける力を与えるのだという。

　前項において、ミュルダールは低開発諸国の自助努力と先進諸国の責任、それら両面からの政策提言を行ったことを明らかにした。しかし、低開発諸国の抱える困難とはまた別に、先進諸国がそうした責任を果たすことも容易ではない。なぜなら、福祉世界構築における先進諸国の立場はちょうど福祉国家形成過程における富裕層ないし抵抗勢力の立場に相当するからである。先進諸国が責任を果たすとは、福祉世界がもたらす長期的な利益を理解することであり、「福祉国家の国民主義的限界」を克服することに他ならない。

　福祉世界論において、福祉世界構築の可能性は次のように展望されている。「西側諸国は、民主主義自体を放棄したがらず、利害団体からなる膨大な支柱構造を通じて行われる全体への参加とか創意とか勢力とかの分散に、民主主義がいっそう深く基礎をもっていることも、これを放棄しようとはしないのであるから、ただ人々を教育して、彼らの真の利害だけではなく、すべての西側諸国に共通の、また世界全体にとって共通な一般的利害をさえ、これを観察して明快に理解することに至らせるという、長期で骨の折れる解決策しか、そこには存在しないのである」(*ibid*.: 187, 邦訳 325)。ここにおいて、ミュルダールは、福祉世界構築の可能性は福祉国家に暮らす人々の意識改革に大きくかかっていることを主張したのであった[32]。

　福祉国家の形成は「現実」であり、福祉世界の構築は「理想」である。しか

し、両者は別個のものとして切り離されるわけではない。ミュルダールは、国際的統合がすべての国民に与える利益についての知識、現在の趨勢の危険性、そして福祉国家に住む者のこの趨勢に対する責任を明らかにし、人々に流布する努力が求められていると主張した。ミュルダールは、経済学に実践性を求め、科学の役割としての大衆啓蒙、ならびに、そうした啓蒙が人々の思考様式や価値判断を変革し、社会を変革させる可能性を軽視しなかった[33]。それは初期からの彼の学問的態度であったし、「価値前提の明示」の方法論や累積的因果関係論といった彼独自の分析手法の基礎であった。

しばしば誤解を受けるが、ミュルダールのいう福祉世界とは、国民的統合を解体して国際的統合を果たすという意味をもつものではない。ミュルダールは、「国民経済政策の構造を国際的に調和させ、整合し、そして統一すること」(*ibid.*: 126, 邦訳 221) を求めたのであった。そのためには、何よりも各国福祉国家に暮らす人々が各自の心理レベルにおいて、「福祉国家の国民主義的限界」を乗り越えなければならないというのが彼の主張であった。福祉国家形成論は、経済面や政治面における福祉国家形成過程にはそれに対応する人々の思考様式や価値判断の変化があったことを論じるものであった。それに対比させていうならば、福祉世界論は、人々の思考様式や価値判断の変化が、福祉世界構築という社会変革に向けた積極的役割を担いうることを説くものであった。

5. おわりに

ミュルダールにおいて、福祉国家とは各国国内で経済的・政治的成功をもたらす好ましい制度的基盤である一方、対外的には国際的分裂の弊害をもたらすものであった。彼は、累積的因果関係論の分析視角に依拠することで、こうした福祉国家の二面性を認識した。

---

(32) ただし、後年においてミュルダールは、国際的統合の利益が一般の人々に信じられにくいことを認めるとともに、「スウェーデンでは、国民に対して効果的に提起できた唯一の動機は、貧窮者に対する人間的連帯と同情だけであった」(Myrdal 1972: 49, 邦訳 52) と述べている。
(33) ミュルダールはしばしば「知的浄化」(intellectual sanitation, catharsis of opinions) という言葉も用いている。山田 (1995: 59) はミュルダールの「価値前提の明示」の方法論について、「啓蒙主義の立場」にあると評している。

しかしながら、このことはミュルダールの福祉国家に対する評価が分裂していることを意味するのだろうか。端的にいって、そうではない。ミュルダールにおいて、福祉国家は決して完成されたものではなく、いまだ形成途上にあった。「次の段階」の議論に見られるように、彼は福祉国家における中央集権化・官僚主義化傾向を危惧し、自治化・分権化を積極的に進めていかなければならないという考えをもっていた。さらに、彼はそうした福祉国家のさらなる進展の先に福祉世界が展望できるのであって、その逆ではないとした。こうした意味において、ミュルダールは一貫した福祉国家推進論者であったといえる。

　『福祉国家を越えて』という題名に含まれた意味であるが、一つは、よくいわれるように、各国レベルから世界レベルへ越える、という意味があるだろう。しかしながら、もう一つの意味として、福祉国家の現状に満足せず、分権化・自治化へと改良されなければならないという意味が含まれていると考えられる。[34] これはいわば、「福祉社会」へと越える、という意味である。しかしまた、「福祉世界」と「福祉社会」、どちらの意味においても、ミュルダールにとっての主要な理論的・実践的問題は、われわれ一人一人の価値判断や思考様式・行動様式の変化であり、変革であった。この点において、ミュルダールの福祉国家形成論と福祉世界論とは統合的に理解できるのであり、また統合的に理解されなければならない。

　最後に、こうしたミュルダールの福祉国家・福祉世界研究は現代においていかなる意義をもちうるかという点について簡潔に言及しておく。ミュルダールの時代と現代とでは社会経済的環境が大きく異なり、ミュルダールの議論に陳腐化した部分があることは否めない。とくに、ミュルダールが半ば自明視した「福祉改革は生産的である」という命題は再検討が求められる。しかし、3点ほど考えられる。

　第一に、福祉国家の多様性研究としての理論的可能性である。ミュルダールは「福祉国家の黄金時代」を背景としていたこともあって、福祉国家の多様性

---

(34) 山田（1995: 51）は、福祉世界へ越えるということのみを指摘している。筆者の見解は、福祉世界へ、および、国内における支柱構造の発達へと2点において越えると解釈する丸尾（1971: 219-20）と一致する。ただし、福祉国家形成論と福祉世界論との統合的理解を図るという点では丸尾とも異なる。

や分岐について積極的に分析を進めたわけではない。しかし、ミュルダールの分析枠組み自体は、現代における福祉国家の類型化や多様性研究と相容れないものではない。それは制度的要因重視の動態分析手法、ならびに、価値判断の相対性に基づく政策導出の方法論として、示唆を与えることになるだろう。

第二に、「福祉社会」論としての理論的側面である。ミュルダールの時代における社会民主主義では、従来の国有化路線が実質的に意味をもたなくなってきているとはいえ、社会生活や経済生活に関して広範な国家の関与を認め、市民社会よりも国家が優位であるというような思想があった。それに対して、ミュルダールは、国家干渉の漸減や分権化・自治化、市民社会の積極的役割を望ましい方向として明言した。この点は、従来のミュルダール研究では軽視された側面であるとともに、福祉国家研究における現代的トピックの一つであるから再評価に値する。

第三に、福祉世界ないし国際的統合の意味内容に関する。現代においては、グローバル化の進展が各国の自治を揺るがし、いかに世界規模での経済統治を行うかという問題が取り上げられることも多い。こうしたなかで、ミュルダールの指摘した「福祉国家の国民主義的限界」は今なお重要な問題であろう。どのような国際的統合が望ましいか。そして、国際的統合が望ましい目標であるならば、その実現はいかにして可能であるか。ミュルダールの福祉世界のヴィジョンはいまだ多くの示唆を与えるものと考えられる。

参考文献

Appelqvist, Ö. and Andersson, S. (eds.) (1998) *Vägvisare: Texter av Gunnar Myrdal*, Stockholm: Norstedts. (translated in English by Litell, R., Wichmann, S. and Others. *The Essential Gunnar Myrdal*, New York: New Press, 2005).

Carlson, A. (1990) *The Swedish Experiment in Family Politics: The Myrdals and the Interwar Population Crisis*, New Brunswick: Transaction.

Chossudovsky, M. (1992) "Myrdal and Economic Development: A Critical Analysis," in Dostaler et al. (eds.) (1992), pp. 89-107.

Crosland, C. A. R. (1956) *The Future of Socialism*, London: Jonathan Cape. (関嘉彦監訳『福祉国家の将来』論争社、1961)。

Dostaler, G., Ethier, D., and Lepage, L. (eds.) (1992) *Gunnar Myrdal and His Works*, Montreal: Harvest House.

Esping-Andersen, G. (1990) *The Three World of Welfare Capitalism*, London: Polity Press.（岡沢憲芙・宮本太郎監訳『福祉資本主義の三つの世界―比較福祉国家の理論と動態―』ミネルヴァ書房、2001）。

Galbraith, J. K. (1956) *American Capitalism*, Second Edition, Boston: Houghton Miffin.（新川健三郎訳『ガルブレイス著作集1』TBSブリタニカ、1980）。

Galbraith, J. K. (1969) *The Affluent Society*, Second Edition, revised, Boston: Houghton Miffin.（鈴木哲太郎訳『ゆたかな社会 第二版』岩波書店、1970）。

Myrdal, A. and Myrdal, G. (1934) *Kris I Befolkningsfrågan*, Stockholm: Bonnier.

Myrdal, G. (1956) *An International Economy: Problems and Prospects*, New York: Harper and Row.

――― (1957) *Economic Theory and Underdeveloped Regions*, London: Gerald Duckworth.（小原敬士訳『経済理論と低開発地域』東洋経済新報社、1959）。

――― (1958) *Value in Social Theory*, London: Routledge and Kegan Paul.

――― (1960) *Beyond the Welfare State*, London: Gerald Duckworth.（北川一雄監訳『福祉国家を越えて』ダイヤモンド社、1970）。

――― (1963) *Challenge to Affluence*, New York: Pantheon.

――― (1966) "What is wrong with the Welfare State ?", in Myrdal (1973), pp. 27-37.

――― (1967) "An Economist's Vision of a Sane World", in Myrdal (1973), pp. 87-103.

――― (1969) *Objectivity in Social Research*, New York: Pantheon.（丸尾直美訳『社会科学と価値判断』竹内書店、1971）。

――― (1970) *The Challenge of World Poverty: A World Anti-Poverty Program in Outline*, New York: Pantheon.（大来佐武郎監訳『貧困からの挑戦』ダイヤモンド社、1971）。

――― (1972) *Against the Stream*, New York: Pantheon.（加藤寛・丸尾直美訳『反主流の経済学』ダイヤモンド社、1975）。

――― (1973) *Essays and Lectures*, Mutsumi Okada (ed.), Kyoto: Keibunsha.

――― (1977) "Increasing Interdependence between States but Failure of International Cooperation", in Myrdal (1979), pp. 79-101.

――― (1978) "Institutional Economics", *Journal of Economic Issues*, Vol. 12, No. 4, pp. 771-83.

――― (1979) *Essays and Lectures after 1975*, Mutsumi Okada (ed.), Kyoto: Keibunsha.

――― (1985) "The Need for Reforms in Underdeveloped Countries", in Bapna, A. (ed.) *One World One Future: New International Strategies for Development*, Westport: Praeger, pp. 151-71.

――― (1990) *The Political Element in the Development of Economic Theory*, New Brunswick: Transaction. (first published in 1930 in Swedish by P. A.

Norstedt and Soners Forlag.)（山田雄三・佐藤隆三訳『経済学説と政治的要素』春秋社、1967）。

——— (1996) *An American Dilemma* (with a new introduction by Sissela Bok.), New Brunswick: Transaction. (first published in 1944 by Harper and Row.)

——— (1997) "The Widening Income Gap", *Development*, Vol. 40, pp. 25-30. (first published in 1963 in *International Development Review*.)

Pierson, C. (1991) *Beyond the Welfare State ?*, Oxford: Basil Blackwell.（田中浩・神谷直樹訳『曲がり角にきた福祉国家』未來社、1996）。

Robson, R. A. (1976) *Welfare State and Welfare Society*, London: Allen and Unwin.（辻清明・星野信也訳『福祉国家と福祉社会』東京大学出版会、1980）。

Tilton, T. (1992) "Gunnar Myrdal and the Swedish Model," in Dostaler et al. (eds.), pp. 13-36.

Toner, P. (1999) *Main Currents in Cumulative Causation: The Dynamics of Growth and Development*, London: Macmillan.

Veblen, T. (1898) "Why is Economics not an Evolutionary Science ?", *Quarterly Journal of Economics*, Vol. 12, pp. 373-97.

Wilensky, H. L. (1975) *The Welfare State and Equality: Structural and Ideological Roots of Public Expenditures*, Berkley: University of California Press.（下平好博訳『福祉国家と平等』木鐸社、1984）。

上村雄彦（1997）『カップ・ミュルダール・制度派経済学』日本図書センター。
小野一一郎編（1981）『南北問題の経済学』同文舘。
武川正吾（1999）『社会政策のなかの現代』東京大学出版会。
富永健一（2001）『社会変動の中の福祉国家』中公新書。
二文字理明・椎木章編（2000）『福祉国家の優生思想——スウェーデン発 強制不妊手術報道』明石書店。
藤田菜々子（2003）「ミュルダールにおける累積的因果関係の理論」『経済科学』第51巻第2号、pp. 63-81。
———（2004）「累積的因果関係論の諸潮流とミュルダール」『季刊経済理論』第41巻第2号、pp. 69-79。
———（2005 a）「ミュルダールの福祉国家形成論—方法論的・理論的枠組みからの検討—」『経済学史研究』第47巻第1号、pp. 65-78。
———（2005 b）「福祉国家は越えられるか—ミュルダール『福祉世界』のヴィジョン—」『経済科学』第53巻第1号、pp. 85-98。
正村公宏（2000）『福祉国家から福祉社会へ』筑摩書房。
丸尾直美（1971）「訳者あとがき—ミュルダールの学説と本書の解説—」、ミュルダール著、丸尾直美訳『社会科学と価値判断』竹内書店、pp. 211-26。

宮本太郎（1999）『福祉国家という戦略』法律文化社。
山田雄三（1994）『価値多元時代と経済学』岩波書店。
―――― (1995)「グンナー・ミュルダール―福祉国家の価値前提と支柱構造―」『社会保障論の新潮流』有斐閣、pp. 51-66。

第6章
他者指向型自由主義の法理論
ヴォランタリズムの展開と法

菅 富美枝

1. はじめに
「他者に関わる自由」を考える必要性

　わが国において、1998年、特定非営利活動促進法いわゆるNPO法が制定された。これにより、保健、医療、福祉、社会教育、まちづくり、文化、芸術、スポーツ、災害救援、国際協力、男女共同参画社会の実現、こどもの健全育成などを自発的に行う団体に対して、国家が支援を行う枠組みが構築されることとなった。[1]以来、こうした自発的団体の活動は徐々に活発化の兆しがある。何より、人々の意識の中に徐々に変化が現れ、「公」のために個人個人に何ができるのかを考え、自らの納得する公的活動に参加するといった、個人主義に立脚した公共的思考とも呼び得る萌芽が見られるようになった。この意味で、まさに日本社会は、自発的支援社会の実現に向けて出発したといえよう。そして、この門出をより明るいものとし得るのは、人々のさらなる意識変革もさることながら、それを背後で支え、活性化し、民意に期待する国家の立場であり、新種の立法や税制改革といったハード面の充実と同時に、民意を「疎外≡阻害」(「≡」は合同を表す数字記号)するような体制を改める発想の転換であると考える。
　そもそも、わが国において、福祉国家（welfare state）や社会連帯の必要性が叫ばれて久しいが、実際には、それらは「上からの押し付け」型であったこと

---

[1] 特定非営利活動促進法制定によるNPO法人の設立など、新たな局面を迎えた法人法については、森泉（2004）参照。

は否めない。この背後にあるのは、国家主導の、いわば管理型の福祉国家の実現というヴィジョンであり、社会連帯や相互扶助といった語も、それを国民に納得させるための技巧であったともいえるかもしれない。しかしながら、このような不十分な納得を国民から得ようとするアプローチに代るものとして、むしろ、国民（市民）からの発意を促し、それに期待するような福祉社会の実現こそ近未来の日本に必要なヴィジョンであるように思われる。このような見解に立つとき、社会連帯や相互扶助といった概念は、単に国民に福祉国家の形成への協力（具体的には課税）を導きだすための、いわば納得させるための用語ではなく、市民からの発意を促し、それに期待するような福祉社会を実現する際の原動力あるいは根拠として理解される。このとき、「上からの押し付け」型、紋切り型、最低ライン保障型として批判されることの多い国家主導の管理型「福祉国家」は、自発的な相互支援の精神に支えられた「福祉社会」へと転換を遂げると考える。

　ここに関連するのが、個人と国家の関係をめぐる、いわば古くて新しい議論である。従来、法学の分野において、「自由」とは第一に、「国家からの自由」を意味するものと考えられてきた。これは、単純化をおそれずに言うならば、国家を必要悪と考え、その権力の拡大を恐れ、可能な限り最小化を図る立場に通じる。だが、福祉の充実化をめぐる議論は、最大国家が適切か最小国家が望ましいのかといった、国家の存在をオール・オア・ナッシングで議論する構図において解決し得る問題ではない。このことは、「国家からの自由」に加えて「国家による自由」、さらには「国家への自由」という発想を加えたとしても同様である。いずれにおいても、「権力」に対してどのように対峙するのかという視点が主となっているからである。

　むしろ、最小国家とは、国家の役割を可能な限り小さくすべきという消極的な捉え方ではなく、国家型の福祉の実現に吸収されてしまうことのないよう、市民の自発性に根ざした福祉社会をより強く顕現化させることによって国家と社会の真の連携を説くものとして理解することが可能であると考える。これは、国家を単に個人に対峙するものとして捉える構図を超える理解であり、かつ、国家と個人の関係をめぐる議論と国家による福祉の充実化の必要性をめぐる議論とを理論的に分断する理解であるといえよう。

この点、たとえば、国家の最小化や自生的秩序の活性化を理想とするリバタリアニズム (Libertarianism) において、福祉の充実化は国家的に捉えられるべき問題ではなく、自発的な結社による市場競争に任されるべきとされる。だが、国家構想あるいは社会構想としての福祉の充実化は、国家が主導権を独占し、管理 (administer)、規制 (regulate)、監視 (inspect) することを必ずしも意味するものではないと考えるとき、異なるアプローチを考える余地が生じるのではないか。その一つが、官僚的、管理的な福祉国家に代りうるものとして、ヴォランタリーな福祉の精神、相互扶助の精神に支えられた社会の実現を考え、国家の役割を、そのような社会の到来に向けての支援、いわば福祉社会の実現のための土壌作りにあると捉える見解である。

　このような文脈において法の役割を考えるとき、法は、そうした土壌作りの一翼を担うものとして捉えることはできないだろうか。「容易化 (facilitate)」という新しい発想に基づく、「支援」型法としての理解である。国家主導の福祉「国家」的発想に代えて、市民の自発性、市民からの発意に期待しその活性化を図る、民意発意型の福祉「社会」の実現を可能とすべく、最も高圧的、押し付け的なものとして受け止められることの多い法制度の発想転換が求められていると考える。

　本稿では、「ヴォランタリズム」を、個々人が有する自発的支援行動への欲求に基礎をおいた理論的立場と捉える。個人の自由に基礎づけられている点で、従来の自由主義的見解に立ちながらも、ヴォランタリズムがこれまでのリベラリズムと異なるのは、それが「他者に関わる自由」を内容としている点である。従来、対峙的に捉えられてきた「国家対社会」や「国家対個人」の構図を超えて、「国家と社会」や「社会と個人」との新しい関係に目を向け、その前提として、「個人と個人」との新しい関係に着目する。以下、本稿では、人と人とのつながりに着眼し、自発的支援社会の実現に向けた議論を展開する。

（2）　試みに英英辞典を引いてみると、"voluntarism" の意味は、"the principle of relying on voluntary action rather than compulsion"、"denoting the involvement of voluntary organizations in social welfare" となっている。*Oxford English Dictionary Online* (Oxford University Press, 2005).

2. 法における自発的な支援行為の位置づけ

（1） 議論の端緒としての法的救助義務

危難に陥っている人に遭遇したならば、見知らぬ他人であろうとも助けるべきだとする救助義務は、古今東西を問わず、宗教上、道徳上の義務として広く一般に受け入れられてきた。だが、この救助義務に関して、各国の法制度上の取り扱い方は様々である。多くの大陸法諸国のように、積極的に救助を義務づける国も多い。しかしながら、その一方で、道徳上・宗教上の救助義務を認めながらも、むしろそうであるからこそ法制化は望ましくないと考える国や論者も少なくない。実際、英米法諸国においては一定の例外的状況を除き、救助を要する場面に遭遇したとしても法的な救助義務は課されない。わが国の法制度（主に、民法、刑法）も基本的に英米法と同様の立場に立っている。こうした法的救助義務否定論が危惧する最大の問題点は、救助義務の法制化によって個人の自由が脅かされるのではないかということである。[3]

〈法と「利他的」行為〉

そもそも、「利他的」行為（救助行為はその代表例として挙げられることが多い）に関する法的取り扱いそのものを検討の対象とする作業は、日本法においても英米法においても、これまであまりなされてこなかったように思われる。これは、自立した強い個人が自由に自己利益を追求できる社会に基本的価値をおくリベラリズムが近代以降の法の基調であったことを考えるならば、比較的理解しやすいかもしれない。個人主義的色彩の濃いリベラリズムを強く反映している（とされる）法制度において、「利他的」行為は、射程外にある事柄としてそもそも始めから議論の中に入ってこないと想像できるからである。だが、果たして、法と「利他的」行為は無関係であり得たのであろうか。

（3） 法的救助義務をめぐる議論の状況（否定論、肯定論）について、菅（2006: 9-21）参照。

〈法と救助行為〉

　法が「利他的」行為とは無関係であると考えられていた中にあって、1964年に米国で起こったジェノヴェーゼ事件以後、救助行為の法的義務化の是非を問う議論、すなわち、法的救助義務論がさかんになった。38人もの目撃者がいながら、誰ひとりとして通報する者がなかったために生命が失われたこの事件は、モラルの低下、コミュニティの欠損など、現代社会の行き詰まりを象徴するものとして取り扱われた。ここで、法は、歪んだ現代社会を矯正すべきものとして登場した。そこでは、強制的色彩が濃く見られ、通報行為は、道義的責任に留まる「利他的」行為を超えて、法的責任としての側面が強調された。

　この事件をきっかけとして、ともかくも、「利他的」行為が法の射程範囲内あるいは外の問題として、その接触が意識され議論されるところとなった。だが、ある特殊な事件を契機として始まった救助行為をめぐる議論は、法は救助行為を直接的に強制すべきかあるいは一切関わらずにおくべきかという二者択一に終始し、強制という形での法的接触を対象とするに留まってきた。このような法の関わり方を「直接強制」アプローチと呼ぶことにする。

　これと対比されるのが、「間接奨励」アプローチである。間接奨励アプローチは、救助行為に対する別の法的関与のあり方として、救助行為に伴う負担を軽減する法システムの整備など、救助行為を間接的に奨励するという方法に着目する。「間接奨励」は、その手段の限定性、結果の有益性、社会的価値の反映という観点から、法が救助行為に関与することの理論的可能性を見出そうとするものである。

　このような「間接奨励」アプローチの提示は、法で救助行為を扱うことと個人の自由を重んじる立場との整合性を図ろうとするものである。いいかえるならば、これは、自発的な領域に放置されるべきであり法は一切関与しないものとして、法制度上明瞭な位置づけを与えられてこなかった救助行為について、それをリベラリズムと整合的に法の中に位置づけようとする試みであるといえ

（4）　Kitty Genovese 事件（*New York Times*, Mar 27, 1964）。ニューヨーク市クインズ地区キューガーデンにおいて、ジェノヴェーゼさん（女性）がかなりの長時間にわたって暴行を受け、ついには殺されるのを、38人もの人がアパートの窓から見ていたにもかかわらず、誰も助けようとせず、警察に通報すらしなかった事件である。

よう。
　この点に目を向けるとき、個人の自由と間接奨励アプローチとの両立可能性を説くに留まってきたこれまでの議論は、背後にあるリベラリズムと自発的支援行為との関係そのものを問い直すという新たな契機を迎えるに至る。以下、本稿では、救助行為に対する法的関与をめぐり、許容性や有益性に留まらず、現実的要請からの必要性ならびに理論的（リベラリズムの立場からの）必要性(5)に着目する。紙面の都合上、特に後者について、議論を展開する。

（2）　自発的支援行為としての救助行為
（ⅰ）　支援「される」側の考察から支援「する」側についての考察へ

　現代社会に目を向けるとき、その状況を特徴づけるものとして、次の2点に着目したい。①支援行為をめぐる社会的資源としての「必要性の拡大」の認識と、②支援行為に対する「欲求の増大」の認識である。
　まず、①「必要性の拡大」について、「支援」とは、一般に、社会福祉などにおいて自己決定権を背景として利用者側の主体化が説かれてきたように、そのままでは自立の困難な社会的、経済的弱者に対し、支援を行うことによってその自立を可能にすること、すなわち、エンパワーメント（empowerment）を指す。そして、社会や人間関係が複雑化しているとされる現代社会にあっては、支援を必要あるいは有用とする場面がより広範化、一般化しつつあると思われる。それらは、従来であれば自力の対象とされ、そこに支援が必要ならば保護の客体とされるべきと考えられてきた領域であるかもしれない。支援対象領域の拡大と、支援されることをいわば「通常のこと」と捉える発想に支えら(6)

---

(5)　救助行為強制論（法的救助義務論）から救助行為間接奨励論への転換について、現実的要請から、その具体的必要性（ここでは特に、費用償還制度や免責規定の必要性）を示すものとして、菅（2006: 22-32）参照。主に英国における救助行為判例の変遷を手がかりとして、救助行為に出ることに対して実質上負荷がかけられていたかつての法的状況が再検討され、救助行為を保障すべく、法が積極的に関わっていかざるを得ない状況が示される。さらに、最近の救助行為をめぐる判例の変化が考察され、救助者に対して配慮のある体制が整いつつあるものの、依然として従来の枠組み内に留まっていることから被救助者の負担を生み出し、新たな問題として、被救助者が救助を受けることを躊躇しかねない状況が生じている点が指摘される。ここから、救助者・被救助者の双方の負担のバランスのみに配慮する視点を超えた、問題を二当事者間の法的処理に留めない救助行為の「社会化」——私的領域からの開放——の視点を提示している。

れた被支援者の主体性の維持とは、比例関係にあると考えられ、現代社会においてその両立性が一層意識されるところとなっている(7)。

このように、広範化し、一般化しつつあるものとして自立(律)支援を捉える場合、その必要性を実際に充足し担保するのはまさに支援する人々の存在である。この点、支援するという人々の営為についての理論的検討は、法の分野において、これまで必ずしも十分になされてきたとはいいがたい。それらは、自発性、「利他性」のゆえに一律に法の射程外とされてしまうか、法の射程内に入ってき得るとすれば、支援する側の濫用や失敗を食い止めるべく管理・監督するという態勢においてのみであった。

次に、②「欲求の増大」に関して、ポスト物質主義的で定常型と称される現代社会において、「生」の意味が問われ始めているように思われる(8)。このような中、支援されることの欲求・利益のみならず、支援することの欲求・利益が着目されるべきではなかろうか。現代社会における人々の意識変化に目を向けるとき、法においても、支援する側の理論的検討が、支援される側の理論的検討に劣ることなく重要であると考える。

このように、二つの観点から、支援する側に着眼した検討の必要性を認識するとき、救助行動をめぐる問題と支援行動をめぐる問題は、それぞれ救助する側ならびに支援する側に配慮し着目することによって、パラレルに検討することができる。

すなわち、両者とも、従来は自発的、「利他的」であり法が触れるべきでは

---

(6) 個人の自由や自己決定権を重視しながら、そうであるからこそ、「側面的な」支援・媒介の必要性を認識し、それらを用いて生活することを「通常」のこととする機構が必要であると考える。同様の趣旨に立つものに、立岩(2000)参照。

(7) このような発想は、被支援者とは、単なる一方的保護の対象ではなく、自覚的に必要な部分(のみ)の支援を求める主体であることを再認識させるものであり、「自立」の意味を、誰の助けも借りないことから必要に応じて選択しながら援助を受けていくこと——「自律」——へと変化させると考える。

(8) 広井(2001)。(私利の追求のみをインセンティヴとするような)狭い意味での経済の領域は成熟化し定常化したが、それは人間の欲求や思考のごく一部分が実現されたにすぎず、「成長」に代わる新たな価値の模索が求められているのが現代社会であるとされる。また、都市化や産業化が進み個人がそれぞれ独立して自由な活動をするような社会になってきた結果、「他者のことにはかかわらなくても生きていけるような社会」となり、そうであるがゆえに逆に、他者に対して何らかの形で関与したり働きかけを行っていくことは「より自発的な、積極的な行為となる」とされる。広井(2002)。

ないとして、基本的に個人の自発性、家族内の相互扶助、社会の自律的活動に任されてきた領域に関わっている。また、共に、法の外においてはその存在が期待され促進が望まれてきたものであるにもかかわらず、法においてそれらを積極的に位置づけることは（特にそれが社会的負担を伴う場合）いわばタブー視されてきたものである。(9) だが、現代社会において、新たなニーズに応え得る人的資源の必要性がますます認識されており、同時に、（親密圏の内外を問わず）他者の利益になるような行為を行いたいとの欲求に目を向けるとき、両者をパラレルに解することは、こうした現代社会の変化を敏感に感じ取り、法に反映させることに通じるものと考える。

（ⅱ）　より自由な社会へ
〈「関係性の選択」可能性〉

こうした考察は、社会関係や人間関係についての理解を転換させる。「関係性の選択」可能性という新しい視点の提示である。

「関係性の選択」可能性に着眼する考察は、支援者と被支援者とが「家族」という限定された空間においてのみ選択・適合されてきた問題——具体的には、高齢者の介護、成年後見（身上監護および財産管理）(10)、養子・里親制度(11)など——において、その特徴を発揮する。すなわち、単に（自然的な意味での）家族における人間関係を所与のものとして捉えてその強化を図る見解とは異なり、支援の「外部化」を前提とした法制度を設計するのである。

成年後見制度を例とするならば、成年後見人を選任するにあたり、「家族であるから」という点に終始するのではなく、あくまで「本人の最善の利益（Best Interest）」確保のために最適者は誰なのか、また、他人のために意思決定を行ったり財産管理を行うといった行為を忠実かつ誠実に行うことを真に希望する者は誰なのか、といった観点に立つことが重要視される。その際、どんなに支援者となることを希望していても、客観的に見て利益相反的な状況である

---

(9) このアンビヴァレンスを指摘するものに、Sheleff（1979）。
(10) 平成11年の民法改正によって、従来の禁治産制度に代わり、新たに整備された制度である。民法第7条以下20条までを統合的に指して「成年後見制度」と呼ばれることが多い。
(11) 英国における養子制度改革について、菅（2006: 111-22）参照。

可能性が高い場合、結果的に成年後見人として任命されないことはあり得る。だが、そのような状況にない以上、支援を希望する者がある場合には、いたずらに、万一の失敗の際の責任を正面に押し出すことによって、彼らを躊躇させたり孤立させることは適切ではなく、支援希望者をさらに支援することを可能とするような法制度および運用こそが求められると考える。

　家族外の者であっても、家族に処理を一任することが当然視されてきた分野において力量を発揮することのできる余地を設けることは、受け手にとっても、支援者を家族外から選択し得る可能性の増加を意味することになる。そして、その際、再び家族が選ばれるとしても、それは自由に選択された結果であるということができよう。

　「関係性の選択」可能性を基礎におく視点は、より自由な社会の実現を可能にする。ここから、広く社会において、支援者／被支援者を問わず、個人と個人の自覚的な相互支援ネットワーキングを行うという発想が導かれる。

〈「管理」の姿勢に代わるもの〉

　「関係性の選択」可能性が保障された社会であるためには、実際に支援や援助の授け手となる個人の側面にあって、彼らの行動を支援し得るような社会の仕組みや法制度が求められる。すなわち、「二重の支援構造」（支援者を支援するシステム）[12]が整えられる必要がある。ここで、法は、強制や政策的奨励など、いわば国家による押し付けではなく、人々の自発性に基づいて、人と人との個別的・直接的な関係の構築を促す（「容易化」する）機能を果たすことが求められている。

　ここに見られる法の特徴は、不適切な支援・援助者を排除しようとする「管理」態勢[13]ではない。むしろ、広く、自発的支援行為者を受け入れた上で、彼らの適切性を図り維持する方法を模索する姿勢が示されている。ここに、自発的支援者を管理・糾弾の対象としたり、あるいは放置・放任するのではなく、彼らの自発性を評価しながらその適正な発現を試みる態勢──「支援」態勢[14]──

---

[12]　成年後見制度を例とするならば、後見人候補者の訓練システム設けたり、誠実に行動していながらも失敗してしまった後見人に対して免責規定を設けることなどが考えられる。菅（2006: 163-68）。

への転換を見る。

　このような法の「支援」態勢は、「利己性」を軸に制度設計されているように見える法制度の現状（「制度的利己」の立場）に照らすとき、「利他」的な支援行為の実質的な保障という目的に適合的である。さらに、他人の力となることに生きがいを見出し始めた人々の意識変化や社会変化の中にあって、自発的に他者を支援したいという欲求ならびにそのような行為の社会的資源としての必要性――現代社会における二つの新たな要請（前述）――について、充足と調和を試みる姿勢に通じている。このように、「支援」態勢に向けて法制度を方向づける構想を、筆者は、現代社会における法の役割と可能性を反映した「制度的利他」の構想と名づける。

（3）「社交」としての自発的支援行為
　　――選択的な絆を可能とする法理論の構築へ

　現代において、社会の変化や人々の意識変化を受け、自発的に支援行為を行

---

(13) たとえば、救助行為について、見過ごした場合には責任が問われないのに対して、救助を試みて失敗した場合には様々な法的責任を負うことになる。このことをもって、良くも悪くも他者とは接触を避け、自己利益の追求に徹している方が法制度上望ましいとされていると受けとめられかねないことの道徳的矛盾が指摘されている。Williams (2001)。すなわち、法における「管理」の発想とは、個人の関心が他者へと向かう際、たとえそれが善意に基づくものであったとしても、「仕損じれば制裁だ」として事前統制の対象とすることを基本とし、「利他」的行為が裏目に出た場合には、単にそれを「自己の領域の越境」と捉えて、制裁という瞬間的関与をもって「報いる」ことを法の基本的役割と考える立場を指す。この点、より一般的な「管理」、「支援」の発想について、今田（2001: 294-6）；支援基礎論研究会編（2000）参照。

(14) この点について、「国家の価値は、究極的には、それを構成する個々人の価値である」とし、「個々人の精神的拡大や向上の利益をあとまわしにして、些細な事務上の行政的手腕ないしは経験によって得られるそれに類似したものを少しでもふやそうとするような国家」や「国民を萎縮させて、たとえ有益な目的のためにもせよかれらを自己の手中のいっそう従順な道具にしようとする国家」は、その活力自体を殺いでしまうとして批判するミルの主張を参照。ここでは、「政府が個人や団体の活動と能力を喚起せずに、政府自らの活動を彼らの活動にかえる」姿勢や「情報や助言を与えることもせず、必要に応じて非難することもせずに、政府が、足かせをかけたままで彼らをはたらかせたり、彼らをわきに寄るように命じて彼らのかわりに彼らの仕事をする」姿勢が批判される。ミル（1995: 348）。

(15) 従来の法制度の「制度的利己」への傾倒について、菅（2006: 40-45）参照。

(16) 「個々人が法律の枠内で自らの利益を追求するだけでなく、他人の力となるために、自分がこれと思った目標に向かってなにものの邪魔も恐れずに進んでいける社会」の構築に関わる構想である。ダーレンドルフ（2000）。

いたいという欲求や人間関係の探求・構築に対する希求が注目される。他者利益的な（「利他的」な）行為を法の射程外に据え置き放任することをもって「自由主義的」としてきた従来の見解に対して、これらの新しいタイプの欲求を法において過不足なく捉えるべく、現代社会における「自由」の意味を、自己実現の拡張との関係で再考することが求められている。

〈「他者」と自由〉

　このような見解は、現代社会において「自由」を理解するにあたり、従来の自由主義論者が主に対象としてきた「権力からの自由」や「権力への自由」という視点、すなわち、国家と個人の関係を問う構図を超えるものである。さらに、従来、権力構造とは直接には関係がないという意味で「横」の関係と捉えられ、法の射程範囲外とされてきた個人と個人の関係について、積極的に「他人と関わっていく」自由を考えるという点で、「自己」の自由と「他者」の自由との対抗的理解（両者の衝突を前提とした理解）に基づく「他者からの自由」という視点からも区別される。

　すなわち、「他者」の存在と「自己」の自由について考察するとき、①「制度的利己」に基本的に立っていると考える従来のリベラリズムが、「他者なき自由」を前提としたものと捉えられるとすれば、②「制度的利他」の構想に立ったリベラリズムは、「他者と関わっていく」ことへの自由を基礎に置く。①の「制度的利己」の構想に立ったリベラリズムにおいて、自由とは、「自己指向的」なものとして理解されるのに対し、②の「制度的利他」の構想に立ったリベラリズムにおいては、「他者指向的」なものとして理解される。

　ここにおいて、従来、目的物の獲得競争における競争相手か、あるいは獲得のための共同・連帯相手に過ぎなかった「他者」は、「関わっていく」こと自体を目的とした、関係構築への希求の対象となる。さらに、多文化社会における価値観、生き方の多様性の重要性に照らして考えるとき、「他者」の存在は単なる忍耐の対象ではなく、自己を鍛錬してくれる存在としても意識される[17]。「他者」とは、もはや、単なる客体でも同一化の対象でもなく、独立性を維持

---

(17)　井上（1999）。

しながら関わり合っていくべき存在として認識される。

　このような意味での「他者」との自発的・選択的な関係構築を、「社交」(＝自発的・選択的な諸個人における相互交流) として理解することを試みる。ここで、筆者は、「社交」とは、単に自然発生的なものではなく、主体性に基づいた他者との接触、関係構築を表す意で用いている。「社交」の概念を用いることにより、自発的な支援行為について、支援者と被支援者の関係に目を向け、そこでの積極的、意識的、選択的な関わりを捉えることが可能となると考えるのである。

　「社交」の概念を用いることについて、本論文のもととなった報告を行ったさいにコメンテーターの山根聡之氏より、本発想のもつデメリットついて触れる必要性についてご指摘を頂いた。「社交」とは、必ずしも相互理解を達成するものではなく、議論や意見の齟齬を生むものではないかということであった。そこで、本稿でいう「社交」とは、個人を原子論的に捉えたり、あるいは他者 (さらにその統合体としての社会) と融合的に捉える二項対立的な理解を超えるべく、個人と社会の関係をより適切に理解するための新たな「定点」であり、それに留まることを確認したい。

　すなわち、本稿でいう「社交」とは、個人を人と人との相互交流の中に捉えるという発想——いいかえるならば、社会的相互交流の文脈において個人を捉える思考枠組み——に関わるものであって、相互理解や寛容、他者受容といった、「社交」そのものの概念が包含し得る価値的問題とは次元を異にするものであることを確認する。そして、支援行為を「社交」として捉えることによって筆者が意図しているのは、往々にして立場の優劣性を導かれやすい支援者と被支援者の関係について、互いに自覚的な選択によって当該関係に入ったのだという点を強調することによって、「与える者と与えられる者」という関係を超えた両者の対等性・互換性を取り戻すことである。

〈新たな定点としての「社交」——個人と社会の関係の再考〉

　個人と社会の関係を再考するにあたり、第一の理解として、①ばらばらの相争う原子として人間を捉え、社会をそのような人間の総和として考える見解、いいかえれば、人間を社会的文脈から独立したものとして扱う「権利対抗的見

解」が考えられる。これに対して、②社会を生きた統一体、有機体的全体として捉え、人間をその中に融和的に結合したものとして捉える立場がある。自己と共同体との「融和的見解」ともいうべき後者の立場において、共同体は「他者」が曖昧化されたものともいえよう。

この点、③個人間の個別・具体的な相互交流を指すものとして「社交」に着目するとき、個人の関わる「諸関係」を把握することが可能となろう[18]。さらに、「他者」の自由による「自己」の自由の充実化の可能性を肯定するとき、多様な他者との接触を前提とする「社交」は、多様性の保障とともに個性の発展の問題に深く関わるものとして考えることができよう。ここにおいて、人と人との絆は、社会性を培うという点以上に個人性を養う点が着目される(「自己」と「他者」の相互連関的・建設的関係理解)[19]。

「社交」の概念を取り入れた「他者」理解は、人間は「利己的存在」であるか/「利他的存在」であるかという二項対立的理解を超克する(発展的解消)。また、個人は社会的文脈とは無関係な存在か/社会という有機的統一体の中に埋没・融解してしまうべき存在かという二者択一的理解を超える。人間を社会的な相互交流の中で捉えることによって、個人と社会との関係について、新たな理解が可能となるのである。

さらに、社会構造を個人の発展の可能性を左右しうるものとして捉えるとき[20]、未だ現前化していないものの、潜在的に存在しあるいは実現可能であるような「潜在的社交」や「可能的社交」が幾通りにも準備された社会、すなわち、個人が望むならば、それらに自らを関連づけることができるという構造の確立した社会の必要性が認識される。ここで、法制度は、「社交」の機会を増加し得るような社会構造上の条件拡充という機能を求められるのである。

---

(18) この点、統合的な「人間ネットワーク」、「個々の人間の間の関係構造」に着目するものに、エリアス (2000)。エリアスは、個人と社会との対立関係を前提とするような、すなわち、「超えがたい溝」の存在を前提にするような二者択一的議論のあり方に疑問を抱き、思考モデルの転換、総合的な視野の確立を説く。

(19) 大村 (2002) 参照。

(20) Dahrendorf (1975)。

3. 法に期待される機能——「容易化 (Facilitating)」法

　支援行為が自発心に委ねられた道徳的問題として法の枠外に位置づけられている点をもって、従来の法制度は自由主義的であると評価されてきた。だが、今日の社会においては、財の再配分に尽きず人的資源の確保が重要課題となっている。そのためには、①人的資源のよりよい確保を図るべく、個別に行われてきた支援行為を集めて支援を必要とする人々に供給するというメカニズムが必要ではなかろうか。また、支援することへの欲求は、経済成長や都市化を経た現代社会においてその重要性が高まりつつある「生き方」の保障に関わっている。そうであるならば、②現代社会において、「他者指向的な」選択肢を制度的に提供し増加させ得るような社会構造の重要性が認識されるべきではないか。ここにおいて、法は、新しい社会的メカニズムや社会構造に関わるものとして、注目されるのである。

〈他者指向型自由主義（Other-oriented Liberalism)〉

　前述②に関連して、ここまでの議論において、法と「利他的」行為との接触問題を認識させるところとなった法的救助義務論の考察を端緒とし、より広い意味での自発的支援行為と法との関係について、いくつかの視点から検討を行ってきた。現代社会における「自由」の拡張として、選択的な絆、すなわち、自発的に「他者」との間に関係を築くことへの自由の保障に目が向けられたのである。

　他者の利益に資するような行為や人間関係の構築への欲求といった、文字通りの「利己的」解釈では捉えきれない「自己利益」に応えること、さらにこれらとの関連で、多様性や寛容の問題に応えることは、現代社会に求められている自由主義の課題であり、より深く「自由」の本質を理解することに適うものと考える。

　このように、他者に関わっていくことから得られる自由に目を向け、他者との関わりを積極的に取り入れることを目指すリベラリズムを、「他者指向型自由主義」と名づける。別の見方をすれば、他者指向型自由主義とは、人と人と

の絆を保ちながら、それによって、個人の指向性をより強く表現することを意識した、新たな共同性のあり方を問うリベラリズムであるといえよう。

〈「連関」のメカニズム〉

次に、前述①に関連して、従来、各人の自発性に委ねられた支援行為は、自己負担や自己犠牲を伴って行われてきた。だが、その社会における有用性に着目するとき、自発的支援行為をめぐる問題は、負担ならびに利得の公平に関わる「相互性」の問題として捉えられる。[21]

社会における個々の自発的支援行為に関する理解として、二つの見解、①個々の支援行為を一連の相互行為の実践と捉える見解（一体的見解）と、②別個の行為と捉えた上でそれらの間の連関を図ることを試みる見解（全体的・構造的見解）が考えられる。そして、負担の公平という観点から社会的正義を検討する際、①は、支援行為の授受を相互行為として捉える自己指向的見解に関わり、自分の行ったあるいは行うことを検討中の支援行為の見返りに対して、予期・期待を確実にするメカニズムを要求する。[22] このような理解においては、「予期の制度化」が図られ、相互性の有する「曖昧さ」の過重負担を抑えるべく、支援行為の文脈においても「管理」の発想がとられやすい。

これに対して、②は、支援行為の授受を「社交」として捉え、他者と関わりたいとする欲求に着目した他者指向的見解に立つ。そして、このような欲求の発現を容易にすべく、自律的個人が自発的・個別的、無組織的に行うことによって社会に点在するに至り、遊離したままとなっている個々の支援行為について、それを両方向的な「社交」が困難になっている状況と捉え、つなぎ合わせる（連関させる）ことによって「潜在的社交」、「可能的社交」を具現化するようなメカニズムを必要とする。ここにおいて、相互性は、全体的、構造的に保

---

(21) ここには、配分的正義ならびに交換的正義の概念が関係すると考える。すなわち、配分的正義は、利得（ここでは支援行為を受けること）の公平な配分に関わるものとしての「正義」が客観的に成立しているか否かをめぐる静的な相互性の問題に関わる。一方、交換的正義は、負担（ここでは、支援行為を授けること）の公平な分担に関するものとしての「正義」が客観的に存在しているか否かをめぐる問題に関わるものであり、さらに、その成立の有無が行為者の主観に影響を与えるという意味で、動的な相互性の問題に関わる。Miller（2004）。

(22) ルーマン（1977）参照。

障されることになる。

　さらに、このような「連関」のメカニズムは、個々の支援行為を集め、支援を必要とする人々に供給するという機能を担う点が注目される。この時、国家的に所有権移転の仕組みを設置して配分的正義を強制するといった「管理」態勢によることなしに、社会的需要が満たされ得る。「連関」のメカニズムにおいては、人的資源の自由主義的供給が可能となるのである。

〈法における「容易化」の観念〉

　以上二つの点から、現代社会において、法は、支援行動の授・受を通して、支援を欲する諸個人と支援を必要とする諸個人とのネットワーキングを行うという機能が期待されていると考える。これは、従来の強制的な法概念や「管理」的な法態勢を超えた視点であり、命令的、道具的な法概念とは趣を異にするものである。すなわち、個人の自由の実現のための積極的機能に着目した法理解であり、このような新しい役割と機能を期待される法を「容易化」法（Facilitating Law）と名づける。[23]

　法の中に「容易化」の発想を取り入れることによって、法は、「他者」の自由と「自己」の自由の衝突を調整するという制御機能を超えて、他者と関わりたいとする欲求の発現に関わるものとして理解することが可能になる。現代社会において、「自由」とは、もはや法の沈黙（放任）としてのみでは捉えきれない。「自由」に対して、法は新しい関わり方を求められているのである。

4. ヴォランタリズムの展開と法

　国家が個別の支援行為を吸収しそれらを必要箇所に配分するというアプローチと対比されるものとして、人と人との個別的・直接的な支援行為の授受について、法がそれらを「連関」させるという形で支援するアプローチの現代的意義が示された。

　第一に、国家による押し付けではなく、人々の自発性に基づいた支援行為が

---

(23)　諸個人がある一定の目的の実現のため、自らの選択によって一定の関係に入るという自由に着目し、法の役割をその容易化に見出すものに、Hart（1982）。

社会に配分される可能性が見出された。第二に、「関係の選択可能性」を基本理念とし、これを保障するような法制度、法理論によって新たな社会連帯の可能性——すなわち、個別・独立な諸個人間における行為を基盤とした連関（ネットワーキング）——が着目された。こうした考察は、現代社会における法編成原理の転換——「管理」態勢から「支援」態勢へ——をもたらし、ヴォランタリズムをより適切に位置づける可能性を有するものと考える。

（1） 国家、市民社会、個々人の「選択肢」とヴォランタリズム

　ヴォランタリズムの理論的位置づけについて考えるとき、それは視点をどこ（どの領域）に定めるのか——たとえば、市場自由主義の観点から探求するのか、参加型民主主義の観点から捉えるのか、社会主義の観点に立つのか——によって、異なる様相を呈することになる。また、ヴォランタリーな活動（voluntary action）を、最近その注目が高まっているように、「市民社会（Civil Society）」論に関わる問題として捉えるとしても、「市民社会」という概念自体が様々な領域（たとえば、家族、近隣、団体、宗教、市場、企業、第三セクター、国家など）に関連すると考えられる以上、置かれた文脈によって、「ヴォランタリーな活動」の意味するところは異なるであろう。すなわち、共同体の精神を意味したり、社会資本（social capital）を意味したり、「民主主義の学校」を意味したり、相互支援を目的とする自発的な結束（association）を意味したり、慈善・博愛精神の発現を意味したり、といった違いが生じるのである。このことは、国家がヴォランタリーな活動を活性化させるような土壌作りを様々に行うとして、いったいその土壌で何が育つのか、あるいは何を育てようとしているのかという点に関わる。

---

(24) この点、英国における「市民社会」は、多種多様な社会的要素（ヴォランタリー団体の発展、戦争の影響、女性の社会的進出、計画的な経済、ブルジョワ的公共観）を背景として徐々に発展を遂げてきたものであり、普遍的な定義を試みるよりむしろ、その時々の文化・時代を背景とした一つの「現象」として捉えるべきだとするものとして、Harris (2003)。特に、英国における「市民社会」は、大陸で一般的に理解されているような国家に対峙した存在という概念を明確には有していないとされる。

(25) （比較的小規模な）社会においては、その中に染み渡った信頼、ネットワーク、規範などが社会的活動、政治的活動、そして時には経済的活動をも容易にするという点に着目するもの。フクヤマ（1996）参照。

ヴォランタリズムを「公的」なものとして位置づける立場に対して、「容易化」法の概念を提示する本稿の立場は、ヴォランタリズムを、他者を支援したいという「個人的」な欲求の発現に基礎づけ、法制度や社会制度によって「選択肢」を提供するものと捉える。すなわち、「支援を行いたい」という気持ちの発現を、機会の提供という形で支援するに留め、そうした選好を導き出すことを直接的な目的とはしない（副次的効果として社会的波及効果があり得るとしても）。そうすることによって、価値中立的な自由主義の立場が維持されるとともに、「選択肢」の土壌が肥沃化し、その多様性が担保されることになると考える。

先に、福祉の充実化をめぐって、今や最大国家が適切か最小国家が望ましいのかといった、国家の存在意義をオール・オア・ナッシングで議論する従来の構図に留まるべきではないと述べた。むしろ、最小国家とは、国家の役割を可能な限り小さくすべきという消極的な捉え方ではなく、国家型の福祉の実現に吸収されてしまうことのないよう、「市民」の自発性に根ざした福祉社会を顕現化させることによって、国家と「社会」の真の連携を説くものとして理解される必要があるだろう。さらに、前項で示した他者指向型自由主義の理解に従うとき、国家のみならずアソシエーションにも吸収されることのない、「個人」の自覚的選択を積み重ねた自発的相互支援社会が実現するものと考える。

他者指向型自由主義は、福祉サービスを最も効率的に、一律に、低コストで供給するのに適当な主体は何かという観点とは異なり、サービス（かつてのように、貧困に対するものとは限らない）を享受する人々のニーズや尊厳に最も敏感に反応しうる主体は何か、それはどのような社会的条件において実現され得るのか、といった観点を重視する。この意味で、他者指向型自由主義は、国家か市場か (state versus market) という構図を超え得るのである。

ここで、福祉国家に代り得るものとして、ヴォランタリーな精神に支えられた「社会」について考えるとき、英国におけるヴォランタリズムの展開に着目したい。福祉国家の手本として注目されることの多い英国ではあるが、実際には、数々のヴォランタリーな団体とその歴史的発展に支えられた上でのものである。意識的な変革であったにせよ無意識的な歴史的偶然だったにせよ、国家主導型かヴォランタリー・アソシエーション主導型かという二つの方向性の間

で試行錯誤を繰り返してきたのが英国における福祉社会発展の歴史であり、ここには古くて新しい未来構想が隠れていると考える。[26]

(2) 英国におけるヴォランタリズムの展開

　現代の英国（以下、イングランドおよびウェールズを指す）において、ヴォランタリズムに対する国家の態度を表明するものとして、なお実効力のある法的根拠とされるのは、1601年制定の公益ユース法（Statute of Charitable Uses）である。本法制定以来、特に18世紀以降の英国社会において、自助（self-help）ならびに相互扶助（mutual aid）が基本的価値として浸透していく中、国家的システムと個別のヴォランタリーな慈善団体との役割分担の説かれた19世紀、さらにはフェビアン協会やセツルメントの運動を経て、友愛組合や労働組合といった相互支援団体の活躍とともに国家の二次的かつ積極的役割が求められた世紀転換期、そして両者の協同（collaboration）がより明確な形で求められるようになった現代に至るまで、英国において、ヴォランタリズムは様々な様相を見せてきた。

　20世紀以降、それまで民間チャリティが行ってきた福祉の分野において、国家の積極的介入が目指されるようになる。その際、ヴォランタリー・セクターの重要性が増したものの、政府による助成金を背景として強い監督下に置かれ、いわば政府の肩代わり的存在となってしまった面があることは否めない。民間の活力は、本来の自主的な活動から、政府の方針に対する補充機能を担う存在へと転換されてしまったのである（コントラクト・カルチャー）。

　そのような中、NCVO（英国ヴォランタリー団体協議会）などを中心として1998年に実現された政府とヴォランタリー・セクターとの合意文書（コンパクト［Compact］）によって、ヴォランタリー・セクターの役割と独立性が積極的に評価されることになった。これによって、国家とヴォランタリー・セクターの協同が公式に認められるところとなったのである。その背景には、ヴォランタリー・セクターは民主主義の発展に不可欠のものであるという認識があ

---

[26]　すなわち、1834年の新救貧法体制の確立を過度に捉え、慈善活動から福祉国家システムへの完全な移行が起こったと見る立場には立たない。同様の主張をするものとして、Deakin (2001)。

るとされる。⁽²⁷⁾

　これらの動きから見えてくるのは、今やヴォランタリーな団体は国家と対立するものではなく、むしろ、そのようなパートナーシップなしには国家がその目的を果たすことができないという認識——必要性の認識——である。また、コンパクトの内容に沿って具体的な規定を作り、その約束が守られているか否かを毎年確認し合うことなどを通じて市民も覚醒される結果、参加型民主主義が推進されるということ、すなわち、市民社会が形成されるところとなり、ひいては社会の発展につながるという認識——有益性の認識——である。その上で、政府からの資金援助の重要性と共に、資金の流れに透明性をもたせるための情報公開、説明責任が強調されている。

　このような英国におけるヴォランタリー・アソシエーションの展開の歴史を振り返ることは、国家とヴォランタリズムとの関係を考察するにあたり、単なる二項対立的理解ではなく、後者がその性質を変容させずに国家によって認識 (cognisance) され得るようなあり方、有機的な連関のあり方を示唆するものと考える。そして、国家と「社会」の協同、国家と「社会」の連携が強調される現代において、そこでの「社会」の意味を改めて問い直す作業に通じると考える。

(3) チャリティ法改革

　現在では様々な法的形態が認められている公益組織において、特に公益信託⁽²⁸⁾ (Charitable Trusts) は、きわめて英国的なものであり、そのための固有の立法 (先の公益ユース法や、The Charitable Trusts Acts、The Charities Acts など) を備えているのも英国のみであるといわれる。宗教的な色合いが薄く、救貧政策が色濃く出ている点で、米国におけるものとは区別される。⁽²⁹⁾ また、歴史

---

(27)　服部・待場 (1999)。

(28)　法律上の類型として、信託 (trusts)、メンバー制任意団体 (unincorporated association)、共同利益団体 (community benefit society)、保証有限会社 (company limited by guarantee: CLG) がある。わが国の法制度に引きなおすならば、民法 34 条に基づく公益法人、信託法 66 条に基づく公益信託、ならびに特定非営利活動促進法 (NPO 法) に基づく特定非営利活動法人などが含まれていることになる。2005 年から続く法改革により、英国においても、チャリティを専門とする法人 (charitable incorporated organisation: CIO) が認められることになると思われる。

的に見るとき、国家との関係において、対抗関係にあるというよりも、特に地方自治において、潜在的なパートナーとして存在してきた点が特徴的である。ただし、そこでの共同のあり方は、チャリティ（＝Charity：以下、公益信託およびそれと同種の公益組織一般を指す）と国家がその社会において求められている役割によって変化する。

この点、公益ユース法をはじめとした一連のチャリティ関連立法は、一定の条件でチャリティを「認める」とともに「濫用を防止」するというアプローチによって、チャリティの発展を支えてきた。[30] 発展の過程において、受託者の義務違反、管理の失当、受託者の失踪といった問題が深刻化したことを受けて、チャリティの監督強化[31]と登録制度導入[32]が試みられてきた点が注目される。

さらに、2001年から2006年現在に至るまで、英国ではいわゆるチャリティ法改革が進行中である。[33] 改革点はいくつかあるが、とりわけ、「公益目的（charitable purposes）」の再定義への試みは改革案の中で大きな柱となっている。[34]

1601年の公益ユース法は、その前文において、公益活動の主体となるべきものについて10項目を限定的に列挙しているものの、「公益目的」そのものについて特別な定義規定を置かなかった。そこで、本来ならば公共の利益に資す

---

(29) 英国における公益信託の起源やその拡大について概観するものに、田中（1985; 1986; 1991)、田島（1989)、ヘイトン（1996)、海原（1998）参照。さらに、近時の法改革について言及するものとして、Hayton (2003) 参照。

(30) 1853年の公益信託法（The Charitable Trust Act 1853）の制定（1855、1860年の改正）、1960年のチャリティ法（The Charities Act 1960）制定ならびに現在に至る数度にわたる改正（1992、1993、2006年現在進行中)、2000年の受託者法（Trustee Act 2000）に基づく受託者の善管注意義務の規定などが挙げられる。

(31) 1853年の公益信託法（ならびに1855年と1860年の改正）によって、チャリティの監督、指導機関としてチャリティ・コミッション（Charity Commission for England and Wales）が設置され、ほぼ50年後の1960年のチャリティ法（ならびに1993年の改正）においてその権限が大幅に強化された。

(32) The section 3 (1) of the Charities Act 1993. 2004年3月の段階で、18万9000のチャリティが登録しているとされる。Charity Commission, *Annual Report for 2003/4, 3*; Mitchell (2000).

(33) 2002年9月に発表された報告書（Strategy Unit paper 'Private Action, Public Benefit: a Review of Charities and the Wider Not-For-Profit Sector'）について、そこで提言されている61項目について詳説し、改正の背景と骨子を説明するものとして、太田（2003)。

(34) Draft Charities Bill (May 2004) や、2005年5月に議会に再提出され、通過に向けて現在審議・修正中のCharities Bill (May 2005) 2条において規定されている。

る団体が「公益目的」に適うものという枠から抜け落ち、その結果、チャリティ登録を外されてしまうことのないよう、社会状況や経済状況に合わせて、判例や実務の積み重ねによって、広く民間で行われている公益的活動が含まれてきた。現在進行中のチャリティ法改正（2005年5月以降、英国議会において継続審議中）では、判例法で対応してきた定義をより明確にすべく、制定法による新たな基準の設定が提案されている。[35]

　チャリティとして登録が認められることは、具体的には税の優遇措置を受けることを意味し、存在の「承認」という意味のみならず、経済的助成という形での「支援」を受けられるという現実的意味を有する。ここにおいて、「公益性」を充足するか否かを決める主体がどこにあるのか、その際の判断基準をどう設けるのかは、当該団体にとってのみならず、社会のあり方を方向づける上で重要な意味を有することが注目されるべきである。

　この点、英国においては、独立機関として、チャリティ・コミッション (Charity Commission for England and Wales) がその判断を一任されている点が大きな特長である。また、チャリティとして登録が認められなかった場合の異議申立てについて、従来の裁判所への訴えは費用面での負担が小さくなかったことから、新たな裁定機関として、チャリティ不服審判所 (Charity Appeal Tribunal) の設置が検討されている点も興味深い。

自主規制と信頼の確保

　英国におけるチャリティに関する制度の見直しは、わが国の公益法人改革において参考になるものとして注目されている。ヴォランタリズムの位置づけが、

---

[35] 「公益性」をめぐっては、1891年のペムセル事件 (Pemsel) において、マクノートン (McNaghten) 卿により、貧困救済、教育振興、宗教振興、その他地域への利益の四つに便宜上集約され、以後、これを基準としてチャリティの登録が認められてきた。最近では、この分類を越えるものも多く現れている。裁判所によって「公益性」判断が類推解釈によって行われる場合、肯定による登録とその結果としての免税特権の付与という流れの中で、財政的影響を切り離して考えることは困難である。公的財源の割り当てという政策が「公益性」の有無の判断に影響を与えるのではないかとの危惧感を払拭しきれないであろう。さらに現在では、裁判所のみならずチャリティ・コミッションが「公益性」の有無について判断することについても、公共財の分配という政策的配慮を行うことになりかねないことから、本来好ましくないと考えられるに至っている。

単に、税制上の優遇措置（支援税制）を意味するに留まるものと考えるならば、制度の悪用を恐れて監督・監視を行うといった「管理」の態勢を超えることは難しいであろう。

この点、英国における改革には、チャリティの適正化について、自主規制の側面を損なうことなく実現させようとする姿勢が見受けられるように思われる。また、寄付税制に関する優遇措置について、寄付を受ける団体からの視点のみならず、寄付をする側、中でも少額の寄付を行う個人の視点に立った改革が行われている点が着目される。

そもそも、英国において、現在なお進行中のチャリティ法制の現代化、大改革について、その発端となったのは、NCVO（前述）を中心として1996年に設置されたディーキン委員会（The Deakin Commission）の報告書（*Meeting the Challenge of Change*）であった。チャリティならびに一般の非営利セクターが、社会全体にとって重要な社会的サービスを提供し大きな成果を収めているという現実と自負を前提に、単なる上からの規制強化とは異なる自主規制の立場が強く表れている点が特徴的である。また、政府（国家側）の姿勢として、非営利セクターの独立性を尊重しつつ、非営利セクターのコミュニティを活性化し、市民がより活動しやすくなるよう支援するといったスタンスに立っている点が注目される。

他方、万一、チャリティ財産の管理について誤った運営や、過失や詐欺的行為が発見された場合には、チャリティ・コミッションは、役員の職務停止を命じたり、除名したり、また必要があれば新しい役員を任命し得ることが規定されている。また、2004～06年のチャリティ法改革においては、チャリティ・コミッションの有する監督機能を強化すべく、名称変更――チャリティ規制機関（Charity Regulating Authority）へ――が提案されている。

その一方で、チャリティ受託者の万一の任務の失当に際して、誠実で合理的な行為であったことが認定されたならば、信託法一般において適用され得る裁判所による免責に加えて、チャリティ・コミッションによる免責を認めることが提案されている。さらに、チャリティを運営する受託者について、責任保険（trustee's indemnity insurance）への加入費用を当該チャリティの財産から出捐することを認める規定も提案されている。

免責の可能性やその範囲の大小は、公益信託という「利他的な」任務に関心を有する人々の参加動機に現実的な影響（間接奨励的効果）を与える。この点、イギリス信託法は、私益信託についても公益信託についても、受託者の行為に対して免責の可能性を広く認める方向に立っている。受託者の誠実さを信頼し、彼らの適正な裁量行使に期待する構造がとられていると評価できる。[36]

また、個々による寄付など従来型のチャリティの役割について、社会における募金活動の意義を認め、健全な募金を奨励すべく、明確で統一的なルールを設けることが提案されている。募金活動については、地方自治体による認可制度（local authority licensing scheme）がとられてきた。効率的かつ適切な募金活動を確保するため、新許可スキーム（認可を必要とする募金活動の種類の明確化、不認可に対する異議申立て手続きの創設）を設けることが検討されている。募金活動を政府が直接取り締まることは好ましくなく、民間の自主規制に任せた方がよいとの見地から、政府から独立した機関の設置も提言されている（Self-Regulation of Fundraising Scheme）。

以上、一般に、チャリティの領域においては、自主規制による信頼の確立、具体的には、透明性の確保や情報公開を通じて「自らの手で正当性を勝ち取る」という風潮が強いといえる。ここには、チャリティの性質上、合法性だけでは正当性を確保したことにはならず、「法によって定められた以上の基準を自らに課し、それを社会に公開し、情報を透明化することで、自らの存在意義を社会に問い直していく作業」が求められているという背景があると考えられる。[37]

5. おわりに

英国のチャリティ法改革ならびに受託者法制定の動向を見る限り、そこにあるのは、正当に任務を遂行しているという自負心に支えられた自主規制である。ここでは、情報公開も透明性の確保も、政府に対してではなく、「社会」に対して自らの存在意義を示し、問いかけ、承認を受けるための作業となっている。

---

(36) 菅（2006: 154-63）。
(37) 宮川（2004）。菅（2006: 148-63）。

そして、そこでの試みとは、チャリティ制度改革におけるスローガンともいうべき"Private Action, Public Benefit"という言葉に代表されるように、個々人の小さな「利他的」行動を過不足なく積み上げ、こうした「個人的」「私的」な利益を「社会」の利益へと還元させるシステムを整備することによって、「官」に依らない「民」主導の「公益」を実現しようとするものであるといえよう。

〈国家による公益独占主義から「社会」による承認へ〉

　400年以上のチャリティ文化を有する英国は、2005年から2006年にかけて期待されている新法の成立さらには施行に向けて、様々な動きを見せてきた。その動向を追っていく中で、チャリティ文化の未だ根づいていないわが国における改革の方向性との相違が明らかになってきた。「公益」について国家独占主義をとっているわが国の発想——国家のみが「公益性」を判断し得るのであって、かつ国家のみがそれを実行できるとする見解——では捉えきれない、民間、中でも諸個人を基軸にすえて「公益」の充実化を図るという方向性の存在が顕著に認められるのである。英国社会において、「公」とは、政府でも官僚でもなく「社会」の承認を意味しているといえよう。

　ここで、「公益性」の充足のみが急がれるならば、そこに参加する支援者は、「個」としてよりもむしろ市民社会の構成員たる「市民」としてのみ捉えられてしまうことになろう。だが、このような姿勢は、自発的な支援行動の授受を法制度や社会的仕組みによって「容易化」し、支援をしたいと願う諸個人と支援を必要とする諸個人の間にネットワーキングを行うといった観点とは異なっている。それはまた、他者と関わりたいという欲求を基礎に置く立場とも異なるものである。

　これに対して、「関係の選択可能性」を基本理念とし、これを保障するような法制度、法理論によって新たな社会連帯の可能性——すなわち、個別・独立な諸個人間における行為を基盤とした連関（ネットワーキング）——を試みる見解は、「市民」が構成するものとしての「社会」と、個人と個人との関係が

---

(38)　2002年9月に発表された内閣府の戦略ユニット（Strategy Unit）報告書の名称でもある。前注(31)参照。

幾重にも重なったものとしての「社会」との区別を意識させる。そして、「社会」による承認を基軸とした制度設計は、「市民」の認証に担保されたチャリティ団体の自発性と自主規制に期待するという団体の視点のみならず、チャリティを実際に運営する重要な機関であるところの受託者（チャリティ受託者）をはじめ、一般の信託における受託者や成年後見制度における後見人といった、個人としての支援者の視点に立つことを可能にする。ここに、すべての人が直接的あるいは間接的に「公益」に関わることのできる構造を備えた法制度が構築され得るのである。

〈「個」を基盤としたヴォランタリズムへ〉

　ヴォランタリズムの意味に再び目を向けるとき、それは、「自発的な活動に信頼をもって頼ろうとする原理」を指していた。もはや、ヴォランタリズムの意義は、市民社会の構築や「公益性」の充実という点にのみ留まるべきではない。他者を支援したいという個人的な欲求の発現が容易になるという「選択肢の提供」という点にこそ、注意が払われるべきと考える。

　チャリティ法改革との関連でいえば、多様な活動を行う団体が社会に多く存在すればするほど、それらの団体が触媒となって、諸個人が参加の機会と関心をもつ機会を有することができる――「潜在的社交」「可能的社交」の具現化――ことになる。人と人との個別的な支援行為の授受を「連関させる」という形で支援することを国家が試みるとき、「個」と「公益」との関係が再考され、「個」の発展を基礎においた、より自由主義的な「公益活動」が導き出されていくように思われる。

　以上をまとめるならば、種々の自発的支援行為は、単なる「公益」に資する「市民」的行為としても、あるいは単なる人的資源としても、捉えられるべき

---

(39)　たとえば、英国において長年の歴史を有するチャリティ団体である Oxfam の基本理念は、人々の間の絆（link）としての組織としての存在であり、人々の架け橋（bridge）となることであり、それに留まるとする。*Introducing Oxfam* (1993)。これは、団体内にあっても「個」がそこに融合されてしまわないこと、すなわち、「個」が自らの他者指向的な目的を達成するために団体に加入しそこでの役割を担っているのであって、その逆（団体のために「個」があること）ではないことを確認する立場である。同様の発想が、法制度を構築する上でも重要になると考える。

ではない。この点、私人の果たし得る役割を活性化する法の「支援」態勢においては、種々の「容易化」法によって、「他者と関わりたい」という欲求が発現され、かつ、それが結果として「公益」の充実化へと向かうといったことが可能となっている。

　本稿全体を通して、「自由」と法との新しい関わり方をめぐり、より具体的には、支援行為と法との関係を探求するにあたり、新たな定点として「社交」の概念を用いて考察を行ってきた。また、法を個人の発展可能性と有機的に関連づけられた社会構造の一つと理解し、他者指向的な自由の実現を「容易化」するという法概念に着目することによって、現代社会において法に求められる新たな機能と役割について論じてきた。こうして、国家と個人、社会と個人、個人（自己）と個人（他者）の理解と、法のあり方（法制度設計に際しての基本姿勢や、具体的な運用のあり方）について新たな理解を示してきたのであった。自発的支援行為を法的に位置づける試みとは、結局のところ、「個」と共同性の関係そのものを再考する試みでもあったといえよう。

　個人主義に立脚した公共性の達成へと方向づけられた法制度は、国家主導型の福祉国家を自発的な相互支援の精神に基づいた福祉社会へと転換させ、さらにはそれをも超えて、「個」を重んじた自発的相互支援社会を現前させると考える。

追記

　本稿執筆中の2006年4月20日、公益法人制度改革関連3法案が衆議院で可決された。これに関連し、衆議院行政改革特別委員会において、5項目からなる附帯決議が採択された。そこでは、「民間が担う公益」の重要性、今後の活力ある日本社会の実現はその担い手である非営利法人にかかっていることが確認されている。具体的には、現行の主務官庁による許可主義が廃止され、統一的に「公益性」の認定を行う公益認定等委員会の設置が定められ、今後は中立性・独立性の確保という第三者機関設立の趣旨に適った運営や構成――独立的・専門的運営の体制整備――が目指されることになった。さらに、「支援税制」について、公益社団法人・財団法人に対する法人所得課税および個人寄付金にかかる税制に関して、「公益性」についての適正な判断と規律を唱える一

方で、民間の担う公益活動の促進と寄付文化の醸成という目的の達成にむけて、公益諸団体の多様性に配慮した適切な税制の導入が説かれている（その後、5月26日、参議院においても可決、成立）。今後の展開が期待される。

参考文献

Dahrendorf, R. (1975) *The New Liberty: Survival and Justice in a Changing World*, London: Routledge & Kegan Paul.
Deakin, N. (2001) *In Search of Civil Society*, Basingstoke: Palgrave.
Epstein, R. (1973) "A Theory of Strict Liability," *Journal of Legal Studies*, Vol. 2, No. 1, pp. 151-204.
Gambetta, D. (1988) "Can We Trust Trust?," in D. Gambetta (ed.), *Trust: Making and Breaking Cooperative Relations*, Oxford: Basil Blackwell, pp. 213-237.
Harris, J (ed.) (2003) *Civil Society in British History: Ideas, Identities, Institutions*, Oxford: Oxford University Press.
Hart, H. (1982) *Essays on Bentham: Jurisprudence and Political Theory*, Oxford: Oxford University Press.
――― (1997) *The Concept of Law*, Second Edition, Oxford: Oxford University Press.
Hayton, D. (2003) *The Law of Trusts*, Fourth Edition, London: Sweet & Maxwell.
Kleinig, J. (1976) "Good Samaritanism," *Philosophy & Public Affairs*, Vol. 5, No. 4, pp. 382-407.
Mitchell, C. (2000) "Reviewing the Register," in C. Mitchell and S. Moody (eds.) *Foundations of Charity*, Oxford: Hart Publishing, pp. 175-204.
Miller, D. (2004) "Are They My Poor?," in J. Seglow (ed.), *The Ethics of Altruism*,London: Frank Cass, pp. 106-127.
Rawls, J. (1971) *A Theory of Justice*, Massachusetts: Harvard University Press.
Sheleff, L. S. (1979) *The Bystander*, US: Teakfield Ltd.
Titumes, R. (1997) "The Gift," in A. Oakley and J. Ashton (eds.), *The Gift Relationship*, Second Edition, New York: New Press, pp. 123-145.
Williams, K. (2001) "Medical Samaritans: Is there a Duty to Treat?", *Oxford Journal of Legal Studies*, Vol. 21, No. 3, pp. 393-413.

雨宮孝子（2003）「EU信託法と英国の公益信託」、新井誠編『欧州信託法の基本原理』有斐閣。
新井誠（1993）「イギリスの公益団体法の改正」『信託』第174号。
井上達夫（1999）『他者への自由―公共性の哲学としてのリベラリズム―』創文社。
今田高俊（2001）『意味の文明学序説』東京大学出版会。
海原文雄（1998）『英米信託法概論』有信堂。

N．エリアス（M・シュレーター編）（2000）「諸個人の社会」、宇京早苗訳『諸個人の社会―文明化と関係構造―』法政大学出版会。
太田達男（2003）「英国チャリティ制度の抜本的改革について」『公益法人』（2003.2）。
大村敦志（2002）『フランスの社交と法―〈つきあい〉と〈いきがい〉―』有斐閣。
小関隆編（2000）『世紀転換期イギリスの人びと―アソシエイションとシティズンシップ―』人文書院。
支援基礎論研究会編（2000）『支援学―管理社会をこえて―』東方出版。
城多努（2002）「英国チャリティ団体登録実務に関する考察」『公益法人』（2002.12）。
菅富美枝（2006）「法と支援型社会―他者指向的な自由主義へ―」武蔵野大学出版会。
R．ダーレンドルフ（1998）『現代文明にとって「自由」とは何か』加藤秀治郎訳、TBSブリタニカ。
―――（2000）「非営利セクターをどう生かすか」、林雄二郎・加藤秀俊編『フィランソロピーの橋』TBSブリタニカ。
田島裕（1989）「イギリス法の公益信託」『信託法研究』第13号。
立岩真也（200）『弱くある自由』青土社。
田中実（1985）『公益信託の現代的展開』勁草書房。
―――（1986）『公益法人と公益信託』有斐閣。
―――（1991）『公益信託の理論と実務』勁草書房。
I．バーリン（1971）「ジョン・スチュアート・ミルと生の目的」、小川晃一・小池銈・福田歓一・生松敬三訳『自由論I』みすず書房。
服部篤子・待場智雄（1999）「英国での試み"コンパクト"―政府とボランタリーセクターの新たな関係―」『公益法人』（1999.3）。
広井良典（2001）『定常型社会―新しい「豊かさ」の構造―』岩波書店。
―――（2002）『ケア学』医学書院。
F．フクヤマ（1996）『「信」無くば立たず』加藤寛訳、三笠書房。
D．ヘイトン（1996）『信託法の基本原理』新井誠訳、勁草書房。
J．S．ミル（1995）『自由論』早坂忠訳、中央公論社。
森泉章（2004）『新・法人法入門』有斐閣。
宮川守久（2003）「英国におけるチャリティ制度改革について」『公益法人』（2003.10）。
―――（2004）「英国チャリティ改革の旗手、NCVO理事長イサリントン氏を迎えて」『公益法人』（2004.12）。
N．ルーマン（1997）『法社会学』村上淳一・六本佳平訳、岩波書店。

第7章
サッチャー・ブレアの挑戦
労働市場観とワークフェア政策

深井英喜

1. はじめに

　OECD の『福祉国家の危機』(OECD 1988) が象徴するように、1980 年代に福祉国家の危機や終焉が言われ、イギリス福祉国家も反福祉国家の政治姿勢を示すサッチャリズムの波にさらされた。しかし 90 年代に入ると、福祉国家の基本構造を解体することは不可能であることが明らかになり、福祉国家の再編が議論の中心になった。

　福祉国家の解体や再編を論じるためには、福祉国家とは何かを示さなければならない。イギリス福祉国家の原型を示した『ベヴァリッジ報告』は、厳密には社会保障制度すなわち所得維持制度の設計図である。しかし、ベヴァリッジの描く所得維持制度は前提として、無拠出の児童給付の整備、普遍的な医療制度の整備、そして政府の努力義務としての完全雇用の達成の三つを定めている。これらを政策構造として整理するならば、『ベヴァリッジ報告』は、雇用政策と所得維持政策からなると考えられる。このように福祉国家を巨視的に捉えることは、就労可能なものが富(付加価値)を生み出し、その一部が就労不可能などの理由から貧困状態に陥っている人びとに再分配されることで社会が再生産されるという、福祉国家のもっとも基本的な経済的役割に着目するものである。すなわち、福祉国家が機能するためには、何よりもまず雇用が確保される

---
(1) Beveridge (1942)。このあたりのベヴァリッジ・プランの整理については、深井 (2002) をご覧いただきたい。

必要がある。

　しかし第2節に見るように、80年代以降のイギリス福祉国家再編における最大の課題は、70年代に深刻化した失業問題である。つまり、雇用を確保できなくなったことが、80年代以降のイギリス福祉国家における危機の主要因であり、この意味でイギリス福祉国家は、ベヴァリッジ・プラン以来の根本的な改革を迫られていると言える。80年代以降のイギリス福祉国家は、労働政策とは独立に所得維持を目的にする国民保険を制度の中心にした社会保障制度に就労要件を取り入れ、社会保障の権利と就労の義務との関係を明確にするワークフェア（workfare）路線へと舵を切り、現在の保守党と労働党はこの点で新しい合意を形成している。ワークフェアには、「福祉の供給条件として就労を重視」するタイプと「福祉を就労支援のために活用していく」タイプがある（宮本　2002: 22-3）。後段に見るように、サッチャー*・メジャー*保守党政府は、所得維持制度の選別主義を強めるとともに、社会保障給付を利用する就労能力のある人びとに就労要件を課し、ブレア*労働党政府もこれを踏襲している。この80年代以降のイギリスに見られるワークフェアは、前者のワークフェアとしての傾向が強い。しかし、サッチャー政権（1979~90）とメジャー政権（1990~97）の保守党政府とブレア労働党政府（1997~）は、失業に対する考え方で異なる。本章は、ワークフェア路線で共通しつつも、この違いが両政府の福祉国家改革の違いを生む可能性を持つことを示す。そして、失業に対する考え方の違いは、両政府の市場観の違いに起因する。

2. 貧困問題の変遷と福祉国家再編の課題

　70年代以降のイギリスで再び大きな問題になった労働年齢層における貧困の背景として、経済のグローバル化や産業構造の転換などが言われている[2]。しかし表象的には、労働年齢層の雇用を確保できなくなったことが最大の問題である。そこでまずこの節において、サッチャー・ブレア両政府の資料によりながら、両政府が貧困問題をどのように認識しているかについて見て行こう[3]。

---

(2)　70年代以降のイギリス経済の構造変化とその労働市場への影響については、櫻井（2002）が詳しい。

戦後イギリスの歴代政府が課題にした貧困問題の展開は、サッチャー政府が社会保障制度の根本改革を目指して発表した、1986年社会保障法（ファウラー改革）の緑書において端的にまとめられている。それによると、30年代すなわちイギリス福祉国家体制の成立期においては、貧困原因の第一は失業であり、それに低賃金そして老齢が続いた。50年代になると、低失業を背景に貧困原因の第一は老齢になり、年金などの社会保障給付水準の不十分さを補うために、国民保険に所得比例制度や物価・賃金スライド制が導入された。しかし、スタグフレーションが深刻になる70年代になると、再び労働年齢層の貧困が深刻になる。このように、大きく理解するならば、戦後イギリスの貧困問題は、労働年齢層の貧困から高齢者層の貧困へと展開し、再び70年代には労働年齢層の貧困に重心が移ってきた。

　ファウラー改革の緑書によると、イギリスの全世帯を所得の大きい順に並べて五つの階層に分けたとき、最下層に占める世帯の属性が、70年代を境に高齢者層中心から労働年齢層中心へと変化する。すなわち、1971年においては最下層所得世帯の51％が年金生活者世帯によって占められていたが、サッチャーが首相に就いて間もない82年には年金生活者世帯の割合は27％まで低下し、かわって労働年齢世帯の占める割合が48.5％から72.9％に増加する。この労働年齢世帯には、単身者世帯・片親世帯・無子夫婦世帯・有子夫婦世帯が含まれ、特にファウラー改革は有子世帯（片親世帯と有子夫婦世帯）の貧困を問題にしている。このように、サッチャー政府のもとでの福祉国家改革では、

（3）　本章では触れることができなかったが、ベヴァリッジ・プランにもとづく従来型福祉国家が行き詰まったもう一つの大きな要因として、世帯構成の多様化が挙げられる。稼働する夫と専業主婦の妻そして2人の子供からなる世帯を前提にするベヴァリッジ・プランは、本文中でも垣間見るように共働き世帯や片親世帯の増加によって動揺する。ジェンダー論の視点から現代のイギリス福祉国家を論じた文献として、大沢真理「社会保障政策—ジェンダー分析の試み—」毛利編著（1999）所収やGardiner（2000）などを参照されたい。
（4）　Secretary of State for Social Services (1985)。ファウラー改革について本章は、毛利（1990）や樫原（1988）に多くを拠っている。
（5）　毛利（1990: 309, 表5）。数字は緑書から毛利氏が算出したもの。ただし、所得別5分位最下層に占める高齢者層の割合は低下しているが、決して老齢を理由にする貧困問題がなくなったわけではない。同資料にもとづくと、82年における所得別5分位第2階層に属する世帯の49％が年金生活者世帯である。つまり、労働年齢層の貧困の深刻化が、相対的に高齢者層の貧困を低めただけであり、社会の高齢化にともなう高齢者数の増加と相まって高齢者層を対象にした社会保障は依然として重要な意義を持っている。

労働年齢層における貧困が、40年代の福祉国家建設時以来再び注目される。

　福祉国家改革に際して労働年齢層の貧困を重視するのは、ブレア政府においても同じである。ブレア政府は直面している貧困問題について、「労働年齢層の人びとで就労している人の割合［就労率——引用者注］は、今日では1979年当時と同じ水準にあるが、誰ひとり就労者のいない世帯で暮らしている人びとが多くいる」（DSS 1998: 8）と述べている。ここからまず、ブレア政府が労働年齢層の貧困の諸相として認識しているのは、1人として就労している構成員を持たない労働年齢世帯、すなわち無就労世帯（workless household）が増加し高止まっている問題である。そして、そのような無就労世帯数の高止まり問題は、就労率が改善しているなかで生じていると認識されている（表7-1）。ブレア福祉国家改革を検討する上で、ブレア労働党が政権に就いた1997年は、イギリス経済が好景気のなかにあり、雇用が創出されていたことに留意しなければならない。

　つまりブレア政府は、労働年齢層の貧困について、好景気によって生み出される雇用機会を利用できる人びとと利用できない人びとに社会の二極化が生じ、それが特定の世帯に集中している問題であると認識している。ブレア政府は、失業・低技能・低所得・健康障害などの諸要因が結びつきあうことによって、特定の人びとが社会生活や雇用機会から排除されている状態を貧困状態にあると定義し、これを社会的排除（Social Exclusion）と呼んでいる[6]。ブレア政府は、市場で生み出される雇用機会から排除されている状態を失業とみなし、有効需要不足というケインズ主義的な考えをとらない。

　また、社会的排除概念にもとづく平等観からブレア政府は、労働年齢層の貧困のもう一つの主要因である低賃金問題についても、独特の認識を示している。ブレア政府は、「もし人びとの間にどうすることもできないようなライフ・チャンスの相違がなく、低賃金の状態にあってもそれが短期間のことであり、よ

---

(6) DSS（1998: 63）。また、ブレア政府の社会的排除概念については、樫原（2002a; 2002b）、深井（2003）またはHills *et al.*（2002）などを参照のこと。なお、ブレア政府の社会的排除の定義は、労働市場からの排除に重点をおいていて、ギデンズ（Anthony Giddens）の定義と同一視することは難しい。また、ブレア政府の言うところの潜在能力と、セン（Amartya Sen）のcapability概念との関係についても興味深い論点である。毛利（2001）やSen（2000）を参照のこと。

第 7 章　サッチャー・ブレアの挑戦　195

表 7-1　70年代以降におけるイギリスの労働年齢者層の状況

(％、詳しくは注)

	就労率[i]	ILO失業率	非労働力人口率[ii]		失業関連給付受給率[iv]	ジニ係数[v]		無就労世帯比率[vi]	
				うち就労を希望しないもの[iii]	うち就労を希望するもの[iii]		当初所得	課税後所得		内有子無就労世帯[vii]
1975	75.5	4.2	21.2	-	-	2.9	-	-	-	-
1976	74.7	5.4	21.0	-	-	3.9	-	-	-	-
1977	74.2	5.6	21.4	-	-	4.2	-	-	8.2	-
1978	73.9	5.6	21.6	-	-	4.1	-	-	-	-
1979	74.0	5.4	21.8	-	-	3.8	-	-	8.3	-
1980	73.6	6.3	21.5	-	-	4.8	-	-	-	-
1981	71.0	9.6	21.4	-	-	7.6	46.0	31.0	10.9	-
1982	69.4	10.8	22.2	-	-	9.0	47.0	31.0	-	-
1983	67.8	11.6	23.3	-	-	9.9	48.0	31.0	14.5	-
1984	69.0	12.1	21.5	-	-	10.1	49.0	30.0	15.3	-
1985	69.8	11.5	21.1	-	-	10.3	49.0	32.0	16.5	-
1986	69.9	11.5	21.0	-	-	10.5	50.0	35.0	16.7	-
1987	70.6	11.0	20.6	-	-	9.4	51.0	36.0	16.9	-
1988	72.8	9.0	20.0	-	-	7.6	51.0	38.0	16.0	-
1989	74.6	7.4	19.5	-	-	5.9	50.0	37.0	14.7	-
1990	75.0	7.0	19.3	-	-	5.5	52.0	40.0	14.6	-
1991	73.3	8.0	19.8	-	-	7.6	51.0	39.0	15.5	-
1992	71.2	10.0	20.9	71.3	28.7	9.2	52.0	38.0	17.5	53.6
1993	70.3	10.6	21.4	71.6	28.4	9.7	53.0	38.0	18.7	54.5
1994	70.6	9.9	21.6	70.0	30.0	8.8	54.0	38.0	19.1	54.0
1995	71.2	9.0	21.8	70.4	29.6	7.6	53.0	37.0	19.1	53.0
1996	71.8	8.4	21.6	70.0	30.0	7.0	52.0	37.0	19.3	51.6
1997	72.7	7.3	21.6	68.7	31.3	5.3	53.0	38.0	18.2	49.9
1998	73.3	6.4	21.7	69.4	30.7	4.5	53.0	38.0	17.9	48.5
1999	73.8	6.2	21.3	69.8	30.2	4.1	53.0	39.0	17.1	47.8
2000	74.4	5.7	21.1	69.4	30.6	3.6	53.0	40.0	16.7	44.7
2001	74.6	5.0	21.5	71.6	28.4	3.2	51.0	39.0	16.6	44.0
2002	74.4	5.3	21.4	71.1	28.9	3.1	53.0	40.0	16.6	43.5
2003	74.7	5.1	21.3	72.5	27.5	3.0	51.0	37.0	16.1	42.9
2004	74.7	4.9	21.4	74.3	25.7	2.7	52.0	38.0	16.0	-

左側の年区分：1981-1996 サッチャー・メジャー保守党政権、1997-2004 ブレア労働党政権

注）
　表中「-」は、数値が存在しないか得られなかったもの。
　i．就業者人口／労働力人口。(労働力年齢は16－女性54・男性64歳)
　ii．非労働力人口／労働力人口
　iii．(労働力調査の面談で就労を希望しなかった非労働力人口)／(非労働力人口)。(同じく就労を希望した非労働力人口)／(非労働力人口)
　iv．(失業関連給付)／(就業者＋自営業者＋特別事業従事者＋公的職業訓練参加者＋失業関連給付者)。失業関連給付は、失業給付 (96年まで。以降JSA・補助給付 (88年まで。以降所得補助)・求職者手当 (JSA)・所得補助などである。
　v．「当初所得」は稼働所得・年金・資産所得などであり、「課税後所得」は社会保障制度や税制による所得移転調整後の所得。したがって、両者の差は、社会保障制度と税制の所得再分配効果を示す。
　vi．(無就労世帯数)／(総世帯数)。「無就労世帯」とは、労働力年齢の構成員を1人以上含むが、1人も就業者がいない世帯。
　vii．(有子無就労世帯数)／(無就労世帯総数)
出所）
　Labour Force Survey, Office for National Statistics.
　ただし、「無就労世帯」については、98年までは Esping-Andersen and Regini (2000), p.119, Table 5.2．より。
　ジニ係数は、*Institute for Fiscal Studies*, Office for National Statistics.

り高い賃金の仕事へ移動する機会が豊富にあるならば、賃金の不平等はたいした問題ではない」(HM Treasury 1997: 14)と述べ、低賃金問題とは賃金階層間の移動の機会の有無であるとみなしている。この認識を踏まえてブレア政府は、イギリス社会には、失業状態と低賃金労働との間を循環する貧困層(Low Pay-No Pay Cycle)が存在するとして、これらの人びとは所得階層間を上へ移動する機会から排除された貧困層であるとし、政策が取り組むべき対象としている。

このように、80年代以降の福祉国家改革では、労働年齢層の貧困が注目されている。課題とする貧困の諸相の捉え方に関するサッチャー政府とブレア政府の相違点は、詳細は後段で見ていくが、サッチャー政府が貧困を失業率などのマクロ指標によって捉えているのに対して、ブレア政府は社会的排除概念にもとづいてミクロ的に捉えようとしている点にある。この点が、政策路線ではきわめて近いサッチャー政府とブレア政府とを区分しているように思われる。

3. サッチャリズムの経済思想と福祉国家改革

サッチャー・メジャー保守党政府による政治は、しばしば総称して"サッチャリズム"と呼ばれる。サッチャー首相の政治が論じられるとき、必ずといっていいほど彼女の生い立ちが述べられるように、一面においてサッチャリズムはサッチャー首相個人の資質に大きく規定される政治姿勢を示す言葉である。サッチャー首相は父親から、勤勉・倹約・節制・自助を重んじるヴィクトリア

---

(7) 本章では、ブレア政府の政策を検討する題材として、大蔵省発行の"Modernisation of Britain's Tax and Benefit"シリーズを多用している。この文献は政府の特別委員会報告として出されたものが多く、それぞれの年度の政府予算案の関連文書として示されている。ブレア政府による福祉国家改革像を示す政府文献には、"A New Contract for Welfare"シリーズとして社会保障関連省庁から出版されたものがある。この文献も本章は随時用いているが、こちらは福祉改革の理念について特に社会政策を中心に述べている。本章は、市場観と社会政策との関連に着目するが、大蔵省文献はこの目的によりあった構成となっている。また、特別委員会報告としての性格を持つ同文献は、分析および考察の過程が述べられているため、ブレア政府の政策の分析的背景をより詳しく見ることができる。
(8) メジャーは、彼個人の政治姿勢としては公的サービスの充実を志向していた。岡山・戸澤(2001)によるとこのメジャーの政治姿勢は、「市民憲章(People's Charter)」として具体化され、公的基準を作成することでサービスの充実が図られた。これは小さな政府を目指すサッチャリズムと異なる路線であるが、サッチャリズムの継承者として登場したメジャー政府の大枠はサッチャリズムであった。

朝的価値観と、物事を正邪・善悪に区分するメソジスト教的倫理観を受け継いだとされ、これがサッチャリズムの源泉になっていると論じられる。しかし他方で、サッチャリズムは、サッチャー首相の政治が一貫性のない価値や政策体系の集合体であるために作り出された言葉でもある。

サッチャリズムは、個人主義的自由と競争を基調にする市場機能に対する賛美や反社会主義といった政治姿勢を特徴とし、それらは社会民主主義の産物とみなされた大きな国家や労働組合に対する攻撃、そして民営化の推進として具体化された。しかし、これらの政治姿勢の背景になり政策手段になった経済理論は必ずしも一貫せず、小笠原 (1993) によるならば第一期 (1979~83) の中心であったマネタリズムと第二期 (1983~87) のサプライサイド経済学との混合である。しかし、サッチャリズムが想定する市場観は、ヴィクトリア朝時代に想定された古典派的競争市場モデルへの回帰である。この節では、サッチャリズムの経済政策からその市場観を導きつつ、その市場観にもとづく福祉国家批判の内容を検証し、サッチャリズムによる福祉国家再編の方向性について考察する。

(1) サッチャリズムの市場観と福祉国家批判

サッチャリズムがイギリス福祉国家の歴史において画期をなすと言われるのは、戦後の歴代保守党・労働党政府が「戦後のコンセンサス」として追認してきた合意を拒否する政策路線を提示し、その政策路線を困難に怯まないサッチャー首相の政治スタイルにもとづいて推し進めたことによる。第二次世界大戦後のイギリス福祉国家は、完全雇用政策と社会保障制度とをいわば車の両輪としていた。70年代までの完全雇用政策は、基本的にケインズ理論にもとづく総需要管理政策によって行われていた。総需要管理政策にもとづく完全雇用政策では、失業の原因を有効需要不足に求め、財政・金融政策を通して景気変動にともなう失業に取り組むことを基本的な政策手法にしていた。

ケインジアンの経済理論では、失業率とインフレ率とはトレード・オフの関係にあるとされ、拡張的な経済政策によって失業率を引き下げればインフレ率

---

(9) サッチャリズムについて詳しくは、たとえば Pierson, C. (1998) や宇都宮編 (1990)、Clarke (1996)、森嶋 (1988) や小笠原 (1993) などを参照のこと。

が高まり、インフレ率を抑制するために緊縮的な経済政策を行えば失業率は高まると考えられ、失業率とインフレ率とのバランスを保つことが政策の課題であった。しかし、70年代のイギリス経済は、「イギリス病」と呼ばれる重度の困難に直面し、高失業率とインフレーションとが同時に生じるスタグフレーションに陥り、ケインジアンの経済理論はスタグフレーションに対して有効な手立てを打つことができなかった。

サッチャー政府は、イギリス経済の困難さの根源は、肥大化した公的部門がもたらす政府支出の増大、そして政府支出の増大の結果である高い税負担と政府借入であるとする(10)。すなわち、高い税負担が民間部門の企業化精神を退廃させて投資を減退させ、同時に、政府借入の増大が、クラウディング・アウトを引き起こして民間投資を圧迫するとともに、インフレ圧力を高める要因になっていると述べられる。そして、インフレ圧力の高まりは、人びとの将来予想に対する不確実性を高めるため、民間部門の経済行動をますます減退させ、イギリス経済の合理化を押しとどめる要因になっているとする。このように、サッチャー政府による「イギリス病」診断は、なによりもインフレーションがイギリス経済の生産性を低め、国際競争力を弱めているとみなす。そして、物価は流通する貨幣数量に依存すると考える貨幣数量説の立場をとるマネタリズムの経済理論にもとづいて、インフレーションの原因はマネー・サプライの増加であり、それは福祉国家による政府支出の増大に起因すると考える。

サッチャー政府がマクロ経済政策でまず取り組んだのが、インフレーションの抑制であった。マネタリズムの経済理論では、拡張的な経済政策よって通貨供給量を増やしたならば、短期的にはケインジアンの経済学が言うように失業率は低下するが、人びとの期待インフレ率も高まる。そして実際に物価が高まれば、実質賃金率が低下するため労働供給が減少し、最終的に失業率はもとの状態に戻り、インフレだけが進行するという。このように、マネタリズムの理論は、期待インフレ率を取り入れることによってスタグフレーションを説明した。そして、マネタリズムにもとづく経済政策は、人びとのインフレ期待を払拭するために、通貨供給量を抑制することを目標にする。

---

(10) サッチャー政府のマクロ経済政策における福祉国家批判については、毛利（1990）などを参照のこと。また、80年代のイギリスの金融政策については、片山（1998）が詳しい。

通貨の主な供給ルートは、金融（銀行貸し出し）と財政（公共支出）である。サッチャー政府はまず、基準金利を 12％から 14％へと引き上げて金融の引き締めを行う。そして財政政策として、80 年度予算から「中期財政戦略 (Medium-term Financial Strategy: MTFS)」を導入し、向こう 4 年先までのマネー・サプライの変化率と公共部門借入必要額 (Public Sector Borrowing Requirement: PSBR) の計画を明示して、マネー・サプライの伸び率を抑え、財政赤字を削減するという政府の意思を明確にした。MTFS の含意は、政府がインフレ抑制に取り組む強い決意を示すことによって、期待インフレを取り払ってインフレーションにともなう不確実性を解消し、市場の信頼を回復することにあった。

MTFS がイギリスのマクロ経済政策において意味するところは、政策目標がそれまでの雇用の維持ではなく、マネー・サプライの変化率に転換したことである。マネタリズムの経済理論は、市場には競争原理が機能する限り価格調整による自己調整メカニズムが備わっていると考え、いわば古典派経済理論の競争市場モデルへ回帰している。したがって、投資の決定に影響を与える実質利子率は、長期的には投資と貯蓄の均衡点で決まるとされ、政策的に操作することは不可能とされる。また、競争市場が機能していれば、雇用水準は労働市場において非自発的失業のない"自然失業率"に調整されるため、失業率はそもそも政策的に操作できるものではないと考えられた。したがって、マネタリズムの経済理論にもとづくならば、マネー・サプライが唯一政策的に操作可能なマクロ経済変数だということになる。また、マネー・サプライの操作が政策課題になるにともなって、金融政策がマクロ経済政策の中心になり、財政政策の課題は金融政策の目的を阻害しないために財政赤字を極力出さないことに置かれる。このことは、戦後イギリスの福祉国家政策の両輪の一つであった完全雇用維持の政府責任を、サッチャリズムが放棄したことを意味する。

また、以上のマネタリズムの市場観は、サプライサイド経済学による福祉国家批判と親和性を持つ。先に述べたように、サッチャリズムによる「イギリス病」の診断は、大きな政府支出に原因を見ていた。政府支出の財源は、政府借入によるか増税によって賄われる。サッチャー政府は、この税負担は中高所得者層と企業から徴収され、これが上昇志向のある人びとの意欲を奪い、また企

業の利潤収益を圧迫して投資を阻害していると考える。そして、徴収された税収は、所得移転支出などの福祉関連支出として低所得者層に再配分され、これが低所得者層の福祉依存を強めるとする。つまりサッチャリズムは、所得移転機能を備える福祉国家が人びとの勤労意欲を減退させ、市場の供給面の機能をゆがめていると見る。

　しかし、サッチャリズムの経済運営には、経済的合理性とは相容れない側面が含まれる。サッチャー政府は、国営企業の民営化や公営住宅の払い下げを行うが、これはサッチャリズムの目指す「大衆参加の資本主義」の第一段階であるとされている。「大衆参加の資本主義」とは、民営化や規制緩和によって、すべての人びとが資産を持ち中産階級でありかつ資本家であるような社会をつくり、資本主義経済からすべての国民が利益を得られるような社会像である[11]。つまり「大衆参加の資本主義」の考え方は、ヴィクトリア朝的価値観が理想とする競争市場社会を、政策的に作り出す試みである。競争市場を生み出すためならば、サッチャー政府はマネタリズムの政府不介入の原理を放棄した[12]。サッチャリズムは、信奉する価値観にもとづく社会を実現するという強いイデオロギー性を持つ。

　以上のサッチャリズムによる福祉国家批判に見られる特徴の一つ目は、市場機能にトリクル・ダウン（trickle-down）効果が期待されている点である。上昇志向のある人びとが社会を引っ張ることによって、そこで生み出される富が市場機能を通じて社会全体へと浸透することが想定されている。したがって、サッチャリズムの社会観においては、競争市場が保たれるならば、市場の失敗による貧困問題は基本的に考えられない。見られる特徴の二つ目は、福祉国家が労働市場における道徳的退廃の原因としてみなされている点である。サッチャリズムは、福祉国家が人びとの福祉依存を引き起こし、人びとが自然失業率において定まる賃金で就労しないことが、高い失業率の原因であるとみなす。

　以上を踏まえて、前節に見た労働年齢層における貧困問題に対するサッチャ

---

(11) 『日本経済新聞』1987年2月9日において、サッチャー政府の経済政策ブレーンであったミンフォード氏が、サッチャリズムの理想とする社会像を端的に語っている。
(12) サッチャリズムにおける経済的自由と強権的政治との矛盾した融合について、詳しくはGamble（1985）を参照せよ。

リズムの基本姿勢を整理しておこう。サッチャリズムの市場観においては、競争市場が機能するならば自然失業率が、すなわち完全雇用が達成される。したがって、高い失業率の原因は、福祉国家への依存から就労を拒否する自発的失業者が多く存在するか、または労働組合などの市場調整メカニズムを阻害する要因が、賃金を自然失業率以上の高い水準に維持するためであると考える。すなわち、ケインジアンの経済学における失業は有効需要不足であり、いわば市場の失敗が考えられているが、サッチャリズムにおける失業は、市場の失敗ではなく市場のゆがみが原因である。

（２）　サッチャリズムにもとづく所得維持政策

　失業・無就労の原因を市場のゆがみであるとするサッチャリズムの市場観は、イギリス福祉国家における所得維持政策の方向性に、大きな転換点をもたらしている。

　まずイギリスの社会保障制度について、概要を確認しておこう。イギリスの社会保障制度は、ベヴァリッジの社会保障制度の構成にもとづき、保険基金を財源として保険料の拠出によって受給権が得られる拠出制給付である国民保険と、租税を財源として無拠出で受給することができる無拠出制給付に大別される。さらに、無拠出制給付は、児童手当などの普遍的に給付されるものと、資力調査（ミーンズ・テスト）をともなう公的扶助とからなる。ベヴァリッジは国民保険を社会保障制度の中心とし、公的扶助は国民保険の受給要件を満たせない人びとを救済する補助的制度と位置づけた。しかし、実際に運用された社会保障制度では、ベヴァリッジが想定していなかった低賃金による貧困層の存在などによって、国民保険だけでは十分に所得維持の役割が果たされることなく、社会保障制度において公的扶助が常に重要な役割を果たしてきた。[13]

　さて、これまで見てきたところから、サッチャリズムによる福祉国家批判の要点は、財政支出の削減と就労インセンティブ・企業家精神の涵養にあるとまとめることができる。この二つの目標に、所得維持政策の改革が適合されていった点を見ていく。

---

(13)　このあたりの経緯とイギリス福祉国家の対応については、一圓（1982）を参照のこと。

財政支出削減計画と社会保障支出の切りつめ

　サッチャー政府は、80年代初頭にさまざまな社会保障給付削減の方策を打ち出している。まず、年金給付額を物価スライド制に一本化した。イギリスでは一般的に賃金上昇率の方が物価上昇率よりも高いため、物価スライド制に一本化されることによって、年金給付額は社会一般の生活水準から遅れをとることになり、逆に言えば国庫負担の軽減になる。さらに、国民保険の短期給付（失業給付・疾病給付・出産給付など）の所得比例給付制度を廃止し、同時にこれらの給付を課税対象とした。所得比例制度は国民保険制度に所得移転機能を付与するため、所得再分配に消極的な保守党と積極的な労働党との争点の一つであった。また、失業給付の受給要件を満たさない失業者が利用できる公的扶助給付である補足給付（Supplementary Benefit）についても、それを課税対象とすると同時に、その管理機構であった補足給付委員会を廃止した。補足給付委員会は独立した権限を有し、裁量的な加算と一時支給の慣行によって補足給付の運用を判断してきたが、これを廃して補足給付制度を国が明文規則にもとづいて直接管轄することによって、支出の削減が図られた。1978年におけるそれぞれの給付水準を100とすると、81年において失業給付は92.1、労災休業補償は88.0、そして補足給付は96.4にまで給付水準が低下している。[14]

　このサッチャー政府による政策路線は、特に失業者をはじめとする就労能力を持つ無就労者に影響を与えている。当時の制度で就労能力を持つ無就労者が利用できる社会保障給付は、国民保険の失業給付と公的扶助の補足給付であった。先に見たマネタリズムにもとづく緊縮的なマクロ経済政策は、失業を急増させるとともにその期間の長期化をもたらしたが、失業給付の受給要件となる拠出期間を満たさない若年失業者や失業期間が1年以上の長期失業者は、補足給付に投げ込まれることになった。また、失業給付の所得比例制廃止は、たとえ受給要件を満たしていたとしても失業給付額だけでは生活できない世帯（特に有子世帯）を増やした。失業者のうちで失業給付だけに生活を依存している人びとの比率は、1981年財政年度の43％から86年度の26％に低下した。逆に補足給付にのみに依存している人びとの比率は同年において、47％から66

---

(14)　藤本（1985: 401, 表5-7-13）。

％に増加している。この例に見るように、サッチャー政府による改革は、社会保障支出の給付別構成比において、国民保険の占める比率を低下させて公的扶助の比率を増加させた。社会保障給付支出のうちに占める拠出制給付と無拠出制給付の比率はそれぞれ、1982年財政年度の58％と42％から96年度には46％と54％に逆転している。資力調査をともなう補足給付の対象者は、いわば政府が認めた貧困水準を下回る人びとであり、サッチャー政府の一連の政策が、80年代に労働年齢層の貧困を増加させたと言える。

　しかし一方で、この貧困層の増大が政府支出削減という当初の目標の達成を困難にした。サッチャー政府の中期財政戦略では、軍事および法・秩序のための政府支出は増加を計画されていたが、社会保障関連支出の削減によって全体の縮減が考えられていた。しかし、マクロ経済政策にともなう失業者の増加によって社会保障受給者の絶対数が急増したために、個々の給付額は切り詰められたにもかかわらず、社会保障関連支出総額は計画に反して増加した。すなわち、サッチャリズムは、福祉関連支出が需要決定的な性格を持つことを明らかにした。イギリス福祉国家に対するサッチャリズムの影響をめぐる議論においても、この点からサッチャリズムによる福祉国家解体は失敗であり、それは福祉国家再編の一形態であるとする認識が強まった。しかし、ここまでの考察から、サッチャリズムによってイギリス福祉国家が、普遍主義的給付制度から選別主義的給付制度へと舵を切ったことは否めない。

就労インセンティブ・企業家精神の涵養

　先に見たようにサッチャリズムは、福祉国家による再配分機能が人びとや企業の意欲を阻害し道徳的退廃を引き起こし、「イギリス病」の原因になっているとみなす。これにもとづいて、逆進制の性格の強い税制改革を行っている。

---

(15)　毛利（1990: 326, 表11）。
(16)　中井英雄「社会保障財政」（武川・塩野谷編 1999: 78, 表4-4）。
(17)　社会保障給付の構造転換にもかかわらず、イギリス福祉国家の支出面でサッチャリズムの失敗を指摘している文献は多くある。詳しいものとして、毛利（1990）や Le Grand（eds.）（1990）がある。また、本章では触れることができなかったが、サッチャリズムによる民営化路線についての興味深い分析として、Burchardt, T. and Hills, J. "Public expenditure and the public/private mix," in Powell (ed.) (1999) がある。

サッチャー政府は政権についてすぐの79年に、所得税の基本税率を33％から30％に引き下げ、同時に最高税率も83％から60％に引き下げる。この所得税の基本税率と最高税率は、その後も持続的に引き下げられる。また、法人税についても、小企業向け税率は79年の42％から88年の25％まで引き下げられ、中堅・大企業向け税率も同じ年で見ると52％から35％に減税されている。一方サッチャー政府は、付加価値税を一律15％まで引き上げた（ただし、基礎食品や生活必需に属する日常品は免税）。このように、サッチャー政府による税制改革は、総体としては所得関連税の減税を埋め合わせるために付加価値税を増税する改革であり、直間比率を逆転させる逆進的性格の強いものであった。

また、福祉給付が人びとの国家への依存を引き起こしているとする批判は、「失業のわな」、「貧困のわな」の問題として認識される。失業のわなは、給付などによって得られる失業時の純所得が、就業時の純所得を上回ったり両者が同じであったりするときに生じる。また貧困のわなは、低所得者の稼働所得が増えた際に、稼働所得の増加にともなって差し引かれる給付額と徴収される税や国民保険料が、純所得の増加率を押し下げたり、場合によっては純所得を減少させたりする場合をいう。

サッチャー政府による失業・貧困のわな対策は、1986年社会保障法として成立し、その大部分が88年から実施された、通称ファウラー改革によって行われている。ファウラー改革による失業・貧困のわな対策は、補足給付に代わる所得補助（Income Support）の導入、そして家族所得補足給付に代わる家族クレジット（Family Credit）の導入の二つの施策によって行われている。

ファウラー改革による失業・貧困のわな対策は、二つの特徴を持つ。まず、所得補助の導入に見られるように、扶助給付額の算定方法を簡略化すると同時に、すべての扶助給付にその算定方法が適用されることになった。それは、扶助給付額の算定方法を簡略化一元化して、住宅関連の給付に顕著に見られた重複を廃することを意図していた。つまりここで問題にされているのは、扶助給付が重複して支給されることで、就業者よりも失業者の方が大きな純所得を得たり、稼働所得の上昇にともなって純所得が減少したりする状態の解消である。この改革は、先に述べた給付水準の切りつめと相まって、結果的に失業および低所得状態にあるときの純所得を引き下げることになった。

ファウラー改革のもう一つの特徴は、家族クレジットの導入である。家族クレジットは、両親・片親世帯のいずれを問わず、16歳以上の子どもがいてフルタイム就業者（週24時間以上）を含む有子低所得者世帯を対象にする扶助給付である。また、92年には「30時間クレジット」が導入され、週30時間以上働く世帯に対して給付額の加算が行われる。家族クレジットは、有子世帯の貧困問題が深刻化している社会情勢を背景に導入され、その前身である家族所得補足給付に比べて寛大な給付額になっていて、有子世帯のフルタイム就業時の純所得を引き上げる効果を持つ。ファウラー改革は有子世帯の貧困への取り組みを優先課題に掲げているが、有子世帯の貧困に対してフルタイム就業を条件とする扶助給付で対応するのであり、社会保障制度の就労要件を強める政策路線を含意している。

　この社会保障制度における就労要件を強める方向性を決定付けるのは、96年の求職者手当（Job Seekers' Allowance: JSA）の導入である。JSAが導入されるまでは、就労能力を持つ無就労者に対する給付には、社会保険の失業給付と、失業給付の受給要件を満たせない者たちを対象にする公的扶助の所得補助があった。これらの給付は、拠出要件や資力調査をともなったが就労要件はなく、無就労時の所得保障が基本的な機能であった。JSAの導入によって、働く意思のない者や就労能力のない者だけに所得補助を支給することとし、働く意思のある無就労の人びとには失業給付と所得扶助とを統合して導入されたJSAが給付されることとなった。JSAの最大の特徴は、その受給要件に就労要件が明確に盛り込まれた点にある。[18] JSAにいう就労要件とは、労働能力があり週40時間以上雇用されることが可能なこと、積極的に求職活動を行っていること、そして雇用事務官に求職者同意書を提出していることである。すなわちJSAは、就労能力のある者に対してはたとえ拠出要件を満たしていても就労要件を付加する。そしてこの就労要件が満たされないとき、JSAの給付は打ち切られる。

　サッチャリズムにもとづく福祉国家再編において、所得維持制度改革におけ

---

(18) 失業保険は「拠出制求職者手当」となり、保険料の拠出要件を満たす者に6カ月間の支給が行われる。失業期間が6カ月を超える者や拠出要件を満たせない者には、所得補助に代わる資力調査付きの「所得調査制求職者手当」が支給される。

る転換点の一つは、社会保障制度における公的扶助依存体質が高まり、選別主義的性格が強まったことである。そしてなによりも大きな転換点は、JSAに端的に見られるように、所得維持を目的にしていた社会保障制度が、労働の義務を課した制度へと転換されたことにある。

(3) サッチャリズムによる雇用政策

　サッチャー・メジャー政府による雇用政策の第一の特徴は、サッチャリズムが市場の阻害要因とみなす要素の除去である。サッチャリズムは、労働組合がイギリスの賃金水準を不当に高め、これが構造的失業を高くしているとみなす。サッチャー政府は、1980・82年「雇用法」、84年「労働組合法」そして88年「雇用法」を通して、労働組合がそれまで持っていた法制上・慣行上の特権を廃止・規制する。[19]

　サッチャリズムの標的になったもう一つの制度は、最低賃金規制である。イギリスには、ブレアによって最低賃金制度が導入されるまで、全国一律の最低賃金規制はなかった。しかし、サービス関連産業を中心に、低賃金問題に直面する可能性のある産業ごとを対象にした最低賃金規制が存在した。サッチャー・メジャー保守党政府は、賃金規制を担当していた諸機関の権限縮小や撤廃を進めていく。労働組合の弱体化とともにこの最低賃金規制の規制緩和は、市場競争における労使の力関係を度外視する市場観にもとづいて、賃金の決定を労働市場にゆだねることを目的にする改革である。

　サッチャリズムの雇用政策の第二の特徴は、求職活動支援と職業訓練に重点を置く点である。特に職業訓練事業の拡充は、サッチャリズムにとっては妥協の産物であるともいえる。一面において職業訓練は、有効需要創出のように市場メカニズムに直接介入することがなく、技能不足という労働者個人の資質に働きかけるサプライサイド政策であるため、マネタリズムの労働市場観に抵触することなく構造的失業の解消を図る政策となる。他面で職業訓練の拡充は、雇用の維持を政治責任から放棄したものの、マネタリズムにもとづくマクロ経済運営によって急増した失業問題に対応せざるを得なくなった結果である。[20]

---

(19)　サッチャー政府による労働組規制および労使関係への取り組みについては、栗田編（1985）や稲上（1990）が詳しい。

第 7 章　サッチャー・ブレアの挑戦　207

　以上に見てきたようにサッチャリズムの福祉国家改革は、マネタリズムやサプライサイド経済学が想定する競争市場の市場観を根底に、サッチャリズムの想定するところの市場の自己調整メカニズムを回復することであった。その結果、所得維持政策において給付が切り詰められ、給付の選別主義的傾向が強められた。そして同時に、就労要件を福祉プログラムに課すワークフェア路線へと、イギリス福祉国家の方向は大きく転換された。

　ワークフェアの福祉国家においては、労働市場で雇用が確保されなければ、人びとを懲罰的な性格を持った福祉プログラムや貧困状態に閉じ込めてしまう危険性がある。サッチャリズムにおける雇用政策は、政治が雇用の確保に責任を持つことはなく、マネタリズムの言う自然失業率が実現される市場環境の整備に主眼が置かれている。そして、失業問題が無視できなくなって展開された雇用政策は職業訓練を重視した政策であり、労働市場のサプライサイド政策にもいろいろあるが、そのなかでもっとも労働者側に雇用確保の責任を負わせる政策を展開している。[21]そして職業訓練との関係で言うならば、公的な教育といった社会資本への投資が財政支出削減という目標のために大きく削減されたことを見過ごすことはできない。これらの結果が、90年代後半における好調なイギリス経済にもかかわらず、イギリス社会において貧富の格差が拡大した原因である。[22]しばしば「イギリス病」を治癒した成果が評価されるが、一方でサッチャリズムが生み出した負の遺産も大きかったことを忘れるべきではない。[23]そこで次に、このようなサッチャリズムの遺産に対するブレア政府の取り組みを見ていこう。

---

(20)　サッチャー政府による雇用政策については毛利「雇用政策」毛利（1999）所収や駒村康平「マクロ経済と雇用政策」武川・塩野谷編（1999）所収を参照のこと。
(21)　OECD（1996）にもとづくならば、積極的雇用政策には、「職業訓練」、「補助金つき就業」「求職活動支援」、「公的部門や民間部門の協力を得ての直接的な雇用創出」がある。
(22)　80・90年代に生じたイギリス社会の二極化を分析した文献は、Gregg and Wadsworth (eds.)（1999）や Walker and Walker (eds.)（1997）など多数ある。
(23)　「サッチャーの奇跡」に言われる要点の一つは、この時期におけるイギリスの生産性の上昇である。しかし櫻井（2002）は、80・90年代の生産性上昇が、理想とされる投資の拡大を媒介とした生産性上昇ではなく、雇用削減を媒介とした生産性上昇であったことを示し、投資活動が脆弱であるという「イギリス病」の根本的病根は解消されていなかったと述べる。そして、雇用削減が競争力の源となる資本蓄積様式から、必然的に労働市場に影響を与えざるを得なかったことに注目する。

4. ブレア「第三の道」の経済思想と福祉国家改革

　ブレア福祉国家改革が、前節に見たサッチャリズムにもとづく福祉国家再編と大きく異なるのは、ブレア政府が再度政府の責任として完全雇用の達成を盛り込んだことにある。しかし、ブレア政府の言う完全雇用は、サッチャー政府以前の裁量的経済政策を手段とするものではない。むしろブレア政府による福祉国家改革には、その政策路線および政策手段において前保守党政府からの継承が多く見られる。この節は、ブレア福祉国家の背景と思われる市場観を考慮することによって、前保守党政府との違いについて考察を試みる。

　ブレア政府は、自身の福祉国家改革の政策路線を示すものとして、"Opportunity for All"というスローガンを用い、最初の予算の事前レポート（HM Treasury 1997）においてこのスローガンは、「21世紀における完全雇用の新定義（the modern definition of full employment for the 21st）」と銘打たれている。そして"Opportunity for All"のために、①マクロ経済の安定性と成長の確保、②柔軟性と適応力に富んだ労働市場の整備、③教育と技能習得のための投資の拡大、④福祉から就労へ（welfare to work）[24]、⑤就労を魅力的にする（make work pay）の五つを政府が達成すべき政府責任としている。このうち、②の労働市場の整備は、①のブレア改革の背景にあるマクロ経済理論から導かれるものである。また、③の教育や技能習得といった、いわば人的資本投資に政策の重点を置くという主張は、②の労働市場観から引き出され、したがって①に見られる市場観に起因する。さらに③は、ブレア政府の福祉国家改革の特徴の一つとしてしばしば取り上げられるニューディール・プログラム（New Deal）に具体化されるが、ニューディールは④の雇用戦略の中心である。そして最後の⑤は、所得維持制度戦略の方向性を示す。したがって、ブレア福祉国家改革で示された五つの政府責任もまた、マクロ経済政策・雇用政策・所得維持政策の三つ要素か

---

(24) "welfare to work"の訳語には、本章の訳以外に「働くための福祉」と訳される。しかし政府の文章では、代表的な箇所を引用すると、"help move people from **welfare to work**〔強調は原文のまま〕"（HM Treasury 1997: 35）の略語として"welfare to work"が用いられるため、これにもとづいて「福祉から就労へ」と訳す。注26・27も参照されたい。

ら捉えることができる。

（1） ブレア「第三の道」の経済理論とマクロ経済政策
「第三の道の経済理論」とブレア改革のマクロ経済政策

アレスティスとソーヤー (Philip Arestis and Malcolm Sawyer) は、90 年代に相次いで「第三の道」を標榜してヨーロッパで登場した中道左派政権の基礎になっている経済学を、「ニュー・マネタリズムまたはニュー・ケインジアンの亜種である介入主義的新古典派経済学 (interventionist neo-classical economics of a new Keynesian variety; 以下では「第三の道の経済学」と略記する)」としている[25]。「第三の道の経済学」の特徴として、彼らは以下の7点を挙げている。第一に、原則として市場は定常的であり、裁量的経済政策は市場のかく乱要因であるとみなす。特に金融市場は、合理的期待仮説の言うところにもとづいて作用していると考える。第二に、金融政策は総需要管理を目的とするのではなく、インフレ率の管理を目的とし、その運営は政府から独立した中央銀行によって行うべきとする。第三に、マクロ経済諸変数（物価や利子率そして失業率や経済成長率など）によって示される経済実態は、「インフレを加速しない失業率 (non-accelerating inflation rate of unemployment; NAIRU)」を中心に調整されると考える。第四に、労働市場均衡がマクロ経済水準を規定する経済観を提示する NAIRU 仮説から導かれることであるが、供給がそれ自ら需要を作り出すとして知られるセー法則の命題にもとづく市場観を継承する。これが第一の特徴として示した市場観となる。第五に、原則的に市場は定常的であると見るが、市場の失敗が生じる可能性を否定しない。市場の失敗が生じる原因として、外部性および公共・半公共財そして独占・寡占の存在が考えられる。第六に、セー法則を継承しつつも市場の失敗を想定する市場観から引き出されるが、平等概念として「機会の平等」に重点を置く。そして第七の特徴は、経済のグローバル化を重視し、経済のグローバル化の進展によって、裁量的経済政策が国民経済に与える効果は限定的になったとする。また、経済のグローバル化によって国際競争が激しくなったため、経済競争力の維持強化が経済政策の主要課題であると考

---
(25) Arestis, P. and Sawyer, M. "Economics of the 'Third Way': introduction," in Arestis and Sawyer (eds.) (2001: 2-6)。

える。

　以上を念頭に置きながら、ブレア福祉国家改革に掲げられた政府責任について見ていこう。まず、ブレア政府によるマクロ経済政策は、前節のサッチャリズムのマネタリズムにもとづく経済政策路線を基本的に踏襲する。ブレア政府による金融政策は、中央銀行であるイングランド銀行の独立性を強める措置をとり、金融政策の運営は基本的にイングランド銀行の金融政策委員会（the Bank of England's Monetary Policy Committee: MPC）に委ねられ、前保守党政府以上に金融政策の実行から政治を排除するように図っている。MPCに与えられる政策目標は、インフレ率を2.5％プラスマイナス1％の範囲内に管理することであり、その中心的な政策手法は公定歩合操作とされている。すなわちブレア政府の金融政策は、マネタリズムと同様にインフレ率の管理が目的である。

　したがって、財政政策は金融政策の目的に従属させられることになる。ブレア政府の財政政策には、「国家財政の黄金率（golden rule）」が定められている。その内容は次の3点である。第一に、政府借入は投資目的の場合にのみ許され、政府運営の経常支出の補助を目的とする借り入れは許されない。この際、資産価値の下落である資本消費も経常消費とみなされるので、ここで言われるところの投資とは厳密に純投資を指している。ただし、ブレア政府は人的資本投資のための政府支出は投資とみなすとし、五つの政府責任における③について配慮がなされている。財政の黄金率の内容の二つ目は、国民所得に対する公債比率は、景気循環に見合って健全とされる水準（40％以下）に抑えるとするものであり、厳格な財政赤字管理が述べられている。そして三つ目は、このような財政の黄金率は、中央政府の財政運営だけではなく、すべての公的セクターに適応される。その理由は、あらゆる公的セクターの負債は、最終的に納税者に降りかかってくるからである。すなわち、政府借入が増税の原因になるとの認識が背後に存在する。

ブレア政府における労働市場観と失業観

　以上に見たように、ブレア政府のマクロ経済政策は人的資本投資に対する配慮はあるものの、基本的にはサッチャリズムのそれを継承し、政策手法としてはサッチャリズムよりもマネタリズムの政策路線を強化している。それでは福

祉国家改革の課題となる、失業に対する考え方はどうだろうか。

　ブレア政府は、失業を総需要の短期的変動によって生じる循環的部分と労働市場の構造的要因から生じる非循環的部分とに区分し、後者をNAIRUないしは構造的失業であるとする。さらに構造的失業は、その基準を超えようとするならば賃金インフレーションを引き起こさざるを得ない短期NAIRUと、経済が定常状態にいたって実現される長期NAIRUとに区分され、短期的には失業とインフレ率との間に相関関係が存在するが、長期的には労働市場の構造の脆弱性が失業の原因であるとする。そして、「失業を持続的に減少させるためには、NAIRUそのものを低下させる必要があり、それは言い換えれば労働市場がより効率的に作用することが必要である」(HM Treasury 1997: 7) と、失業対策の方向性として五つの政府責任の②効率的で適応力のある労働市場の整備の必要性が述べられる。失業を構造的失業として捉え、第2節で見た失業・無就労の問題に労働市場の柔軟化および効率化によって臨む政策路線は、サッチャリズムのそれを継承している。

　労働市場観においてブレア政府が前保守党政権と異なる点は、ブレア政府が構造的失業の原因を考察する際に用いる分析視覚にある。ブレア政府は、これまでの完全雇用に向けた政策が裁量的経済管理手法に大きく依存していたとした上で、この政策手法は時代にそぐわなくなったとし、税制および給付制度そして雇用政策を現代の労働市場にあわせて刷新する必要があると述べる。そして、「失業の表面的様相の背後には、より複雑で動態的な実態が存在する」(*Ibid.*: 4) と、労働市場分析における関心を失業・無就労の経験がその人の人生過程や家族に与える影響といった、ミクロ的で動態的な点に向ける。

　具体的にブレア政府が労働市場の構造的脆弱性として議論している内容を見ると、サッチャリズムとの相違が見えてくる。ブレア政府は、労働市場の作用に関するミクロ分析を踏まえて、景気循環によって労働市場が大きなダメージを受けることに着目する。具体的には、景気の谷間において失業を経験すると労働者は、労働市場で活用できる技能を喪失するだけではなく、働こうとする意思や経験をも喪失する。また、雇用主も最近の期間に就労履歴のない労働者を雇用しようとはしない。その結果、景気が上向いて労働需要が高まっても、労働者が経済の要望に応えることができなくなると分析する。さらに、第2節

で見たように、貧困に陥る高いリスクにある人びとが「低所得→低い教育歴・技能→貧困（高い失業リスク）→低所得→」という"Low pay-No pay cycle"にあると貧困問題を分析し、低い教育歴・低技能が特定の人びとを市場から排除しているとみなしている。

　ブレア政府における失業とは、サッチャリズムにおけると同じく構造的失業であった。しかしブレア政府は構造的失業の要因として、市場の自己調整メカニズム外の諸問題、特にそれによって人びとが市場競争から排除される諸要素に着目している。この視点は第2節で触れたように、取り組むべき貧困問題をブレア政府が社会的排除と規定することに通じる。すなわち、ブレア福祉国家改革は、サッチャリズムが市場のゆがみを見ていたのとは異なり、市場の自己調整メカニズムでは処理することのできない諸問題に着目している。つまり、ケインジアンの経済理論に言われる有効需要不足としての市場の失敗ではないが、ブレア政府が福祉国家改革で取り組もうとしているのもまた市場の失敗である。

（2）　ブレア改革における所得維持政策（make work pay）

　ブレア政府による福祉国家改革は、「就労を中心に福祉国家の再建を目指す」（DSS 1998: 23）。この原理は、ブレア福祉国家改革の諸原理の第一に掲げられている。この原理が所得維持政策において含意するところは、社会保障給付を受けることと求職のための努力をすることとの関係が明確になる給付システムの構築である。この意味において、ブレア政府が前保守党政権から求職者手当（JSA）を継承したことは象徴的であり、求職者手当の就労要件は、ブレア改革における社会保障制度改革の基本路線になっている。

　しかし、ブレア改革は、失業・貧困のわなの問題に臨むにあたって、失業者および低所得者に対する給付額を寛大にする方向をとっている点で、給付を切り詰める方向性を持っていたサッチャリズムと異なる。たとえばブレア政府は、所得税の基礎税率を過去70年間でもっとも低い水準に下げ、また国民保険料の拠出義務が生じる最低所得額を引き上げるなど、失業者および低所得者層の租税負担を引き下げる措置をとっている。これは、稼働所得が増えるにしたがって直面する限界税率を引き下げて、失業・貧困のわなを緩和・解消すること

を意図した改革である。

　以上の就労要件強化の方向と寛大な給付の二つの特徴は、ブレア政府の社会保障制度改革の中心である就労家族税控除（Working Families Tax Credit: WFTC）の導入に結実している。WFTCは、前節に見た家族クレジットに代わって導入された。WFTCの特徴の一つ目は、給付制度と税制度とを統合して税控除として社会保障給付を支給する点にある。公的扶助を税控除として支給することによって、公的扶助にともなう恥辱感（stigma）をなくし、制度の捕捉率を高めるねらいがある。また、税制度を通じて支給することで給付と稼働所得との一体性を高め、稼働所得の増加が純所得増加に直接連動するように工夫することによって、就労することへの魅力が高まることを期待している。WFTCの特徴の二つ目は、給付額が家族クレジットよりも寛大な点である。稼働所得の増加にともなって打ち切られる給付額の速度が、WFTCは家族クレジットよりも緩やかに設定されているため、低所得時における稼働所得の増加が純所得の増加に反映されやすくなっている。またWFTCには、これまでイギリスの社会保障制度では考慮されなかった、親が就業するにともなって必要になる保育所料といったチャイルドケアに対する加算が盛り込まれた。

　第2節で見た無就労世帯の増加のうちで、もっとも貧困に陥るリスクの高いのが有子世帯である（表7-1の有子無就労世帯欄を参照）。特に80年代以降のイギリス福祉国家再編で課題になっているのは、離婚や未婚の増加による片親世帯の増加である。片親世帯の貧困は、夫婦有子世帯をモデル世帯とするこれまでの社会保障制度にとっては、想定していなかった新たな貧困の諸相である。それに対応するために導入されたのがWFTCであり、その方向は、チャイルドケア費用の加算に象徴されるようにフルタイム就労を条件に寛大な給付を約束する一方で、フルタイム就業を選択しなかった場合には、サッチャリズムの下で給付水準が切り詰められた所得補助が適用される。ブレア政府はさらに、子どものいない世帯に対しても、WFTCに倣った制度の導入を図っている。

　そしてブレア所得維持政策に見られるもう一つの特徴は、就労を魅力的にする戦略が低賃金労働への労働市場の拡張を意図している点である。上に見た所得税および国民保険料の改革は、雇用者の租税等負担を軽減することによって、低賃金労働に人びとがより魅力を感じるようになることが期待されている。低

賃金労働への労働市場の拡張は、雇用政策の一環でもある。

　ブレア改革における所得維持制度は、給付水準を寛大にするという特徴を持つ。しかし一方で、JSA が継承されているように、就労能力を持つ人びとに労働の義務を課すワークフェアの方向で設計されている。したがって、ブレア改革が示す完全雇用構想が機能するためには、雇用政策において就労機会が生み出されなければならない。

（3）　ブレア改革における雇用政策（welfare to work）

　ブレア政府による雇用政策は、ニューディール・プログラム（New Deal; ND）としてすでによく知られているところである。ND はそれぞれのカテゴリーごとに計画が立てられているが、ND によって提供されるのは、NAIRU の低下を目的にした積極的雇用プログラムである。その意味で、サッチャリズムのサプライサイドの改善という政策路線は継承されている。ただし、サッチャリズムの積極的雇用政策が職業訓練に重点を置いていたのに対して ND は、「求職活動支援」、「補助金つき就業」、「教育および職業訓練」、「公的部門やヴォランティア部門における直接的雇用創出および職業体験（若年者 ND のみ）」、そして片親 ND では「チャイルドケアといった就労のための補助の提供」や「補助金の給付」といったように、積極的雇用政策の諸策を包括的に含んだ計画になっている。また、若年者 ND と長期失業者を対象にする 25 歳プラス ND は、対象者が ND に参加することを拒んだ場合には、JSA の給付額を削減される。これはブレア政府の言うところの「責任と権利とを明確にする」という原理を具体化したものであるが、その含意は就労能力を持つ者に対して、福祉と就労との関係を明確にするとともに徹底することにある。確かに ND プログラムのメインは職業訓練・技能取得にあるが、包括的な積極的雇用プログラムと半強制的な参加義務によって、いずれの形にせよ労働市場との接点を人びとに保たせる意図が含意されている。ここに「就労を中心に福祉国家を再建する」というブレア改革の原理が現れている。この背景には、労働市場から離れることが長期失業・非労働力化の原因になるという、先に見たブレア政府の労働市場観がある。

　そしてすべてのニューディール・プログラムに取り入れられているのが、

NDの導入段階（Gateway）における個人アドバイザーとの面談である。個人アドバイザーは、利用申請者の就労能力や就労に際して直面している障壁・困難を特定して求職のための助言を行い、またカウンセリングを行って面談者の心のケアをも視野に入れた支援を行う。個人アドバイザー制度は、前保守党政府の再出発プログラム（Restart）にその先駆けを見ることができるが、ブレア政府はこれを拡充することによって、福祉サービスを個別対応の制度にすることを目指している。(26) これは、ブレア政府による失業の原因分析において示したように、さまざまな要因が複雑に組み合わさって貧困が生じるとする社会的排除概念にもとづくものである。

　また、個人アドバイザー制度は、ブレア福祉国家改革における行政機構上の要の一つになっている。ブレア政府は、労働年齢層の福祉利用者を受け付ける窓口を一元化することで、個人アドバイザーの助言の下、それぞれの担当官庁から別々に供給される福祉を利用者が包括的に利用できる工夫をしている。この制度機構改編は、「働ける者には就労を、働けない者には保障を」というブレア政府の福祉国家再編の理念を体現するものである。すなわち、個人アドバイザーが福祉利用者個々人の状態を見極めつつ、最終的には人びとを就労させることを目標に、就労支援や給付保障を組み合わせて提供できる制度の整備である。言い換えれば、ブレア福祉国家改革は、就労こそが貧困から抜け出す最良の道であるとの信念から、就労能力のあるなしに関わりなく基本的に就労の道を模索する政策路線であり、福祉国家の役割はそのための条件および環境を整備することにある。(27)

　以上のブレア改革に対しては、肯定否定の両面が見られる。ブレア改革を評価できる点は、豊富な資源を投入することで本格的にNDプログラムを展開し、また個人アドバイザー制度を通して福祉利用者に個別に対応している点である。しかし一方で、ブレア改革がサプライサイド政策に偏っている点に対し

---

(26) ブレア政府は、「就労を中心にした福祉国家再建」と「個人対応の福祉制度の整備」を行政機構改革における方向性として、「新しい文化（new culture）」と呼んでいる（DfEE 1998）。
(27) 福祉国家の行政機構の改編は、DfEE（1998）で詳しく述べられている。ブレア政府は、これまでの所得保障を第一の機能とした福祉国家は、適切な支援があれば就労できる人びとを給付依存に閉じ込めていたとみなす。この問題意識から、就労意思のある人びとが仕事に就けるように支援する福祉国家体制に移行することを目指している。

ては、しばしば批判が向けられる。決められた労働需要量の下で諸個人の職業技能の改善を行うことは、いわば職業機会の再分配でしかない。そもそも教育技能といった雇用確保力（employability）は相対的なものであり、ゼロサムな職業機会の再配分は、雇用の不安定や貧困といった問題の本当の解決にはなりえない危険性がある。特に、低賃金労働やヴォランティア部門などの労働市場の縁辺部分にまで就労の枠を広げるブレア改革は、新たな社会的排除問題を引き起こすことが懸念されている（Peck and Theodore 2000）。ただし、ブレア政府は全国一律の最低賃金制度（National Minimum Wage）[28]を導入するなど、その水準の不十分さは指摘されているが、労働条件の最低基準を設ける公的規制の整備に努めている。ブレア政府の労働市場における実績はおおむね評価されているが、サプライサイドに重点を置いた雇用確保力改善によって、柔軟性と適応力に富んだ労働市場が整備されるかどうかはまだ定かではない。[29]

5. おわりに
サッチャー・ブレアにおける平等概念の展開

サッチャリズムとブレア「第三の道」はともに、市場には自己調整機能が備わり、過度に国家が市場に介入することは市場をゆがめるだけであると見ている。[30]しかし、両者の市場観は、市場競争の初期条件が競争の結果に与える影響で異なった見解を持っている。サッチャリズムによるならば、意欲的な人びとの活発な経済活動によって生み出された富は、トリクル・ダウン効果によって社会全体へと浸透し、貧困が生じるならばそれは、ナショナル・ミニマムを

---

(28) 全国一律の最低賃金制は、労働組合が長年求めながらも、保守党から自由市場への介入として退けられてきた。これがブレア政府になって認められた事情をアレスティスとソーヤーは、ニュー・ケインジアンの効率賃金の考え方と、平等と公平性から最低賃金を求めるこれまでの議論との一致点だと述べている（Arestis and Sawyer (eds.) 2001: 53）。

(29) MaKnigh, A. "Employment: tackling poverty through 'work for those who can'," in Hills and Stwart (eds.) (2005)。現時点で言えることは、景気の好調さを背景にして、すぐにでも就業できる状態にあった失業者たちが、個人アドバイザーの支援で職を得たのが中心であり、本当に人びとの雇用確保力の向上が、「第三の道」が言うような柔軟な労働市場を生むかは、今後の評価にゆだねられる。

(30) ブレア「第三の道」の市場観を示すものとして、Blair（1998）やBlair and Schroeder（1998）。

超えて行われる福祉などの大きな政府が引き起こした市場のゆがみであるとなる。一方、ブレア「第三の道」によるならば、初期条件における不平等は、市場競争の結果としてますます拡大するとなる。

　この市場観の違いは、両政府の平等観の違いにつながる。平等について両政府は、所得再分配を主な機能とする70年代までの福祉国家が目標にしていた「結果の平等」を重視するのではなく、市場競争の前段に注視している点で共通している。しかし、サッチャリズムが求めるのは、誰もが規制されることなく市場競争に参加する自由であり、彼らが言うところの自由な経済活動が保証されることである。したがって、サッチャリズムの平等観は、初期条件に関わりなくすべての人びとの市場参加の機会を形式的に均一化することを重視するのであり、市場参加の形式的「機会の均等」と言える。一方、市場を積極的に捉えながら社会的排除に着目するブレア「第三の道」は、人びとに市場競争に参加する機会を保障することを政府責任と考える。したがって、ブレア「第三の道」の平等観は、初期条件の平準化に努め、「機会の平等」のことである。サッチャリズムの平等観において、結果の不平等は自助にもとづく市場原理の結果としてむしろ肯定されるだろう。一方ブレア「第三の道」は、市場競争からの排除という市場の失敗に取り組むことによって、間接的に結果の平等の促進を図っているとも言えるだろう。[31]

　本章に見てきたように、80年代以降、イギリス福祉国家はワークフェアへの傾向を強めた。しかし、失業の原因をどのように見るか、したがって市場メカニズムをどのように理解するかによって、ワークフェアがとる政策路線は異なる。[32] サッチャリズムとブレア「第三の道」との完全な断絶は、失業に対する

---

(31) ブレア「第三の道」が、「結果の平等」を間接的にも目指しているかは定かではない。たとえば、ブレア政府は、所得階層上位層がより豊かになることを肯定しつつ、貧困層の絶対的な生活水準の引き上げを図ることによって、貧困対策に取り組んでいるとする議論もある (Sefton, T. and Sutherland, H. "Inequality and poverty under New Labour," in Hills and Stewart (2005))。また、表7-1のジニ係数に見られるように、ブレア政府の下で不平等が大きく改善したとは、現時点において言えない。
(32) ワークフェア概念をめぐる議論が活発に行われている。たとえば、埋橋「公的扶助制度をめぐる国際的動向と政策的含意」埋橋 (2003) 所収や宮本 (2004)。また、ワークフェアとは異なる所得保障制度の模索として、ベーシック・インカムの考え方が議論されている。たとえば、小沢 (2002) やFitzpatrick (1999)。

考え方にある。サッチャリズムは、インフレーションの管理と労働組合規制のために、失業は必要なコストであるとみなしている節がある。一方、ブレア「第三の道」は、失業や貧困によって引き起こされる個人および社会に対する悪影響を看過していない。この相違点が、サッチャリズムにおける「機会の均等」とブレア「第三の道」の「機会の平等」との違いを生み出す背景の一つと言えるだろう。

---

(33) サッチャリズムを評価する三橋氏は、「サッチャー政権下で発生した失業増はイギリス経済再生のためには避けて通れなかった道なのである。逆にいえば、イギリス経済を再生するためには、大量の失業を生み出すことがその第一段階で必要であり、その点では『意図した失業増』だったわけである」と端的に述べられている（三橋 1989: 113）。ここまで直裁に述べられることはあまりないが、そもそも自然失業率という概念は、いずれの水準が自然失業率なのかを測定することは困難であり、その時の失業水準を自然失業率であり完全雇用が達成されていると主張できる。そしてその失業率が高いのであれば、それはサプライサイドの脆弱性であると、政府の責任転嫁を容易にする。（同: 121-2）にあるミンフォード氏のコメントが象徴的である。

参考文献

Arestis, P. and Sawyer, M. (2001) *The Economics of the Third Way*, Cheltenham: Edward Elgar.

Beveridge, W. (1942) *Social Insurance and Allied Services*, HMSO, Cmd. 6404.（山田雄三監訳『社会保険および関連サービス』至誠堂、1969）。

Blair, T. (1998) *The Third Way: New Politics for the New Century*, London: The Fabian Society.（高嶋他訳「第三の道―新世紀のための新しい政治―」『立命館産業社会論集』第35巻第4号、2000）。

Blair, T. and Schroeder, G. (1998) *Europe: The Third Way/Die Neue Mitte*, Working Documents No. 2, South Africa: Friedrich Ebert Foundation.

Clarke, P. (1996) *Hope and Glory: Britain 1900-1990*, London: Penguin Books.（西沢保他訳『イギリス現代史 1900－2000』名古屋大学出版会、2004年）。

DfEE (Department for Education and Employment). (1998) *A new contract for welfare: The gateway to work*, Cm. 4102, London: HMSO.

DSS (Department of Social Security). (1998) *A new contract for welfare: New ambitions for our century*, Cm. 3805, London: HMSO.

Esping-Andersen, G. and Regini, M. (2000) *Why Deregulate Labour Markets ?*, Oxford: Oxford University Press.

Fitzpatrick, T. (1999) *Freedom and Security*, Hampshire: Palgrave Macmillan.（武川正吾・菊池英明訳『自由と保障―ベーシック・インカム論争―』勁草書房、2005）。

Gamble, A. (1985) *Britain in Decline 2nd*, London: Macmillan Publisher.（都築忠七・小笠原欣幸訳『イギリス衰退100年史』みすず書房、1987）。

Gardiner, J. (2000) "Rethinking self-sufficiency: employment, families and welfare," in *Cambridge Journal of Economics*, vol. 24, Nov, pp. 671-89.

Gregg, P. and Wadsworth, J. (1999) *The State of Working Britain*, Manchester: Manchester University Press.

HM Treasury. (1997) *Employment Opportunity in a Changing Labour Market: The Modernisation of Britain's Tax and Benefit System Number One*, London: HM Treasury.

HM Treasury. (1998 a) *Working Incentive: A Report by Martin Taylor: The Modernisation of Britain's Tax and Benefit System Number Two*, London: HM Treasury.

HM Treasury. (1998 b) *The Working Families Tax Credit and Work Incentive: The Modernisation of Britain's Tax and Benefit System Number Three*, London: HM Treasury.

HM Treasury. (1999) *Tackling Poverty and Extending Opportunity: The Modernisation of Britain's Tax and Benefit System Number Four*, London: HM Treasury.

Hills, J., Le Grand, J. and Piachaud, D. (2002) *Understanding Social Exclusion*, Oxford: Oxford University Press.

Hills, J. and Stewart, K. (2005) *A More Equal Society ? New Labour, Poverty, Inequality and Exclusion*, Bristol: The Policy Press.

Kaldor, N. (1982) *The Scourge of Monetarism*, Oxford: Oxford University Press. (原正彦・高川清明訳『マネタリズム―その罪過―』日本経済評論社、1984)。

Kincaid, J. C. (1973) *Poverty and Equality in Britain*, Harmondsworth: Penguin Book Ltd. (一圓光彌訳『イギリスにおける貧困と平等―社会保障と税制の研究―』光生館、1987)。

Le Grand, J. (1990) *The State of Welfare*, Oxford: Clarendon Press.

Levitas, R. (2005) *The Inclusive Society ? Social Exclusion and New Labour 2nd*, Hampshire: Palgrave Macmillan.

OECD (1981) *The Welfare State in Crisis*, Paris: OECD. (厚生省政策課調査室他監訳『福祉国家の危機』ぎょうせい、1983)。

OECD (1996) *The OECD jobs strategy: Evaluating the Effectiveness of Active Labour Market Policies*, Paris: OECD.

Peck, J. and Theodore, N. (2000) "Beyond 'employability'," in *Cambridge Journal of Economics*, vol. 24, Nov, pp. 729-49.

Pierson, C. (1998) *Beyond the Welfare State ? The New Political Economy of Welfare 2nd*, Cambridge: Polity Press. (初版について、田中浩・神谷直樹訳『曲がり角にきた福祉国家』未來社、1996 年)。

Pierson, P. (1994) *Dismantling the Welfare State ?*, Cambridge: Cambridge University Press.

Powell, M. (1999) *New Labour, New Welfare State ?*, Bristol: The Policy Press.

Secretary of State for Social Services. (1985) *Reform of Social Security, Vol. III, Background Papers*, Cmnd. 9519, London: HMSO.

Sen, A. (2000) *Social Exclusion: Concept, Application, and Scrutiny*, Social Development Papers No. 1, Manila: Asia Development Bank.

Walker, A. and Walker, C. (1997) *Britain divided*, London: CPAG.

一圓光彌 (1982)『イギリス社会保障論』光生館。
稲上毅 (1990)『現代英国労働事情』東京大学出版会。
宇都宮深志編 (1990)『サッチャー改革の理念と実践』三嶺書房。
埋橋孝文 (2003)『比較のなかの福祉国家』ミネルヴァ書房。
岡山勇一・戸澤健次 (2001)『サッチャーの遺産』晃洋書房。
小笠原欣幸 (1993)『衰退国家の政治経済学』勁草書房。
小沢修司 (2002)『福祉社会と社会保障改革―ベーシック・インカム構想の新地平―』高菅出版。
樫原朗 (1988)『イギリス社会保障の史的研究III―戦後の社会保障のはじまりから

1986年社会保障法へ―』法律文化社。
樫原朗（1998）「イギリスにおける就労促進政策と社会保障」『海外社会保障研究』Winter、No. 125、pp. 56-72。
樫原朗（2002a）「イギリスの福祉の第三の道と社会的排除（上）」『週刊社会保障』No. 2174。
樫原朗（2002b）「イギリスの福祉の第三の道と社会的排除（下）」『週刊社会保障』No. 2175。
片山貞雄（1998）『イギリス・マクロ金融政策論―1970-80年のマネーとマネタリー・コントロール―』多賀出版。
栗田健編著（1985）『現代イギリスの経済と労働』御茶の水書房。
櫻井幸男（2002）『現代イギリス経済と労働市場の変容―サッチャーからブレアへ―』青木書店。
武川正吾・塩野谷祐一編（1999）『先進国の社会保障① イギリス』東京大学出版会。
深井英喜（2002）「イギリス福祉国家の再編過程」『法経論叢（三重大学）』第19巻第2号、pp. 55-85。
深井英喜（2003）「『社会的排除概念』と『21世紀型完全雇用』構想」『一橋論叢』第130巻第4号、pp. 362-78。
藤本武（1985）『資本主義と労働者階級』法律文化社。
藤森克彦（2002）『構造改革ブレア流』TBSブリタニカ。
三橋規宏（1989）『サッチャリズム―世直しの経済学―』中央公論社。
宮本太郎（2002）『福祉国家再編の政治』ミネルヴァ書房。
宮本太郎（2004）「ワークフェア改革とその対応 新しい連携へ？」『海外社会保障研究』Summer、No. 147、pp. 29-40。
毛利健三（1990）『イギリス福祉国家の研究―社会保障発達の諸画期―』東京大学出版会。
毛利健三編著（1999）『現代イギリス社会政策史―1945～1990―』ミネルヴァ書房。
毛利健三（2001）「福祉国家と市民社会―アマルティア・センと『第三の道』の批判―」『聖学院大学総合研究所紀要』第20号。
森嶋通夫（1988）『サッチャー時代のイギリス』岩波新書。

第8章
ベヴァリッジの福祉社会論
三部作の統合

小峯　敦

1. はじめに

　福祉国家体制は生き残るか、という問いに対する答えは様々である。既に終焉したという主張もあれば、批判的展開を目指す試みもある。(1) 本章は福祉国家理念の設計者、すなわちベヴァリッジ*まで歴史を遡り、彼の思考を解釈する。次の通念が一般的である。：『社会保険および関連サービス』、通称『ベヴァリッジ報告』(1942) は「戦後福祉国家を創出させた主な青写真」(Harris 2004: 289) であり、現代福祉国家の原型を鋳出させるという大きな役割を果たした (毛利 1990: 189)。アトリー労働党内閣は 1946 年に国民保険法・国民保健法など成立させ、この報告書の理念を（変形されてはいたが）(2) 実現した。そして 1945 年から約 30 年間に渡り、福祉国家は高度成長と共に現実となった。しかし低成長を契機として福祉国家の国民合意が崩れ、現在は「大きな政府」に対して激しい非難も寄せられるようになった。この文脈で、ベヴァリッジについて国家依存体制を作った元凶とみなす見解もある。(3) 逆に福祉を促進する立場からでも、

---

(1) 福祉国家論は百家争鳴であり、簡単な展望は不可能である。その制約下で次の文献を挙げておく。導入としては小林 (1990)、宮本 (1999: 序章)、福祉国家批判の概観として Pierson (1991: Ch.2)、福祉国家の類型として Esping-Andersen (1990: Ch.1)、福祉多元主義については Johnson (1987: Ch.3)、福祉の普遍的・哲学的考察は Spicker (2000: III.2)・塩野谷 (2002: 第 6 章) を参照。
(2) 社会保険が制度の根幹にならなかったこと、均一拠出・均一給付の原則が崩れたことなど、福祉国家体制はその出発点からベヴァリッジの意図から逸脱した。
(3) ハイエクの『隷従への道』(1944) と対置する Cocket (1995: ch.2) が一例。

ベヴァリッジの時代的な限界を指摘する傾向が強い(4)。

これら近年の傾向にもかかわらず、本章はベヴァリッジの思惟が通常の解釈を超え、福祉社会の考案者として再評価できると論ずる。そのため効果的な方法として、彼の後期三部作、すなわち『社会保険および関連サービス』、『自由社会における完全雇用』、『自発的活動』に注目する。第2節で社会保障論を、第3節で完全雇用論を、第4節で自発的活動論を取り上げ、第5節で三部作の統合を試みる。その際に、経済学者ケインズ*との協働関係を特に注意したい。

2.『ベヴァリッジ報告』

『社会保険および関連サービス』は1942年12月1日に出版された。イギリス国民は熱狂的にこの「戦後の再建計画(5)」を受け入れた。2時間で7万部が売れ、1年間で62万5000部売れたと言われる。2カ月後の世論調査では、この報告書を知っている者は95％、賛成の者は88％、反対の者は6％であった(6)。この『ベヴァリッジ報告』は戦時にあって、将来計画の提示という手段でイギリス国民を統一したのである。以下では、まずこの報告書の内容を略述し、ついでケインズとの協働関係を指摘する。

(1) 報告書の内容と前提

『ベヴァリッジ報告』は包括的・野心的な社会設計計画である。その計画はすべての事象に目を配りながら、濃淡が付けられた対策群がひとまとまりになっている。ベヴァリッジはまず人類の五大悪を分類する。窮乏 (Want)、疾病 (Disease)、無知 (Ignorance)、陋隘（不潔）(Squalor)、無為（怠惰）(Idleness) である (Beveridge 1942: 170, para.456)。別の手段を組み合わせた社会政策で五つの巨悪を倒すべきだが、順序も重要である。窮乏は最悪の悪徳だが、同時に絶滅させやすい。ゆえに国家は「窮乏からの自由」を第一目標とする (ibid.: 7,

---

(4) 一例として大沢 (1999: 102)、宮本 (1999: 106-7)。
(5) 「地上の楽園計画 (New Jerusalem)」の一環である。Durbin (1985: 5)、Cockett (1995: 59)、Clarke (1997: 146)。
(6) 数字に関してはCockett (1995: 60)、毛利 (1990: 220) より。大蔵省はアメリカ版を急遽印刷し、5000ドルの純益を上げた (Beveridge 1955: 320)。

para.11）。この窮乏を根絶する手法は社会保障（social security）である。社会保障とは具体的に、収入の中断・稼得力の喪失・特別支出の時に、最低限度の所得が保証されることであり、できるだけ速やかに所得の中断を終わらせるように措置を講じることである（*ibid*.: 120, para.300）。ただしここに重大な前提がある。報告書の提案が完遂するには、(1)児童手当、(2)包括的医療サービス、(3)完全雇用 が前提とされなければならない（*ibid*.: 120, para.301）。(1)は 15 歳または 16 歳以下の児童に対して支給される。賃金が夫の労働にもっぱら基づいている限り、大家族は相対的に窮乏化する。そこで社会保険とは別枠で児童手当が必要になる。(2)は疾病の予防・治療および労働能力の回復であり、できるだけ速やかに労働市場に市民を戻すことを目的とする。失業は最悪の浪費形態だからである。(3)は長期の失業に権利としての無条件現金支給を行うことは、道義心を低下させるために好ましくないという判断である。単なる所得保障は人間の幸福には不十分であり、完全雇用という平等の機会がなければ、この原則を貫けない。

　この前提の下、次の三つを統合させた制度が社会保障体制となる。ここに、比重の違う三段階分類というベヴァリッジの特徴が最大限に出ている。以下で三つの特徴と関連性を述べる。

　第一に主の手段として、基本的必需物（needs）に対する社会保険がある。これは強制的な拠出原則を持つ。保険料の拠出と引き換えに、市民全員が最低限生活水準（subsistence）まで所得保障を権利として持つ。社会保険を実行するために次の六つの原則を守るべきである。均一給付（最低生活費）、均一拠出（保険料）、行政責任の統一、適正な給付額、包括性、被保険者の分類である（*ibid*.: 9, para.17）。一番目の均一給付とは、所得の多寡にかかわらず、最低限度の生活費のみを国家がどんな時も保障することである。四番目の原則と共に、これは国民最低限保障（National Minimum）を意味する。この水準はラウントリー*やボウリー*等の外部専門委員によって具体的に算定された。例えば失業給付は週に 40 シリング、退職年金も同額であった[7]。これが全市民に保障される権利である。ただしこの給付水準は同時に、市民の義務も含む。なぜなら最低

---

(7) 1938 年価格で計算。多くの規定条件があるが、ここでは省く。一覧表は Beveridge（1942: 150, para.401）。

限水準以上の保障は行われないからである（ibid.: 121, para.304）。私的な保険の余地が残り、市民は豊かな生活のため、自ら精進しなければならない。二番目の均一拠出とは、資産の多寡にかかわらず、すべての市民が同一の保険料を払うことである。条件によって、1週で最大4シリング3ペンスから最小1シリング6ペンスまでの保険料となる（ibid.: 152, para.403）。この二つの均一原則を持つ社会保険ならば、個人においても国家においても支出と収入が釣り合う。個人は拠出の義務を負った上で、給付の権利を獲得する。また増大する福祉予算は、保険料の拠出と給付で均衡するように設定される。つまり、社会保険はある程度勤勉で、自立可能な標準的市民像を想定している。

しかし、すべての市民が保険の拠出を行えるわけではない。例えば身体的・精神的な理由で、社会保険の網からこぼれ落ちる人々がいる（ibid.: 12, para.23）。そこで第二に従の手段として、特殊事例に対する公的扶助がある。これは国庫から支払われる現金給付である。救貧法の伝統を持つイギリスは、資力（資産）調査（means test）に強い抵抗があった（ibid.: 11, para.12）。救貧法による施しが「貧民の汚名」を伴ったからである。しかしこの公的扶助は、厳格な資力調査を伴わなければならない。保険より望ましくないものだからである（ibid.: 141, para.369）。国家は内手の小槌ではなく、保険料を支払う者に怠け癖を唆してはならない。具体的には次のような手当・一時金がある。出産給付と未亡人給付（それぞれ13週間まで1週36シリング）、保護者給付、扶養手当（16シリング）、児童手当（8シリング）、結婚一時金（10ポンドまで）、出産一時金（4ポンド）、葬祭、業務災害などである。これらは国家の一方的な給付なので、この場合だけ給付の適切性のため、証明書や資力調査を必要とする。

第三の補完手段は、報告書全体を貫く原理と関係する。まず補完とは、基本的な措置に付加する私的貯蓄の奨励である（ibid.: 143, para.375）。これは自助努力の働く余地を残し、最低限生活の上に自由に生活設計できることである。この手段は次の思想（第三の指導原理）と密接に関連している。すなわち、社会保障は国家と個人の協力によって達成されるべきである。ただし行動意欲や機会や責任感を抑圧してはならない。また国民最低限保障を決める際、その最低限以上の備えを自発的に行う余地を残し、さらにそれを奨励すべきである（ibid.: 6-7, para.9）。

表 8-1　1945年の予算比較(10)

	現行の制度	その割合	提案の制度	その割合
国家	2億6500万	61.3%	3億5100万	50.3%
被保険者	6900万	15.9%	1億9400万	27.8%
使用者	8300万	19.2%	1億3700万	19.6%
合計	4億3200万	100.0%	6億9700万	100.0%

　『ベヴァリッジ報告』は福祉国家の理念を確立した。社会保障による国民最低限保障がその柱である。しかし同時に、報告書は——補完ではあるが——市民側の義務にも言及していた。個人が国家に過度に依存しないようにという憂慮からだった(8)。実際、社会保障を支える個人・使用者・国家の負担比率は、28：20：50になり（利子が2）、現行の制度よりも個人負担率が増える（表8-1を参照）。この意味で、ベヴァリッジの福祉国家理念は、当初から個人と国家の相互努力を前提にしていたと判断できる(9)。

（2）ケインズの関与

　スキデルスキーは「ケインズは決して情熱的な社会改革家ではなかった」とし、「ベヴァリッジ報告の構造に何の影響も与えなかった」と断言している（Skidelsky 2000: 264, 266）。本節はこの見解(11)に反論を試みる。まずケインズが国民最低限保障を明確に支持していることを示す。次にベヴァリッジとの協働作業が決して表面的でなかったことを例示する。

　最初に、ケインズは報告書の国民最低限保障について、全く反対してない。それどころか積極的に支持している。多くの保守派にとって、この部分は19

---

(8)　特にBeveridge（1942: 170, para.455）を参照。「我々の計画は……受給者がそれ以後、個人的責任から逃れさせるようなものではない」。

(9)　福祉国家を安易に批判する一般の論調と異なり、『ベヴァリッジ報告』の研究書はこの点を見逃していない。例として、大前（1983: 226）、毛利（1990: 217）、地主（1995: 46）。

(10)　Beveridge（1942: 112, 表13）より作成。単位はポンド。割合は切り捨て、利子を含まないので、合計しても100％にならない。

(11)　権威のケインズ伝を書いたスキデルスキーの立場は一貫している。「ハーヴェイロードの規定概念」（社会改革に向かう公的義務感）よりも「ケンブリッジ文化の規定概念」（審美・愛智という私的生活を優先する信条）がケインズには重要となる。遠い将来の壮大な計画は退けられることから、福祉国家への耽溺はありえないのである。

世紀的自由主義から完全に切り離された概念だった。多くの革新派にとって、ウェッブの提唱以来 45 年を経て、ようやく市民権が実現された。他方、ケインズは『一般理論』で既に「経済社会の顕著な欠陥は、……富および所得の恣意的で不公平な分配である」(CW 7 1973/1936: 372) と喝破していた。そして消費・投資を喚起し不活動資金を減少させる政策によって、「利子生活者の安楽死」(ibid.: 376) を願っていた。この基本線はベヴァリッジの提唱と重なる。そのため、『ベヴァリッジ報告』を精査した 1942 年の段階でも、ケインズは様々な場面で貧者への分配を前提にした議論を展開している。第一に、ケインズは最低賃金条項の存在を前提にし、この水準を維持しながら費用の安い方策を探している。第二に、ケインズは栄養面から見た最低限所得保障についても、ある水準を前提にしながら、より財政負担の少ない選択肢を探している。第三に、ケインズは老齢年金受給者・失業者・その扶養家族すべてに対して、生存水準を与えるということを認めている。第四に、労働者の生活安定はケインズの『戦費調達論』(1939) と密接に関連している。このパンフレットでケインズは「繰り延べ払い」を提唱した。インフレが現実化する中で、所得の一部を戦時中は凍結し（強制貯蓄）、戦後の不況期にその口座を（利子付きで）開放することで総需要の調整を図る工夫である。インフレ圧力を貨幣賃金に転化する代わりに、補助金政策によって児童手当と必需品の安価な割当が得られた。ケインズの総需要管理とベヴァリッジの最低限保障が密接に関係している例である。第五に、ベヴァリッジ案の検討中にミードが提起した資本課税について、ケインズは「それがさらなる社会改良に融資するのに使用される」場合を認めている。つまり利子生活者に重くのしかかる資本課税を行い、貧者に回す「社会改良」が実施されることが想定されている。第六に、「給付金や拠出金を全国民に拡張すること」には「賛成すべき事由が非常に多くあるということに私は同

---

(12) CW 27 (1980: 207)、ミードへの手紙、1942 年 5 月 8 日。
(13) CW 27 (1980: 221)、ホプキンスへの手紙、1942 年 7 月 7 日。児童手当の額を削減するかわりに、教育局の給食等を拡張する。
(14) CW 27 (1980: 245)、ヘイルへの手紙、1942 年 8 月 24 日。
(15) モグリッジは労働党人脈との交渉で、家族手当の提唱が出たとする (Moggridge 1980/1976: 125-126、邦訳 149-50)。ハロッドも必需物の価格安定化を指摘している (Harrod 1982/1951: 493、邦訳 547-8)。
(16) CW 27 (1980: 215)、ミードへの手紙、1942 年 6 月 30 日。

意する」とある。この発言は社会保険そのものに対する明確な支持である。以上、すべての場合で、ケインズはベヴァリッジの国民最低限保障（または貧者への再配分）を受諾した議論展開をしていた。

　次に、ケインズとベヴァリッジの関係は、見かけ以上に長く緊密である。両者の交流は遅くとも手紙上は1914年3月、実際に会ったのは1914年5月まで遡れる。戦時中、両者は食糧配給・為替管理を扱う実務家として出会った。ベヴァリッジがLSE学長になりケインズがケンブリッジに戻ると、ロンドン・ケンブリッジ経済サービスという連合体で両者は代表としてたびたび会うようになった。1923年には両者の間で人口論を巡り激しい論争が続いた（Toye 2000: 172-80）。ただし交流は深まり、自由党夏期学校への参加や、機関誌『ネーション』の再建など、自由党を軸とした参集もあった（Moggridge 1992: 390）。「経済参謀論」という概念をベヴァリッジが1923年から強く提唱した時、ケインズも大いに同調し、経済学者のシンクタンク化実現に腐心した。1924年にケインズが初めて失業対策として公共事業を提唱した時、ベヴァリッジも賛辞を送った（Harrod 1982/1951: 346、邦訳388）。1930年2月には両者は王立経済学会の理事会に出席し、リカード全集の編纂という重要な決定に立ち会っている。1932年には『世界恐慌からの脱出』と題して、両者の講演が同時に収録された。1934年1月には『エコノミック・ジャーナル』編集会議にも両者は出席している。1936年にはベヴァリッジの論文（長大な物価史）が同誌に載るかどうかのやりとりをしている。そして1940年3月にはケインズが主導し、ピグーの後継としてベヴァリッジを王立経済学会会長に選んだ。その後もベヴァ

---

(17) CW 27（1980: 252）、ホプキンスへの手紙、1942年10月13日。
(18) BP 2a-13、ケインズからの手紙、1914年3月15日。ベヴァリッジがピグーの『失業』(1913) を書評したお礼。
(19) ベヴァリッジが輸入ベーコンの買い付けを大蔵省に頼みに行った時、いったんは断ったケインズが落胆するベヴァリッジを見て、100万ドルを投げてよこした。ベヴァリッジはその権力に感銘を受けた。BP 9a-52, "Some Memories of Maynard Keynes"。
(20) 1923年にケインズが設立。ビジネスマンや金融分析家に信頼すべき情報を与えることを目的とする。ヘンダーソン（後にロバートソンと交代）・ボーレイも執行会議に名を連ねた。Moggiridge (1992: 383)、Skidelsky (1994/1992: 106)。
(21) BP 2a-29、王立経済学会の議事録、1930年2月13日。
(22) BP 2a-33、1934年1月30日、ケインズへ・ケインズからの手紙2通。
(23) BP 2a-35、1936年7月と10月の手紙4通。

リッジを立てながら、ケインズが実務と議案の主導権を握っていた。1940年4月にはレイトン・ソルターと共に「古強者」の会合が始まり、戦時経済で内閣を批評する集まりが催された。このように、両者は一朝一夕の交流ではなく、昼食・夕食に招待し合い共に議論する仲間であった。

この緊密さは『ベヴァリッジ報告』を巡る交流で、ますます堅牢になった。両者の関与は1942年3月に始まった。ケインズはベヴァリッジから報告書の計画メモを送付され、次の返事を書いた。

> あなたの覚書を読んで、その全般的な計画に対し私がひどく感激したことを伝えておく。それは非常に重要かつ雄大な建設的計画である、と私は思う。しかもそれが十分に資金の融通面から可能だと分かり、安心した。(CW 27 1980/1942: 204)

本人への礼状ゆえに、この感想は儀礼的との反論を受ける可能性がある。そこで内閣経済部ミードへの手紙を見ると、「個人的には、私はベヴァリッジの提案がとっている路線に大賛成である」とある。一部に賛成、しぶしぶ受諾、といった態度ではないことに注意したい。それゆえケインズはミードと社会保険の可能性を議論した後、自らベヴァリッジと接触した。「あなたの提案の最新版を一部いただけないか。……他方で私はそれをめぐる批判を受け取っており、それらに対処していかねばならない。原文の中に何が書いてあるのかを実際に知らないと、まずいことになる」。予算拡大による財政支出の制御不能を恐れる大蔵省に対し、ケインズが積極的に関与していることがわかる。大蔵省高官のホプキンスにも「公平に評すると、ベヴァリッジには予算を困らせるつもりはない」と弁明している。1942年8月にはケインズ・ロビンズ・エッ

---

(24) BP 2a-39、ケインズからの手紙、1940年3月20日。ケインズは王立経済学会（そして英国アカデミー経済部）の秘書のような役割を果たし、事前に様々な議題の根回しをしていた。

(25) BP 2a-29、ケインズからの手紙、1940年4月15日。古強者 the Old Dogs という表現は第一次世界大戦に官僚として大活躍した者が、1940年段階では何の公務も任されていないという場面を指している。

(26) CW 27 (1980: 204)、ミードへの手紙、1942年6月16日。ミードはこの時期、熱烈なケインズ主義者であった。

(27) CW 27 (1980: 219)、ベヴァリッジへの手紙、1942年6月25日。

(28) CW 27 (1980: 228)、ホプキンスへの手紙、1942年8月20日。

ス（保険統計局長）・ベヴァリッジの4人で、あるいは2人のみで会い、報告書の細部まで綿密に検討した。ケインズは逐一それを大蔵省に報告し、「ベヴァリッジがこれらの議論に非常な感銘を受けた」として、有益な討論を振り返った。1942年10月に完成しつつあった最終版に対しては、「その文書は非常にすばらしく、穏当かつ広範囲に及んでおり、極めて説得的で注目すべき方法で論じられている」と手放しで喜んだ。ベヴァリッジ本人にも「この報告書は堂々としたものである」、「本質的な部分があなたの構想したとおりに実質的に採用されることを、私は願っている」とケインズは伝えた。以上の手紙は、ケインズがベヴァリッジ報告の本質に共鳴したことを示している。そしてベヴァリッジも「社会保険について、ケインズと話すことによって私がどれほど多くを得たかを覚えている」（Beveridge 1955: 330）と証言した。

　ベヴァリッジとケインズは細かい点で意見を異にしている。児童手当、年金、退職条項が代表的である。ベヴァリッジは児童手当について、1人目は除外した上で、2人目以降は週8シリングが必要であると譲らなかった。ケインズはむしろ1人目を除外するのは政治的に難しいので、1週6シリングなどに減額したら予算上節約できると主張した。両者ともに失業者の児童には特別な配慮が必要なこと、通常の家族の場合は児童手当だけで児童の生存水準を確保する必要がないこと、この2点は認めている。年金については、ケインズはベヴァリッジ案の3分の2の給付額と、即時全員には（つまり拠出したことがない者には）給付しないことを主張した。退職条項とは、年金受給年齢に達した時に退職しなければ、年金を増額するという措置である。また退職通知後に所得を稼げば年金が減額される。人々を労働に引き留める誘因になる。ベヴァリッジはこの条項に固執したが、ケインズは早く退職したい人に負担をかけすぎることから、その削除を主張した。ただし最後にはケインズの方が譲歩している。以上の相違点は軽微であり、時間を費やしている割には本質的な論点ではなかった。

---

(29) CW 27 (1980: 239)、ウィルソンへの手紙、1942年8月11日。
(30) CW 27 (1980: 252)、ホプキンスへの手紙、1942年10月13日。
(31) CW 27 (1980: 255)、ベヴァリッジへの手紙、1942年10月14日。
(32) この段落は平井（2003: 745-60）も参照。
(33) 1人目までは両親の責任、2人目からは国家補助が必要と考えられたためだろう。

両者の協働は同じ世界観を共有していたためである。その例として次の4点を挙げておこう。第一に、ベヴァリッジ報告はケインズのマクロ経済学を前提にして構築されている。特に画期的な1941年予算(インフレギャップ・総需要・総供給の推計)でも用いられた国民所得推計や、需給関係の両面考慮などが顕著な特徴である。[34]それゆえ「社会保障予算」が組み込まれた報告書が可能になった。第二に、失業を軽減する案に同意がある。ベヴァリッジは当初「解雇税」(dismissal tax)を提案した。これは解雇した事業主に懲罰的な拠出を求めるものである。ケインズはこの案に全面的に賛同した。[35]またミードはベヴァリッジ案を見て、保険料と景気を連動させた発展案を作った。社会保険の体制を景気変動の緩和に用いようとしたのである。ケインズは再考して賛成に回り、失業率8％を基準にして「それ以下では拠出金を増加させ、それ以上では急速に減少させる」(CW 27 1980: 208) という裁量政策を熱心に説いた。[36]第三に、自助努力と国家救済の適切な組み合わせを両者は模索していた。この場面は、友愛組合への支持と拠出原則への堅持に窺える。ベヴァリッジは友愛組合をこの時期は強力に支持するようになっていた。ケインズも同調し、[37]「私は人が病気や不具に備えて最低救援金を上回る額を用意する友愛組合等の組織を奨励したい、という点であなたと同意見である」(ibid.: 205) と述べた。また、「個々のサービス費用を、それが提供される源泉と可能な限り関連づけることが……いっそう重要となり」、「健全な会計を維持し、効率性を測定し、節約を励行……する唯一の方法」(ibid.: 224-225) とケインズは述べた。保険の持つ拠出原則への全面的な信頼である。それゆえ、政府白書『社会保険』(1944)[38]の起草案を見た時、ケインズは大いに嘆いた。

拠出原則の放棄にも等しいやり方は、我々を海図のない海に導くことになる

---

(34) Moggridge (1980/1976: 131, 邦訳157) の指摘による。
(35) CW 27 (1980: 205, 207) の2箇所にある。
(36) 大蔵省の反対で、この案はベヴァリッジ報告から除外された。
(37) Beveridge (1942: 144, para.379) を参照。
(38) 政府は1944年に『国民保健サービス』『雇用政策』『社会保険』という三つの白書を立て続けに公表した。それらはベヴァリッジの対案をある部分は受容し、他は拒絶している。『社会保険』の場合は国民最低限保障を認めず、『ベヴァリッジ報告』よりも年金部分に寛容で、家族手当に厳格だった。Fraser (2003/1973: 243)、毛利 (1990: 244, 248) を参照。

……。ベヴァリッジ計画が……抜群に安くつくものである…。…これらの提案から乖離しようと決意すれば、ただちに経費の重要な増大をもたらす……。（*ibid*.: 263）

 第四に、ケインズはベヴァリッジの社会保障体制が、自らのマクロ経済学モデルの中で好循環を招くと自覚している。「我々の国民所得がこの案のもとで、負債の数倍の速さで増大するのを妨げるものは何もない」[39]。これら四つの証言はすべて、両者の重大な社会観が共有されることを示す。
 ケインズはベヴァリッジの国民最低限保障および拠出原則という重大な世界観を共有した。この2点こそ、国家の義務を高らかに謳いつつ、市民の義務や創意工夫を忘れない「新しい自由主義（New Liberalism）」の神髄である。個人と国家の適切な行動比率を両者は追い求めていた。この解釈をする限り、冒頭のスキデルスキー説は不適切となる。

3.『自由社会における完全雇用』

 後期三部作の二番目、『自由社会における完全雇用』は1944年11月に出版された。本節では本書が従来の見解よりも、複雑な構造になっていることに注目する[40]。まずその成立過程を概観する。次にケインズの『一般理論』と対比する。最後に本書独自の位置づけを考察する。

（1） 本書の成立過程

 本書は複雑な成立過程を辿っている。時間の流れ通りに、五つの局面に分けて細述しよう。
 第一段階はベヴァリッジ自身の強い初期動機である。『ベヴァリッジ報告』

---

(39) CW 27 (1980: 259-60)、貴族院での演説原稿、1943年2月24日。貴族院に初登庁するケインズがベヴァリッジ報告について演説しようとしたが、「大きな圧力」で断念された。ケインズは「大蔵省内の人々と現在の関係を非常に重視している」と述べ、断念の理由を述べている。CW 27 (1980: 256)。
(40) 例として「ベヴァリッジが完全なケインジアンに改宗し」（地主 1995: 39）たという見解がある。

で三つの前提を摘出していた彼は、その最大の前提（完全雇用）の研究に自ら立ち向かった。社会保障の「報告書のサインのインクも乾かぬうちに、次の報告に取り組むことになった」(Beveridge 1955: 327)。1942年11月には早くもフェビアン協会で「私企業の欠点は失業を防げないことで、国家計画が不可欠だ」と述べた。1943年1月19日にはプリマスで「窮乏と怠惰からの自由」と題した講演を行った。2月には雇用維持の問題にもっと大きな関心を寄せていると手紙に書き、3月には「ベヴァリッジ報告はもはや私の関心対象ではない」と断言するに至った。しかし今回は政府の援助は望まず、完全に私人の立場で完全雇用を研究する委員会を立ち上げざるを得なかった。資金は進歩的なビジネスマン3人による匿名援助で何とか賄われた。そして1943年4月8日には非公式な雇用問題調査の設置が発表された。ベヴァリッジの雇用問題への関心は自らの内部から湧き出たものであった。

第二段階は若き俊英の社会科学者・調査官に出会ったことである。私的委員会には7名（うち女性3名）の構成員がいた。シューマッハ＊、ジョーン・ロビンソン＊、カルドア＊、ウットンの4名は経済学者とみなせるだろう。残りのパッケナム、カーリル、メアは社会問題調査官とみなせるだろう。彼らは14カ月に渡って、毎月1回は正式な会合をロンドン中心街で開き、それ以外にも週末はオックスフォード大学ナフィールド校で会合を重ねた。シューマッハはドイツから逃れ、清算同盟案でケインズに注目され庇護された。後に「小さいことは良いことだ」というスローガンで世界的に有名になった。ロビンソンは言うまでもなく、ケインズの「サーカス」の一員であり、後に異端の経済学者となった。カルドアは当初LSEロビンズサークルの影響下にあったが、『一般理

---

(41) 次の記事から。*The Times*, "Economic Reform", 25 November 1942。

(42) 2月と3月の出来事はBeveridge (1955: 328) から。

(46) そのうち1人が出版人のハルトン（Edward G. Hulton, 1906-1988）。保守党支持であったが、写真報道紙 *Picture Post* を創刊するなど活躍した。

(44) *The Times*, "Plans for Employment", 9 April 1943。この記事は政府が公式の委員会を立ち上げるべきだと非難している。

(45) この節は全体的にHarris (1997: 432-4) にも依存する。

(46) PRO, T 247/101, "Mr E F Schumacher's paper on multilateral clearing", 1943。シューマッハは敵国人として強制収容所にいたが、ケインズが解放し、後に政府関連の仕事も与えた。初めて会った1929年11月以来、ケインズはシューマッハの高い能力を絶賛していた。Wood (1984: 20, 135)。

論』の出版後、急速にケインズに接近していった。後に最も有力なポストケインジアンになる。ウットンはケンブリッジ大学で古典と経済学を専攻し、『社会科学と社会病理学』(1959)など多数の本を著した。平等に基づく社会政策・裁判改革が生涯の課題であった。パッケナムは保守党の調査官として出発したが、やがて社会主義に接近して労働党の政治家になった。『ベヴァリッジ報告』では付録Fの各国比較で協力していた。カーリルは商務省時代の同僚で、水力源委員会 (Water Power Resources Committee, 1919) や倒産委員会 (Bankruptcy Committee, 1924～1925) の委員として活躍していた。この時は既に引退し、私人であった。メアは妻の末娘である。彼らは多様な背景と意見を持っていた。ケインズ理論を熟知していたシューマッハ・ロビンソン・カルドアの影響力は計り知れない。中でもシューマッハを——ケインズ同様——ベヴァリッジは大きく頼った。[47]

　第三段階は高級官僚との接触である。[48]ベヴァリッジは官僚の中にも多くの友人や崇拝者がおり、中には省内の政策決定に影響を及ぼせる立場の者もいた。その例として、商務省のワトキンソン (G. L. Watkinson) と大蔵省のイーディ (Wilfrid Eady, 1880～1962) を挙げる。前者はベヴァリッジと一緒に燃料配給問題で一緒に働いたことがある。商務省大臣から正式に失業問題を討議する許可を得たので、[49]ベヴァリッジの組織した私的委員会（経済学者の技術委員会 [the Technical Committee of Economists]）に出席していた。商務省の内部資料によると、ワトキンソンは非常に熱心で、自身だけでなく5人の同僚を連れて会合に参加しようとした。ベヴァリッジも私的委員会設置の直後にワトキンソンに手紙を送り、[50]また別の機会には完全な私的懇談会だが、誰にでも開かれているのでぜ[51]

---

(47)　「彼はシューマッハという名の若い経済学者の見解に影響されている」。ワトキンソンのメモ (1943.9.17)。PRO, BT 64/3393。シューマッハの娘による伝記によれば、ベヴァリッジは最後には論破されて、シューマッハのメモを報告書の土台として受け入れた。ただ経済理論で優越したシューマッハだが、ベヴァリッジの失業者への労りの心に非常に影響を受けた。Wood (1984: 162, 164)。

(48)　この節は Beveridge (1955: 329) も参照。

(49)　パッケナムと商務大臣が話した結果、ワトキンソンは今まで通りベヴァリッジの会合に出席してよい、輸出に関するデータを提供してよいと定められた。PRO, BT 64/3393、ワトキンソンのメモ、1943年10月23日。

(50)　PRO, BT 64/3393、ワトキンソンからベヴァリッジの秘書へ、1943年6月30日。

(51)　PRO, BT 64/3393、ベヴァリッジの秘書からワトキンソンへ、1943年4月10日。

ひ来て欲しいと誘っている。イーディは労働省に永年いたが、いくつかの省庁に移動し、最後は大蔵省の合同事務次官補 (joint second secretary) として 10 年間働いた。ワトキンソンと同様にベヴァリッジの古くからの知り合いであり、戦間期は失業問題に従事していた。ベヴァリッジの官界への影響力はまだ大きかった。

　第四段階は政府のベヴァリッジ接触禁止命令である。ベヴァリッジは過去に、失業保険法定委員会の議長 (1935〜45) や『ベヴァリッジ報告』の作成委員会の議長として、当初の範囲をはるかに凌駕する政策立案への野心を見せた。この野心は経済の専門知を政府部門に応用すべきという信念から出たものだったが、他方で本物の政策決定者を激怒させた。当時、チャーチル首相、アンダーソン蔵相、チャーウェル支払総監などが共通の嫌悪をベヴァリッジに感じていた。そこで大蔵省事務次官ホプキンスは官僚のトップとして、政府のどの部門の役人——経済学者を含み——も、ベヴァリッジと失業問題に関して意見交換してはならないと 1943 年に各省庁に通達した。ワトキンソンもイーディも従わざるを得なく、ベヴァリッジに断りの手紙を書いた。古くからの知人は「召喚されるかと恐れて、どんな方法でもあなたと接触するのは躊躇した」(ibid.: 329-30) とようやく返事をよこした。ベヴァリッジが雇用問題について話し合いたいと提案した時、禁止を受けている身なので遠慮したいとケインズも回答した (ibid.: 330)。ケインズは既に大蔵省顧問であり、政府による雇用問題の計画に深く関与していたのである。ベヴァリッジは知るよしもなかったが、ワトキンソンはこの決定に強く反発し、次の見解を記録に残していた。「私はウィリアム・ベヴァリッジ卿を無礼に扱うことに、最大限の私的な反対を付け加えなければならない。何の合理的な説明なしに、彼の招待を拒み続けることは、無礼と感じるだろうからである」。またこの禁止令はマスコミにも漏れ、大き

---

(52) PRO, BT 64/3393、ベヴァリッジからワトキンソンへ、1943 年 10 月 11 日。
(53) 雇用問題に大いに関心があり、ケインズの提案にもたびたびメモを残している。Peden (2004: 318) も見よ。
(54) 賃金率と生活費に関する産業問題の手紙が残っている。PRO, LAB 2/875/I&S 525/2/1922。
(55) PRO, BT 64/3393、ホプキンスからオーバートーン (商務省事務次官) への手紙、1943 年 11 月 2 日。
(56) PRO, BT 64/3393、ワトキンソンのメモ、1943 年 11 月 9 日。

な反響をもたらした。その結果、庶民院でも貴族院でも、政府は激しい非難に晒された。しかし友人であった枢密顧問官をはじめとして、政府はこの禁止令を必死で擁護した。例えば1943年12月7日の庶民院で、アンダーソン蔵相はこの手紙は私が全責任を負う者だが、公務員が守るべき一般的な原則を再確認したに過ぎないとして、全く撤回の意思がないことを示した。12月10日の貴族院でも、最重要議題として取り上げられ、多くの議員が疑問を呈した。ある議員は政府がこのような文書を通達したのは遺憾だとし、書類上はケインズ卿もカットー卿も公務員なのだから、彼らがベヴァリッジ卿と完全雇用について協議できないのは不適切だと断じた。別の議員はこの決定は自由と民主主義に反するとした。マスコミも一斉に政府を批判した。中でも『エコノミスト』は厳しく、「この決定は……公式な態度として馬鹿げた例である」とし、「正しい質問に正しく答えるという議論に関し、公式見解と非公式見解が自由に共同できるということが、民主的な意思疎通の強さである」と主張した。

　第五段階は「白書の追いかけごっこ」（White Paper Chase）であった。政府はベヴァリッジとの交流を禁止しただけでなく、自らの手で完全雇用に対する報告書を作成し、先駆けて公表しようとした。彼も禁止令という逆境をバネに、新しい報告書を仕上げるという目標に突き進んでいった。政府は『雇用政策』と題する白書を1944年5月26日に公表した。『自由社会における完全雇用』が印刷所に送られて8日後のことだった。「戦時には私的な出版がなかなか円

---

(57)　*The Times*, "The House of Commons, Beveridge Inquiry, the Letter to Civil Servants", 8 December 1943.
(58)　Lord Catto (1879-1959)、後のイングランド銀行総裁。当時は大蔵省への金融助言官。
(59)　*The Times*, "Planning after the War, House of Lords, Task for Sir William Beveridge", 11 December 1943.
(60)　*The Times*, 29 November 1943, 7 December 1943, *New Chronicle*, 27 November, 1943, *Daily Telegraph*, 27 November 1943 など。*Evening Standard* には風刺漫画家ロウ（David Low, 1891〜1963）の絵もある。以上のいくつかは PRO, BT 64/3393 の中に切り抜き保存してある。
(61)　*The Economist*, "Hush, Hush", 4 December 1943.
(62)　ベヴァリッジ自身の表現。Beveridge (1955: 330)。Robbins (1971: 189-90) はむしろミードと自分が最初に雇用問題を考えていて、それにベヴァリッジが飛びつこうとしたと表現している。実は労働党も完全雇用問題の提案書を出していた。しかも主導者のドールトンによれば、1944年4月公表なので「我々が一番だ」と誇っていた。Durbin (1985: 262)。
(63)　この事情は毛利（1990: 第4章）に詳しい。Peden（2004: 308）も参照。

滑には行われない」(Beveridge 1945/1944: 259) ために、本書が日の目を見たのは11月のことだった。ベヴァリッジは政府白書が自分の報告書の追い落としを狙っていると感じた。確かにチャーウェル卿などはその意図があった[64]。またベヴァリッジが一部の政治家や官僚から煙たがれていたのは事実であった。しかし政府内部にも完全雇用を追求する集団（ミード等）がいたのも確かだし、それを後押しする有形無形の圧力もあった。

（2）　本書のケインズ的内容

『自由社会における完全雇用』はケインズ理論の受容と言われている[65]。この節ではその通説を批判的に検討すると共に、主に『一般理論』との比較において何が共通か、何がベヴァリッジの独自かを腑分けする。まずはケインズ的要素と判断されるものを、理論分析・政策の両面から考える。次にベヴァリッジ独自の要素を指摘する。最後に本書を貫く社会観と、『ベヴァリッジ報告』との関連をまとめる。

本書はケインズ理論の深い理解から執筆されている。このことを次の3点から確認しよう。第一に、失業を分析する際に全体の有効需要 (effective demand) が鍵となり、しかもこの需要が不足しがちという問題意識がある。失業が発生する理由は、有効需要が全体としての労働力に見合うほど十分でないからである (Beveridge 1945/1944: 24, para.20)。ベヴァリッジは有効需要を『一般理論』における難解な定義[66]ではなく、通常に流布されている定義で説明する。すなわち財・サービスを支払う裏付けがある欲求である (*ibid.*: 404)。彼は第一次世界大戦の前後では、労働市場の問題が全く変わってしまったことを認識する。そして現在は「総需要の不足は最も重要である」(*ibid.*: 26, para.24)。第二に、「雇用は支出に依存する」(*ibid.*: 131, para.175)。支出 (outlay) とはここでは消費と投資と定義されるので、総需要と同じである。そして「総支出が雇用可能な全労働を需要するほど十分でない限りは、完全雇用は達成できない」

---

(64)　PRO, CAB 66/42/15, "Reconstruction Plans. Memorandum by the Paymaster General", 20 October 1943. 毛利（1990: 267, 注 22）も同一の文書を参照している。
(65)　例として Harris（1997: 434）。
(66)　総需要関数と総供給関数の交叉する点（ある雇用量から企業が期待できる売上金額）がその定義である。CW 7（1973/1936: 25, 55）。

(*ibid.*: 134, para.180)。ケインズと同様(67)に、総需要側から経済全体の所得（GDP）が規定され、それがまた雇用を規定することが認識されている。このように総需要側を出発点として雇用を終着点とする因果律の見方が本書を貫いている。第三に、経済が自動調整機能を持っていないと認識される。例えば、利子率が貯蓄と投資を均衡させたり(68)、その結果として労働需要と労働供給を一致させたりすることはない。同様に、ピグーが1913年や1927年に主張したのとは逆に、賃金率の調整によって失業をなくすことはできない（*ibid.*: 96, para.125）。ここでは利子率や賃金率に、均衡への調整機能がもはやないことが明らかにされている。パラメータが不在であったり、誤った機能を見せたり、様々な点で完全雇用を導かないのである。以上 3 点いずれも、『一般理論』の中心的命題をベヴァリッジがそのまま受容していることを示している。

　ケインズへの深い理解は理論面だけでなく、政策面にも現れている。再び 3 点を指摘しよう。第一に、総支出を完全雇用に見合うだけ十分に、国家が責任を持って捻出しなければならない（*ibid.*: 29, para.31）。私的支出が不足するならば、公的支出で補うことで、全体としての需要がすべての人を雇用するのに十分なまで国家が責任を持つ(69)。第二に、「投資の社会化」の提唱がある。ケインズは「投資のやや広範な社会化が完全雇用に近い状態を確保する唯一の方法になる」（CW 7 1973/1936: 378）と述べ、『一般理論』では公共事業よりもむしろ「投資の長期的な安定化」を推奨した。具体的な内容は明らかではないが、投資に関する情報を集中・公開することで、国家の介入と民間の創意工夫を適度(70)に組み合わせることを含むと考えられる。この面でベヴァリッジは完全にケインズと同一線上にある。ベヴァリッジは「有効需要の社会化」（Beveridge 1945/1944: 191, para.271）を明言する。具体的には、国家投資局（a National Investment Board）の設置を謳った。投資に関して「情報を入手し、補助を与え、また公

---

(67) 消費性向・流動性選好・資本の限界効率・賃金単位・貨幣量という独立変数が国民所得と雇用量を決定する。CW 7（1973/1936: 247）。
(68) ケインズによれば古典派は、利子率の上下によって貯蓄と投資の乖離が解消するとみなした。CW 7（1973/1936: 328）。
(69) 「……国家が投資を直接に組織するために今後ますます大きな責任を負う」（CW 7 1973/1936: 164）。ケインズの見解。
(70) 鍋島（2001: 37-9）はケインズの予算制度改革案（1942〜45）も、投資の社会化を目的とすると論ずる。

私の企業による投資を共に調整する権限を持つ」（*ibid.*: 177, para.241）機関である。つまり政府が直接統制する公共投資とは別に、民間の投資を調整したり誘導したりする仕組みである。補助を与えるとは、国家保証を担保に、低い利子率で民間の金融機関から融資させることである。第三に、予算勘定の新設である。ベヴァリッジは「二重予算（double budget）」を提唱し、通常予算と臨時予算の峻別を説いた。前者は年々の経常収入によって賄う通常支出についてであり、後者は通常の資本支出や不況時の応急措置を含むものである。前者は収入と支出を厳密に均衡させるべきである。しかし後者は好況時に余剰を生ませる一方で、不況期は赤字を厭わない（*ibid.*: 181, para.249）。実はこの概念は——『一般理論』にはないが——ケインズが『ベヴァリッジ報告』や雇用政策を討議する過程で、1942年から1945年の間に活発に用いたものである。ケインズは「所得から支出される通常予算と、いわゆる資本予算との分離[71]」を主張する。そして「通常予算は常に均衡に保たれるべきである。雇用に対する需要と共に変動すべきなのは資本予算の方である[72]」とした。以上より、ケインズやベヴァリッジが赤字財政主義をもたらしたと断定するのは拙速である。むしろ伝統的な均衡財政主義を通常予算の中で残しながら、中長期的な雇用の安定を資本予算の枠組みで機動的に図るという二重性を有すると判断すべきである。資本予算の概念は、ベヴァリッジの社会保障計画をどう予算化するかというケインズの思考から発展したものである。ベヴァリッジがそれを引き取り、自著に反映させている点は興味深い。以上の3点いずれもケインズとの共通点がある。

　上記の理論・政策の両面からはケインズの立場を受け入れているベヴァリッジではあるが、本書には他にも彼独自の失業論がある。それが産業配置の統制と労働移動の組織化である。前者は人口・産業の過疎過密があるために、せっかく全体としての労働需要が十分であったとしても、地域ごとに斑の労働需要が見当違いに発生してしまう事態への対処である。この事態を避けるには、国家開発大臣（Minister of National Development）のもとで産業を適切に配置する必要がある（*ibid.*: 170, para.228）。すなわち生産拠点という供給側の要因の制御である。後者は待機している労働力（労働予備軍［reserves of labour］）が多く

---

(71) CW 27 (1980: 275)、ホプキンスへの手紙、1942年4月15日。
(72) CW 27 (1980: 275)、「ベヴァリッジ案」、ホプキンスへの手紙、1942年7月20日。

生ずるような場合、または需要に応じて反応できる労働に伸縮性がない場合への方策である。この場合を避けるには、労働市場を組織化し、移動のための障碍を除去することが必要である（ibid.: 172, para.233）。イギリスには既に職業紹介所がある。ここで労働の需給情報を集めることができるが、まだ不十分である。労働の移動を容易にする手段として、国家が職業養成を提供すること、また修了者には職を提供すること、長期の失業者には失業給付の条件を厳しくすることなどがある。つまり労働供給側の要因である。産業配置の統制と労働流動性の組織化は、「副次的であるが従属的ではない」（ibid.: 125, para.165）。つまり労働需要の喚起が完全雇用への第一条件であるが、これが満たされてもただちに解決されるわけではない。第二・第三の条件を加味しないと完全雇用は達成できない。ベヴァリッジは総需要の喚起というマクロ的側面に加え、他の二条件というミクロ的で供給側の要因も失業分析に加えていた。

(3) 自由社会・社会保障・完全雇用

上記の失業診断に加え、本書全体を流れる思想の基調を指摘しておく必要がある。それが基本的自由の擁護である。当初は『進歩社会における完全雇用』と題されていた本書は、最終的に『自由社会における完全雇用』に変更された。進歩的 (progressive) から自由 (free) に変更された理由は不明であるが、いくつかの推測が成り立つ。まず資本主義対社会主義という論争には加わらないと宣言したベヴァリッジは、「進歩的」＝社会主義　という誤解を避けたのではないか。次に、前述のように政府高官との接触禁止令という「不自由な」環境におかれたベヴァリッジは、最大限に政府の権力に対抗して「自由」の用語を使ったのではないか。自由社会とは「市民の基本的自由権がすべて確保されてい

---

(73) 「保険所得の規定からは不当になるほど扶助されてはならない」（Beveridge 1945/1944: 173, para.233）。ここでもベヴァリッジは失業保険の制度に過度に依存しすぎる個人を厳しく諫めている。

(74) なおベヴァリッジは完全雇用政策で労働組合の力が強まり、物価騰貴という悪循環を招く危険性も指摘している（Beveridge 1945/1944: 199, para.285）。ケインズも完全雇用に達した後のインフレを想定しているが（CW 7 1973/1936: 290）、ベヴァリッジの方がより強いインフレ懸念がある。

(75) PRO, BT 64/3393、ベヴァリッジからワトキンソンへの手紙、1943年10月11日。

(76) Beveridge (1945/1944: 191, para.272; 206, para.300; 252, para.373)。

る条件」(Beveridge 1945/1944: 21, para.11) である。そして「自由社会において完全雇用を維持する責任を国家においている」(*ibid.*: 192, para.274)。ただし自由の細目が問題となる。ベヴァリッジは自由権に濃淡を付ける。まず基本的自由権として、「信仰・言論・著作・研究・教育の自由」は不可侵である。次に「政治その他を目的とする集会・結社の自由、職業選択の自由、個人所得の処分の自由」が主に考察の対象となる (*ibid.*: 21, para.11)。団結の自由を押し進めると物価騰貴を招かないか、職業選択の自由のために頻繁な離業が横行しないか、個人所得の処分の自由のために過少消費を招かないか、という懸念がある。ベヴァリッジは社会の恒久的利益のために、こうした自由権の一部を制限することで完全雇用を達成するとした。「すべての自由は責任を負う」(*ibid.*: 23, para. 16)。自由権を放棄するのではなく、より高次の目的にためにその中の一部を制限するのである。ただし「社会は個人のために存在する」(*ibid.*: 19, para.5) という社会観で本書は執筆されているので、究極的には個人主義的な自由観だとベヴァリッジ自身は判断している。それゆえ、「市民のあらゆる基本的な自由権を再び認めることがここの提案の本質」(*ibid.*: 191, para.271) と宣言された。

　ここまでは『自由社会における完全雇用』単独の考察であったが、むしろ特筆すべきは前著『ベヴァリッジ報告』との強い関連である。両者は相互依存し、しかもその目標が達成されれば望ましい循環になる。この循環はベヴァリッジ自身がはっきりと次のように自覚している。もし1942年の社会保障計画が実施されれば、消費支出は拡大・維持される。これは水平的な再分配と垂直的な再分配でなされる。前者は失業の時とそうでない時、子供が多い時とそうでない時、それぞれで社会保険によって所得の水平的平坦化が行われることである。後者は当初は微々たるものだが、やがて社会保障の一部が税で調達されるようになると、幸運な者からそうでない者に所得の垂直的再分配が行われることである。いずれも病気・失業・傷害その他の人に、所得が十分に回る。そこで支出増によって完全雇用への道が容易になる。逆に、完全雇用が達成できれば、現在8.5％の失業者に向けた保険財源が、3％以下に向けた負担で済む。同じ負担で多額の扶助が可能になる。ゆえに窮乏への戦いは無為（失業）への戦いの第一歩である。[77]ベヴァリッジは結論する。

社会保険と児童手当による窮乏の除去に伴う所得再分配は、それ自体で産業の生産物に対する需要の維持を助け、それゆえ失業を防止する強い力になるだろう。(*ibid*.: 255-6, para.379)

　ベヴァリッジの完全雇用論をまとめておこう。ベヴァリッジは『自由社会における完全雇用』において、ケインズ（特に『一般理論』）の理論と政策の本質的な部分を受容した。つまり有効需要論を核として、投資の社会化を提唱したのである。もちろんそこには理論的な精緻さはない。つまり使用者費用・自己利子率など概念のみならず、乗数・流動性選好といった重要な分析道具も使用されていない。また貨幣愛が究極的には失業をもたらすというケインズの洞察力（貨幣経済論）は共有されていない。しかし完全雇用を達成するために、国家による投資が必須とする全体的な方向はケインズと共有された。ケインズも本書を「極めて優れている」として、「総じて同感の念を抱く」と述べた。さらに完全雇用の診断と処方箋が再び独自である。主たる処方は十分な総需要、従たる処方は産業配置の制御、補完的な処方は労働流動性の組織化である。失業に関して労働需要側（全体としての有効需要と生産の地域性）および労働供給側（流動性）の両面を目配りしていた。そして全体を貫く基調は自由社会の尊重である。ここでもベヴァリッジが得意とする「濃淡のついた3種類の網羅的把握、全体を貫く一つの思想」という思考法がある。そして社会保障と完全雇用の相互補完性と循環性も自覚された。ベヴァリッジは1944年にケインズ理論を確かに受容した。しかしそれは単なる折伏ではなく、自らの社会保障体系を強固にし、また自らの自由社会を擁護する手段と理解したゆえだろう。この意味でベヴァリッジは独自の完全雇用論を完成させた。それゆえ、次のようなハイエクの理解は完全に的はずれである。「ベヴァリッジの雇用についての本を書いたのは彼［カルドア］である。これはかなりよく知られた事実である。

---

(77)　以上は Beveridge（1945/1944: 160, para.213; 255, para.379）。
(78)　この事実が逆に、ロビンソン・カルドアなどのケインズ理論を熟知していた助言者が圧倒的な影響力を持たなかった傍証になる。
(79)　CW 27（1980/ 1944: 380）、ケインズからベヴァリッジへの手紙、1944年12月16日。
(80)　1909年の診断では主とされた。力点の移動はベヴァリッジ自身が自覚している。Beveridge（1945/1944: 86, para.111, 90, para.115）。

その本にある経済学はすべてカルドアのものである。ベヴァリッジにそのような本は書けなかったはずだ」(Kresge & Wenar 1994: 86, 邦訳 84)。

4. 『自発的活動』

後期三部作の最後、『自発的活動：社会進歩の方法に関する報告書』は 1948 年 4 月に出版された。前の報告書同様に私的委員会が組織され、内部者の討論あるいは外部者の証言によって肉付けされた[81]。しかし前の報告書とは違って、反響はほとんどなく、政府からもほぼ無視された (Harris 1997: 460)。本節ではこの報告書の内容を略述し、特に他の報告書との関係をまとめる。

(1) 自発的活動の領域

まず題名の意味がそのまま本書の内容となる。自発的（民間）活動 (Voluntary Action) とは、政府の管理下にない私的な行動を指す。必ずしも無償ということでなく、有償でも外側からの制御がない行動である。自発的団体と公的団体は歴史的には協調してきたことがイギリスの特徴である (Beveridge 1948: 8)。本書ではたとえ自発的でも、営利動機 (business motive) と個人的倹約 (personal thrift) は捨象する。社会的進歩を導く公共目的のみが主題だからである。その上で、相互扶助 (mutual aid) と博愛 (philanthropy) という行動に絞る。前者は不幸に対抗して安全を確保するため、自らと仲間を守る登録制の自発的団体を作ることである。後者は社会的良心 (social conscience) を内に秘める。物質的に自分が満足していても、隣人が満足していなければ自分も精神的に満足することはない。これが良心の発露である (ibid.: 9)。

相互扶助の精神に基づいている団体は、労働組合・生活協同組合・住宅組合・任意保険などがある。中でも代表例が友愛組合 (friendly societies) である。この組合は 17 世紀中葉までには成立し、ローズ法 (1793) によって細かく規定

---

(81) 特に内閣経済部にいたチェスター (Norman Chester：ベヴァリッジ報告の委員会の書記)、前著に引き続くウットン、社会調査家のラウントリーが目をひく。またハンガリー人で LSE 亡命者救済組織を頼ってイギリスに来たマンハイム (Karl Mannhiem, 1893-1947) も委員会に秘書として参加した。これらの事情は Harris (1997: 454) に詳しい。

され奨励された。⁽⁸²⁾様々な不幸に備えるための基金を蓄える自発的な団体である。1911年に国民保険法が成立した時、友愛組合と国家は競合しないように考慮された。しかし1946年には『ベヴァリッジ報告』の提案と逆に、両者は分裂した。ベヴァリッジはこの分離は好ましくない (ibid.: 84) とし、友愛組合に大いに肩入れする。その理由はこの体制が――社会保険ほど厳密ではないにせよ――拠出原則を貫いているからである。つまり拠出という最低限の義務を果たした上で、プールされた基金から給付を受ける権利がある。⁽⁸³⁾彼はこの信念に基づいて、1946年に労働党政権に友愛組合の強化を進言するが、拒否された (Harris 1997: 453)。しかし彼は国民貯蓄友愛組合の資金援助を得て、この報告書を書き上げたのである (Beveridge 1948: 16)。友愛組合への傾倒は信念と資金で裏打ちされていた。

　博愛の精神に基づいている団体は、17種類に分類できる。児童・青少年・老齢者・家なし人・障害者・社会的な疎外者への援助、芸術・地域の振興、女性団体、隣保館などである。具体的はC.O.S.やトインビーホール、救世軍などがある。ここではトインビーホールのみを取り上げる。⁽⁸⁴⁾ベヴァリッジはここで「イギリスは豊かなのに、なぜ同時に貧しさも残るのか」と問う (ibid.: 130)。そしてセツルメント運動は金持ちで余裕のある者と貧しくて肉体労働する者に、都市が分裂するのに対抗する自発的活動であるとまとめられた。ただしこれは結果であって、最初からの本質ではない。むしろ「そこに住む者の目を通じて、経済的・社会的条件を観察」(ibid.: 132) することも大事な役目である。この冷徹な観察眼は、昔と変わらない。

　続いて上記のような団体の先駆者をベヴァリッジは考察する。ウィリアム・ブース、オクタビア・ヒル、チャールズ・ブース、バーネット夫妻、ウェッブ夫妻などである。⁽⁸⁵⁾ウェッブ夫妻のみ述べておこう。ここではLSEを開設したことが自発的活動の一種になる。元は社会主義を押し進めるために「公平な科学的研究」が必要だった。特に夫シドニー・ウェッブは際だった勤勉性・寛容

---

(82) この事情は小山 (1978: 102) を参照。
(83) 「この共済機構による保険システムが持つリスク・プール機能に着目」(林 2002: 109)。
(84) ベヴァリッジは大学卒業後、1903年から2年間ここで副館長を務めた。トインビーホールは大学セツルメント運動の拠点である。ロンドンの最貧地区で、大学生と貧しい者が共同生活の中で、お互いに感化されることが期待された。

性を見せた。最初の理事4人は後に国会議員になったが、1人だけが社会主義者に分類され、残りは違った（2人は保守党）。彼は1度も LSE の方向性を遮ったことはなかった。妻ビアトリス・ウェッブの元には巨額の相続金があったので、公共目的のために時間と資金をつぎ込めた (*ibid.*: 184)。

（2） 三段階把握と社会観

ベヴァリッジは福祉国家が到来してもなお残る領域を、やはり三段階で把握する[86]。第一に、主たる勧告は残存する一般的な基本的必需物 (needs) の充足である。これは全市民に向けられるもので、余暇の増大と現代社会の複雑化に対応する。前者は工業化の結果、2時間もの労働時間が短縮される事態から派生した。余暇の増大に商業が入り込み、映画鑑賞やギャンブルが横行している。しかし「余暇を無駄に害あるように使うことについて、自由社会では国家の直接行動はできない」(Beveridge 1948: 286)。また後者は市民相談事業所 (Citizen's Advice Bureaux) の機能が大事である。この組織は1930年代中葉に全国社会サービス協議会 (National Council of Social Service) の報告書によって提唱された。戦争勃発時には200の事業所が開設され、1948年には600が稼働している。この組織は主に、行政の仕組みを説明すること、行政の不服相談をすること、多くの市民に理性と友情が世にあると感じさせることを請け負っている。相談員には必ずヴォランティアがいる。仲間の市民として相談に乗る。当局からは独立した自発的団体なのである。国家は市民相談事業所に物質的な援助をすべきだが、大学に対してと同じく、制御をすべきではない (*ibid.*: 277-87)。第二に、従たる勧告は特殊な必需物の充足である。非典型的な少数派の市民に対しても、目配りを怠ってはならない。例えば遺棄され虐待された児童、心身障害者、慢性的疾患者、未婚の母と子、釈放された元受刑者、不幸な家庭の主婦などであ

---

(85) 1942年の貧困調査でも手伝ってくれたラウントリー (Benjamin Seebohm Rowntree, 1871～1954) がいない。まだ存命中だったからかもしれない。ラウントリーとの親密さは、ロイド・ジョージやチャーチルに一時的雇用の問題を取り上げさせると意気軒昂な手紙からわかる。BP 2 b-13、ラウントリーからベヴァリッジへの手紙、1917年11月17日。

(86) ベヴァリッジは「社会サービス国家」という用語を好んで用いた (Beveridge 1948: 217)。国家からの贈り物という意識が強くなる「福祉国家」という用語は気に入らなかった (Harris 1997: 452)。

る (*ibid*.: 226)。彼らには貨幣そのものというより、貨幣ではしばしば買えないサービス（奉仕）が不足している。物質的な資源（家屋・病院・訓練所）がまず必要で、それには自発的活動が大いに力を発揮すべきである (*ibid*.: 266)。第三に、補完として、自発的活動を陰から支えるのが国家である。それは直接統制なのではなく、器を作ったり、補助金を与えたり、創意工夫を促したりするという間接的援助である。

　本書はベヴァリッジの社会観が陽画的に窺える[(87)]。これまでの著作では陰画的にしか捉えられなかった。それは二重のバランス感覚である。第一のバランスは国家と個人の間である。個人には様々な動機がある。個人的な節制と営利（ビジネス）動機には私的な目標しかない。どちらの貪欲も経済的発展の原動力だが、営利動機は召使いとしては良いが主人としては相応しくない。「営利動機に支配された社会は悪い社会である」(*ibid*.: 322)。他方、国家は民主主義的手法に則っているものの、中央集権的な一元化（直接的な統制）を基本的には目指す。このままでは個人の思惑と国家の権力がバラバラに存在するのみである。社会に人々の絆がない。そこで個人の社会的良心（公共目的）から発した「自発的活動」の領域が、両者の緩衝帯となる。かつては宗教的な共同体が担っていた役目を、例えば友愛組合が取って代わるのである。ここに国家と個人のバランスが回復する。第二のバランスは国家と市場のバランスである。市場は独特の営利動機に導かれて、人々に多大な富をもたらした。しかし労働市場が典型だったように、需要と供給が大幅に変動するなど、均衡への安定的軌道が確保できなかった。そこで20世紀前半から国家の統制的介入がなされた。社会保険が導入され、完全雇用が目標と定まったのは大きな前進である。しかし国家の力、市場の力をもっても解決できない領域がある[(88)]。それが「自発的活動」の領域であり、営利でも統制でもない道であった。社会には自発的活動でしかすくい上げられない一般的・特殊的な基本的必需物が存在するのである。社会的良心に従った自発的活動が、国家と市場の到達できない領域で活躍する。

---

(87)　本書は「ベバリッジの国家間、社会観を知るうえで重要なテキスト」（湯浅 1997: 222）である。

(88)　「不幸に対する安全の全領域はかつて自発的な相互扶助の区域だったが、国家と利得追求の私的営利に分裂してしまったとしたら、遺憾であろう」（Beveridge 1948: 296）。

ここに国家と市場のバランスが回復する。

5. おわりに——三部作と福祉社会

このように考えていくと、後期三部作の位置づけを明確にすることができる。三つの報告書はそれぞれ、社会保障・完全雇用・市民社会を扱う。第一の報告書でベヴァリッジは国家の義務——市民の義務も秘めながら——として、社会保障体制を考案した。社会保障という保護のネットワークを国家が創出することで、市民は窮乏からの自由を目指すことができる。仕事がある時とそうでない時、余裕がある人とそうでない人、それぞれの間に所得の再分配機能が働き、水平的および垂直的公平が達成される。この案は社会保険・公的扶助・私的貯蓄という三つの（比重は異なる）代表的な手段で構成された。しかしこの社会保障が効率的に動くには、少なくとも三つの前提がいる。第二の報告はその中で最大の前提に立ち向かった。完全雇用の確保である。再び国家の義務が問題とされた。今度は市場を機能させるための国家介入である。特に労働市場において、需給の清算という市場のあるべき姿が追究された。市場は自動調整機能が時には欠けるが、計画経済に全面的に取って代わられるべきではない。その中間的存在として、国家の巧妙な制御による市場機能の発展が目指された。具体的には、有効需要の喚起、産業配置の制御、労働流動性の組織化という三つの（比重は異なる）代表的な手段がある。第三の報告書でベヴァリッジは——これまでは仄めかされていただけの——「市民の義務」に立ち向かった。「2回の世界大戦によって中断され、その結果停滞していた文明の進歩を、人間性が取り戻せる唯一の条件は、権利の確認よりもむしろ義務の強調である」[90]。良き社会は国家ではなく市民に依存する（Beveridge 1948: 320）。たとえ完全雇用が成立し、社会保障が完成しても、国民最低限だけで市民社会が構成されるわけではない。自発的活動という広大な領域が存在する。そこには個人1人でも国

---

(89) 「国民最低限保障を確立するのに、自発的活動の余地と奨励を残しておかなければならない。それぞれの個人は、自分自身と家族の最低限以上のものを稼ぐというのがその自発的活動である」（Beveridge 1942: 7, para.9）。

(90) Beveridge (1948: 14)、圏点イタリック。

家のみでも入り込めない「共同体」、「連帯感」という中間項がある。そして
これが自由社会である。具体的には、一般的な基本的必需物、特殊な基本的必
需物、国家の補助という三つの（比重は異なる）代表的な残存する領域が指摘
された。ここにおいてベヴァリッジの後期三作は完成した。三部作はお互い
を前提にしたり発展型にしたり、循環して拡大したりする。ベヴァリッジは国
家の義務と市民の義務・権利を描き切った。ここにおいて自由な市民社会のグ
ランドデザインが完成した。

　ベヴァリッジの叡智は現在の福祉国家にも向けられる。「ゆりかごから墓場
まで」の体制が確立してから、多くの福祉国家批判がなされてきた。福祉サー
ビスを権利として一方的に与えるだけの「給付型」国家、サービスの一元的供
給しかできない「中央集権型」国家、財政の放漫経営をもたらす「大きな政
府」などである。我々がベヴァリッジの三つの著作を一体と考える時、これら
の批判は想定内にあり、むしろ設計者はより良い「社会サービス国家」を目指
していたことがわかる。市民には保険の拠出と自発的活動という外面および内
面の義務がある。福祉の供給は国家が一元的に行うのではない。むしろ「国家
は国家だけができること、すなわち金を運営して支出を維持することだけをな
すべきである。ここを守り、国家はできるだけ多くの市民たちに創意・起業の
余地を残すべきである」(ibid.: 319)。国家の役割は社会保障制度の構築と維持
にある。市民の役割は自発的活動によって自分の仲間たちを支えることにある。
両者の役割分担ははっきりしており、しかも双方向に補完的である。どちらか
が欠けても社会は機能しない。そして福祉の制度はケインズの想定通り「抜群
に安くつくもの」で、拠出原則で主導する限り、財政の破綻をもたらさない。
このような国家・市場・市民が相互に依存して発展していく社会を、総合的に
「福祉社会の到来」と名付けて良いだろう。ベヴァリッジは狭義には福祉国家

---

(91)　「自由社会の顕著な目印は、自分自身および仲間の生活を良くするために、自分の家庭以外
の自発的活動が活発かつ豊富であることである」(Beveridge 1948: 10)。

(92)　ケインズも同様の認識を持つ。「……政府機能の拡張は、……現在の経済様式の全面的な崩
壊を回避する唯一の実行可能な手段であると同時に、個人の創意を効果的に発揮させる条件
である」(CW 7 1973/1936: 380)。

(93)　CW 27 (1980: 263)、ケインズからギルバートおよびホプキンスへの手紙、1944年5月15
日。

の設計者であるが、広義には福祉社会の考案者でもある。我々はベヴァリッジの統一的な勧告を、もう一度精査する必要がある。

> そしてついに人間社会は1つの友愛団体になる。…それぞれが自由な生活を持ち、それぞれが共通目的とその目的に奉仕する紐帯によって、他のすべての人を結び付けている各部門が提携した秩序（an Affiliated Order of branches）である。(*ibid.*: 324)。

参考文献

BP, Beveridge Papers in the Archive Section, British Library of Political and Economic Science, London School of Economics and Political Science.

PRO, Public Record Office (The National Archives), Kew, London.

Beveridge, W. H. (1942) *Social Insurance and Allied Services*, Cmd. 6404, London: His Majesty's Stationery Office.

Beveridge, W. H. (1945/1944) *Full Employment in a Free Society*, New York: W. W. Norton & Company. Inc. (First published by Allen & Unwin in 1944).

Beveridge, W. H. (1948) *Voluntary Action: A Report on Methods of Social Advance*, London: George Allen & Unwin.

Beveridge, W. H. (1955) *Power and Influence*, New York: The Beechhurst Press. (伊部英男訳『ベヴァリジ回顧録―強制と説得―』至誠堂、1975)。

The Collected Writings of John Maynard Keynes, London: Macmillan Cambridge University Press for the Royal Economic Society, 1971-1989（東洋経済新報社『ケインズ全集』刊行中、1977～）。

CW 7 (1973/1936) *The General Theory of Employment, Interest and Money*. (塩野谷祐一訳『ケインズ全集第7巻　雇用・利子および貨幣の一般理論』東洋経済新報社、1983)。

CW 27 (1980) *Activities 1940-1946: Shaping the Post-War World: Employment and Commodities*, 1980. (平井俊顕・立脇和夫訳『ケインズ全集第27巻　戦後世界の形成　雇用と商品―1940～46年の諸活動―』東洋経済新報社、1996)。

Clarke, P. (1997) "Keynes, New Jerusalem, and British Decline," in Clarke and Trebicock (ed.) (1997), pp. 145-65. *Understanding Decline: Perception and Realities of British Economic Performance*, Cambridge: Cambridge University Press.

Cockett, R. (1995) *Thinking the Unthinkable: Think-Tanks and the Economic*

Counter-Revolution, 1931-1983, London: Fontana Press.

Durbin, E. (1985) *New Jerusalems: The Labour Party and the Economic of Democratic Socialism*, London: Routledge.

Esping-Andersen, G. (1990) *The Three Worlds of Welfare Capitalism*, Oxford: Basil Blackwell.（岡沢憲芙・宮本太郎監訳『福祉資本主義の三つの世界―比較福祉国家の理論と動態―』ミネルヴァ書房、2001）。

Fraser, D. (2003/1973) *The Evolution of the British Welfare State*, Third Edition, Hampshire: Palgrave Macmillan (First published in 1973).

Harris, B. (2004) *The Origins of the British Welfare State: Social Welfare in England and Wales, 1800-1945*, Hampshire: Palgrave Macmillan.

Harris, J. (1997) *William Beveridge: A Biography*, Oxford: Oxford University Press.

Harrod. R. (1982/1951) *The Life of John Maynard Keynes*, London: W. W. Norton. (First Published by London: Macmillan in 1951).（塩野谷九十九訳『ケインズ伝（改訳版）』東洋経済新報社、1967）。

Johnson, N. (1987) *The Welfare State in Transition*, Brighton: Wheatsheaf Books.（青木郁夫・山本隆訳『福祉国家のゆくえ―福祉多元主義の諸問題―』法律文化社、1993）。

Komine, A. (2004) "The Making of Beveridge's Unemployment [1909]: There Concepts Blended", *The European Journal of the History of Economic Thought*, Vol. 11, No. 2, Summer 2004, pp. 255-80.

Kresge, S. & Wenar, L. (eds.) (1994) *Hayek on Hayek: An Autobiographical Dialogue*, London: Routledge.（嶋津格訳『ハイエク、ハイエクを語る』名古屋大学出版会、2000）。

Moggridge, D. (1980/1976) *Keynes*, Second Edition, London: Macmillan.（塩野谷祐一訳『ケインズ』東洋経済新報社、1979）。

Moggridge, D. (1992) *Maynard Keynes: An Economist's Biography*, London: Routledge.

Peden, G. C. (ed.) (2004) *Keynes and his Critics: Treasury Responses to the Keynesian Revolution 1925-1946*, Oxford: Oxford University Press.

Pierson, C. (1991) *Beyond the Welfare State ?*, Oxford: Basil Blackwell.（田中浩・神谷直樹訳『曲がり角にきた福祉国家―福祉の新政治経済学―』未來社、1996）。

Robbins, L. (1971) *Autobiography of an Economist*, London: Macmillan.

Skidelsky, R. (1994/1992) *John Maynard Keynes, The Economist as Saviour 1920-1937*, paperpac edition, London: Macmillan (First published in 1992).

Skidelsky, R. (2000) *John Maynard Keynes: Fighting for Britain 1937-1946*, London: Macmillan.

Spicker, P. (2000) *The Welfare State: A General Theory*, London: Sage.（阿部實・圷洋一・金子充訳『福祉国家の一般理論―福祉哲学論考―』勁草書房、2004）。

Toye, J. (2000) *Keynes on Population*, Oxford: Oxford University Press.
Wood, B. (1984) *E. F. Schumacher: His Life and Thought*, New York: Harper & Row, Publishers (First published in England under the title *Alias Papa: A life of Fritz Schumacher*).

大沢真理（1999）「社会保障政策―ジェンダー分析の試み―」、毛利健三編著『現代イギリス社会政策史 1945-1990』ミネルヴァ書房、pp. 89-153。
大前朔郎（1983）『社会保障とナショナルミニマム（増補版）』ミネルヴァ書房。
小林大造（1995）「福祉国家のゆくえ」、足立正樹編『（増補）福祉国家の歴史と展望』法律文化社、pp. 173-204。
小山路男（1978）『西洋社会事業史論』光生館。
塩野谷祐一（2002）『経済と倫理―福祉国家の哲学―』東京大学出版会。
地主重美（1995）「ウィリアム・ベヴァリッジ―失業論と社会保障論のフロンティア―」、社会保障研究所編『社会保障の新潮流』有斐閣、pp. 27-49。
鍋島直樹（2001）『ケインズとカレツキ―ポスト・ケインズ派経済学の源泉―』名古屋大学出版会。
林博昭（2002）「ベヴァリッジ『ボランタリー・アクション』再考」『研究所年報』（明治学院大学・社会学部附属研究所）第 32 号、pp. 105-18。
平井俊顕（2003）『ケインズの理論―複合的視座からの研究―』東京大学出版会。
宮本太郎（1999）『福祉国家という戦略』法律文化社。
毛利建三（1990）『イギリス福祉国家の研究―社会保障発達の諸画期―』東京大学出版会。
湯浅典人（1997）「ボランタリー・アクションが意味するもの」『文京女子大学紀要（人間学部）』第 1 巻第 1 号、pp. 219-28。

人 物 録

【A】

アトリー Clement Richard Attlee（1883〜1967）：イギリスの政治家。イギリス首相（在任 1945〜51）。オックスフォード大学卒業。LSE 講師を経て、労働党議員。郵政公社総裁、副党首等を歴任し 1935 年に労働党党首、1945 年首相。数々の国有化政策、国民保険法・国民健康サービス法（1946）、国民扶助法（1948）等を成立させ、福祉国家実現を推進した。

【B】

ベンサム Jeremy Bentham（1748〜1832）：イギリスの哲学者・経済学者・法学者。功利主義思想の代表者。オックスフォード大学クィーンズ・カレッジ卒業。快楽の助長、苦痛の防止をすべての道徳や立法の究極の原理とし、「最大多数の最大幸福」の実現を説いた。主著『道徳および立法の原理序説』（1789）。

ベヴァリッジ William Henry Beveridge（1879〜1963）：イギリスの経済学者。オックスフォード大学卒業。商務省に入り失業問題を研究。職業紹介所法・国民保険法を立案。LSE 学長、自由党下院議員（1944〜45）。主な業績として「ゆりかごから墓場まで」をうたった『ベヴァリッジ報告』（1942）。

ブレア Tony Blair（1953〜）：イギリスの政治家。オックスフォード大学卒業。1994 年労働党党首として「ニュー・レイバー（新しい労働党）」をスローガンにかかげ、中間層の支持を拡大。1997 年総選挙で圧勝し 20 世紀最年少のイギリス首相となった。保守-労働の二極対立の中間路線を目指す「第三の道」政策を推進。

ボウリー Arthur Lyon Bowley（1869〜1957）：イギリスの統計学者。ケンブリッジ大学卒業。LSE 統計学講座初代教授。C. ブースが創始し、B. S. ラウントリーが発展させた貧困研究を、従来の戸別訪問調査からランダムサンプリングに基づく標本調査へと改良。主著『暮らし向きと貧困』（1915）、『貧困者は減少したか』（1925）。

ブース Charles Booth（1840〜1916）：イギリス・リバプール生まれの船舶業者で、社会統計家・社会改良家として著名。王立統計学会会長（1892〜94）。ロンドン市内での3度の貧困実態の調査結果をあらわした『ロンドン市民の生活と労働』（17巻、1891〜1903）は科学的な社会調査の先駆的な報告であり、また老齢年金制度の成立（1908）にも大きな影響を与えた。

ブレンターノ Lujo Brentano（1844〜1931）：ドイツの政治経済学者。G. シュモラーや A. H. G. ワーグナーらと社会政策学会を設立し（1873）、労働者による下からの社会改良を提唱。労働者の団結によって真の自由競争がもたらされるとした。福田徳三の師。ノーベル平和賞受賞（1927）。主著『現代労働組合論』（1871〜72）。

ブキャナン James McGill Buchanan Jr.（1919〜）：アメリカの経済学者。シカゴ大学 Ph. D.。ジョージ・メーソン大学公共選択研究センター教授およびセンター長。「公共選択の理論」（ヴァージニア学派）の創始者。その功績によりノーベル経済学賞受賞（1986）。主著『公共選択の理論』（共著、1962）。

【C】
チェンバレン Joseph Chamberlain（1836〜1914）：イギリスの政治家。自由党急進派を領導、グラッドストンに反対して自由統一党を組織（1886）。後に保守党に転向。商務相、植民地相を歴任。社会改良・保護関税、英帝国の団結を主唱。植民地相時代に関税改革運動（1903）を起こしたが、支持を得られず政界を引退（1906）。2人の息子は後に蔵相・首相に。

チャーチル Winston Churchill（1874〜1965）：イギリスの政治家。保守党、ついで自由党で商務相・内相。商務相時代「リベラル・リフォーム」をめぐりベヴァリッジ、ルウェリン・スミスらを指揮し、職業紹介所（1909）、失業保険（1911）の実現に貢献。その後海相・植民地相等を歴任、保守党に復帰後に蔵相。第二次大戦中に首相（1940〜45）、戦後再選（1951〜55）。主著『第二次世界大戦』。ノーベル文学賞受賞（1953）。

クラーク John Maurice Clark（1884〜1963）：アメリカの経済学者。コロンビア大学教授。同大学 Ph. D.。限界生産力説で有名な J. B. クラークの三男。大戦

間の代表的制度経済学者の1人。主著『間接費用の経済学研究』(1923)、『ビジネスの社会的コントロール』(1926)。

コモンズ John Roger Commons (1862~1945)：アメリカの経済学者。ジョンズ・ホプキンズ大学でイーリーに学ぶ。労働史・労働問題研究で活躍。ウィスコンシン大学で多くの弟子を育て、後期ニューディールに影響を与えた。1930年代以降、「制度経済学」を名乗る。主著『資本主義の法律的基礎』(1924)。

【D】

ダーウィン Charles Robert Darwin (1809~1882)：イギリスの生物学者。ケンブリッジ大学神学部卒業。すべての生物は自然淘汰（選択）の作用によって時間をかけて進化するとの立場から、進化論の基礎を築いた。彼の進化論は生物学・社会科学および一般思想界にも画期的な影響を与えた。主著『種の起源』(1859)。

【H】

ハミルトン Walton Hale Hamilton (1881~1958)：アメリカの制度経済学者・法学者。ミシガン大学 Ph.D.。シカゴ大学・イェール大学等で教鞭。主著 *Industrial Policy and Institutionalism* (1974)。

ホブハウス Leonard Trelawny Hobhouse (1864~1929)：イギリスの社会学者・政治学者。オックスフォード大学卒業。『マンチェスター・ガーディアン』紙の編集を経て LSE 初代社会学教授。「定行進化」の理論は当時の進化論や J. S. ミル等の社会哲学を総合したものである。J. A. ホブスンと同じく新自由主義を提唱。主著『自由主義』(1911)。

ホブソン John Atkinson Hobson (1858~1940)：イギリスの経済学者。オックスフォード大学リンカーン・カレッジ卒業。オックスフォード大学・ロンドン大学の公開講座講師 (1887~97)。その後、著述活動を中心にサウス・プレイス倫理協会の常任講師を終生務める。過剰貯蓄と過少消費という不公平な富の分配を強調。主著『帝国主義論』(1902)。

【K】

カルドア Nicholas Kaldor（1908～1986）：ハンガリー生まれの経済学者。ベルリン大学・LSE で学ぶ。LSE の助手等を経てケンブリッジ大学教授。労働党内閣の蔵相特別顧問、インド・メキシコ・イラン等の経済顧問を歴任。企業理論、厚生経済学、新古典派経済学批判、マネタリズム批判、サッチャー政権批判等、経済学への貢献は多方面に渡る。

ケインズ John Maynard Keynes（1883～1946）：イギリスの経済学者。ケンブリッジ大学キングズ・カレッジ卒業。インド省勤務の後、ケンブリッジ大学で教鞭。国際金融問題、国内雇用問題等に精通し、それまでの経済学に対抗した「ケインズ革命」を起こす。2度の大戦中は大蔵省に勤務。主著『貨幣論』(1930)、『雇用・利子および貨幣の一般理論』(1936)。

【L】

ロイド・ジョージ David Lloyd George（1863～1945）：イギリスの政治家。アスキス自由党内閣蔵相時代の「リベラル・リフォーム」において国民保険法（1911）の実現に貢献。自由・保守党の連立内閣首相（1916～22）。第一次大戦後パリ講和会議で活躍し、ベルサイユ条約を締結。アイルランド統治法を制定し（1920）、アイルランド自由国成立（1922）にこぎつけた。主著『世界大戦回顧録』(1933～36)。

ルウェリン・スミス Hubert Llewellyn Smith（1864～1945）：商務省次官・統計家。初代の主席経済助言官。オックスフォード大学卒業。ブースのロンドン調査に携わる。改革派として、職業紹介所法（1909）、国民保険法（1911）の起草を主導。引退後も貧困調査を行う（1928～35）。主著『国家社会主義の経済的側面』(1887)。

【M】

メジャー John Major（1943～）：イギリスの政治家。保守党党首としては珍しく労働者階級の出身。サッチャー首相に認められ頭角をあらわし、外相（1989）、蔵相（1989～90）を歴任。1990年サッチャー辞任後、保守党党首および首相（在任1990～97）。サッチャーよりも欧州統合に積極的だったが、1997年の総選挙でブレア率いる労働党に敗退。

マルサス Thomas Robert Malthus（1766〜1834）：イギリス古典派の代表的経済学者。ケンブリッジ大学ジーザス・カレッジ卒業。東インド・カレッジ教授の近代史および経済学教授（イギリスで最初の経済学の名がつくポスト）。穀物法をめぐってリカードと論争。主著『人口論』(1798)。

マーシャル Alfred Marshall（1842〜1924）：イギリスの経済学者。ケンブリッジ大学セント・ジョーンズ・カレッジ卒業。限界効用理論を融合・発展させることで、新古典派経済学の基礎を確立。ケンブリッジ大学教授を務め、ケンブリッジ学派を形成。同大学の経済学科の独立に尽力。A.C. ピグーや J.M. ケインズを育てた。主著『経済学原理』(1890)。

マーシャル Thomas Humphrey Marshall（1893〜1981）：イギリスの社会学者。ケンブリッジ大学卒業。同大学トリニティ・フェロー。経済史を研究していたが、1925年からベヴァリッジの薦めにより LSE で教鞭をとり社会学を研究。ユネスコの社会科学部会部長等も務める。主著『シティズンシップと社会的階級』(1950)、『転換期にある社会学』(1963)。

ミーンズ Gardinar Colt Means（1896〜1988）：アメリカの経済学者。ハーバード大学 Ph.D.。A.A. バーリーとの共著『近代株式会社と私有財産』(1932) で「所有と経営の分離」概念を発表。また農務省経済補佐官として、タグウェルらとともにルーズヴェルト政権で活躍。

ミル John Stuart Mill（1806〜1873）：イギリスの哲学者・経済学者。幼少より父ジェームズから英才教育を受ける。哲学・経済学はもとより、政治学・論理学・倫理学等、19世紀の自由主義思想に多大な影響を与えた。ベンサムの唱えた功利主義の擁護者としても著名。晩年は社会主義にも関心を向けた。主著『経済学原理』(1848)、『自由論』(1859)。

ミッチェル Wesley Clair Mitchell（1874〜1948）：アメリカの制度経済学者。シカゴ大学 Ph.D.。カリフォルニア大学・コロンビア大学等で教鞭。クズネッツ等の弟子を育てた。主著『景気循環』(1913、1927、1946)。

モア Thomas More（1478〜1535）：イギリスの政治家・思想家。オックスフォ

ード大学卒業。枢密顧問官・下院議長・大法官を歴任。離婚問題でヘンリー8世と対立し、叛逆罪に問われ処刑。王権と教権から自由な社会を理想国家とした。主著『ユートピア』(1516)。

モーリス William Morris (1834～1896)：イギリスの詩人・工芸美術家・社会改革家。オックスフォード大学卒業。産業革命のもたらした非人間性に異議をとなえ、空想的社会主義を信奉。中世を範として、伝統的なデザインや職人芸の復活、共同体社会への回帰を提唱。豪華本の印刷装丁でも有名。主著『ユートピア便り』(1891)。

ミュルダール Alva Reimer Myrdal (1902～86)：スウェーデンの社会学者・政治家・平和運動家。ストックホルム大学・ジュネーヴ大学等で学んだ後、G.ミュルダールと結婚。1962年に国会議員、国連軍縮委員会のスウェーデン代表 (1966～73)。ノーベル平和賞受賞 (1982)。

ミュルダール Gunnar Myrdal (1898～1987)：スウェーデンの経済学者・社会学者。ストックホルム大学教授、商工大臣、国連欧州経済委員会委員長等を歴任。ヴィクセルの「累積過程の理論」の内在的批判に基づく貨幣的経済学を提示。後年は低開発経済を中心に研究。ノーベル経済学賞受賞 (1974)。主著『貨幣的均衡』(1939)、『アジアのドラマ』(1968)。

【O】

オーウェン Robert Owen (1771～1858)：イギリスの社会思想家。イギリス社会主義・協同組合運動の父。産業革命時代にスコットランドにニュー・ラナーク製粉所を経営。1825年に渡米し、ニューハーモニー共同村の実験を行うが失敗し帰国。1843年にイギリス最大の産業組合連合の長となる。主著『社会に対する新見解』(1813～14)。

【P】

ピアソン Karl Pearson (1857～1936)：イギリスの統計学者。ロンドン大学ユニバーシティ・カレッジおよびケンブリッジ大学のキングズ・カレッジ卒業。ロンドン大学教授。近代統計学の基礎を築き、それを生物遺伝の問題に応用したことで有名。イギリスの科学者F.ゴールトン (1822～1911) とともに、優生学の確

立に尽力。主著『科学の文法』(1892)。

ピグー Arthur Cecil Pigou (1877～1959)：イギリスの経済学者。ケンブリッジ大学キングズ・カレッジ卒業。マーシャルの後継者として同大学政治経済学教授 (1908)。「倫理学の侍女」としての経済学、すなわち厚生（善）の増大を実践課題とする厚生経済学を確立。後にケインズ『一般理論』で「古典派経済学者」の代表として批判された。主著『厚生経済学』(1920)。

【R】

ロビンソン Joan Robinson (1903～83)：イギリスの経済学者。ケンブリッジ大学ガートン・カレッジ卒業。経済学者 E. A. G. ロビンソンとの結婚 (1926) を経て、経済学の研究を開始。ケンブリッジ大学教授。ケインズ経済学の発展に寄与。1971年アメリカ経済学会での講演「経済学の第二の危機」は大きな反響を呼んだ。主著『不完全競争の経済学』(1933)。

ルーズヴェルト Franklin Delano Roosevelt (1882～1945)：アメリカの政治家。ハーバード大学とコロンビア大学で法律を学ぶ。アメリカ合衆国第32代大統領 (1933～45)。ニューディール政策で大恐慌に対処。第二次大戦には連合国の戦争指導と戦後の世界平和確立に努力、終戦を目前にして急逝。史上唯一の4選された大統領。

ラウントリー Benjamin Seebohm Rowntree (1871～1954)：イギリスの製造業者・博愛主義者。チョコレート会社社長を務め (1925～41)、労働者参加の新方式を導入。社会問題と社会福祉の研究を行う。C.ブースの貧困調査に影響を受け、ヨーク調査を3度実施 (1899, 1936, 1950)。調査報告書『貧困』(1901) は貧困を科学的に裏付け、反響を呼んだ。

【S】

セン Amartya Sen (1933～)：インド生まれの経済学者。ケンブリッジ大学卒業。同大学教授兼トリニティー・カレッジ学寮長 (1997～2004年)、ハーバード大学教授 (2004～) 等を歴任。グローバルな視点から貧困を説明する厚生経済学の理論で著名。数理解析における貢献で、ノーベル経済学賞受賞 (1998)。主著『福祉の経済学』(1985)。

シューマッハ Ernst Friedrich Schumacher（1911〜77）：ドイツ生まれの経済学者。ボン大学でシュンペーターに学び、オックスフォード大学等で学ぶ。国際決済制度論でケインズに高く評価される。1946年イギリス国籍を取得し労働党入党。石炭公社で顧問等を務める（1950〜70）。主著『スモール・イズ・ビューティフル』（1973）。

シュンペーター Joseph Alois Schumpeter（1883〜1950）：オーストリア生まれの経済学者。ウィーン大学卒業。ボン大学等で教鞭。オーストリア蔵相（1919）。その後渡米し（1932）、ハーバード大学教授。計量経済学会会長（1937〜41）。企業家の革新的行動と景気循環を分析。主著『理論経済学の本質と主要内容』（1908）、『経済発展の理論』（1912）。

シジウィック Henry Sidgwick（1838〜1900）：イギリスの哲学者・倫理学者。ケンブリッジ大学トリニティ・カレッジ卒業。同大学道徳哲学教授。利己主義・直覚主義・功利主義の3方法の相互関係を検討。J.S.ミルにならって経済学を「技巧」（art）としてとらえ、「科学」（science）としての経済学から区別した。主著『倫理学の諸方法』（1874）。

【T】

サッチャー Margaret Hilda Thatcher（1925〜）：イギリスの政治家。オックスフォード大学卒業。ヒース内閣の教育科学相（1970〜74）。1975年に保守党党首に就任。79年の総選挙では経済回復と小さな政府を公約し大勝、イギリス初の女性首相となった（在任1979〜90）。社会保障部門や国営企業を一部民営化したが、その政策は失業率を上昇させた。

ソーントン William Thomas Thornton（1813〜1880）：イングランド生まれ。東インド会社書記。文芸や経済問題等の著作に従事し、J.S.ミルと親交。リカード派の賃金「基金」説打倒に貢献し、ミルはその説を撤回。また労働組合は、労使対立とともにパートナーシップに連なる要素をもつとみなした。主著『労働について』（1869）。

ティトマス Richard Morris Titmuss（1907〜1973）：イギリスの社会政策学者。学歴は義務教育課程まで。人口統計を独学し優生学協会の支援で出世。戦中に戦

時政策史編纂に従事。戦後、LSE 社会行政学教授に就任、同分野の第一人者に。年金分野等で労働党の政策形成にも関与。主著『社会政策の諸問題』(1950)、『福祉へのコミットメント』(1968)。

タグウェル Rexford Guy Tugewll (1891～1979)：アメリカの経済学者。ペンシルヴァニア大学ウォートン・スクール卒業。コロンビア大学経済学部講師を経て、F. ルーズヴェルト政権のブレーンとして大恐慌からの脱出に尽力。戦後シカゴ大学等で教鞭。彼が編集した『経済学の趨勢』(1924)は戦間期における制度経済学のマニフェストとされる。

【V】

ヴェブレン Thorstein Bunde Veblen (1857～1929)：アメリカの経済学者・社会学者。進化論的経済学を提唱。ジョンズ・ホプキンズ大学・イェール大学等で学ぶ。シカゴ大学・スタンフォード大学・ミズーリ大学等で教鞭。なおヴェブレンがマーシャルの経済学を「新古典派」と呼んだことが、この語の最初の用例である。主著『有閑階級の理論』(1899)。

【W】

ウェッブ Beatrice Webb (1858～1943)：イギリスの社会主義者・経済学者・歴史学者。フェビアン主義者・社会改良家。夫シドニーとともに「社会諸制度の研究」に強い関心を持ち、苦汗産業、協同組合、労働組合、福祉政策をめぐる著作多数。シドニーとの共著に『産業民主制論』(1897)、『救貧法少数派報告』(1909)、『窮乏の予防』(1911)。

ウェッブ Sidney James Webb (1859～1947)：フェビアン協会創設期の主要メンバー。植民地省官僚からロンドン州議会議員を経て労働党政策綱領 (1918) 起草、第一次労働党内閣商務相など労働党に貢献。LSE 創設者（行政学を担当）。ビアトリスとの共著に『産業民主制論』(1897)、『救貧法少数派報告』(1909)、『窮乏の予防』(1911)。

(山根聡之)

人 名 索 引

あ
アトキンス　111
アトリー　8, 222, **253**
アルトメイヤー　112
アンダーソン　235, 236
イーディ　234, 235
イリー　118
ヴァイスマン　67
ヴィクセル　13
ウィット　112
ウィレンスキー　9
ウインチ　91
ウェッブ夫妻　2, 10, 12, 39, 46, **79-103**, 111, 227, 244, **261**
ヴェブレン　110, 111, 145, 146, **261**
ウォルマン　121
ウットン　233, 234
エスピン-アンデルセン　10
エゼキール　108, 112
エップス　229
エディ　111
オーウェン　32, **258**

か
カーリル　233, 234
カーン　90
カットー　236
カリー　108
カルドア　233, 234, 242, 243, **255**
キッド　93
キャロル　121
クラーク、J. M.　2, 10, 12, **107-129**, 254
クラーク、J. B.　113, 114
グルーチー　111
ゲイヤー　121
ケインズ　2, 8, 9, 11, 14, 90, 91, 108, 197, 223, **226-232**, 233, 234, 235, 236, 237, 238, 239, 242, 248, **256**
コモンズ　112, 118, **255**
コリーニ　21, 32

さ
サッチャー　10, 14, 192, 193, **196-207**, 208, **260**
シジウィック　55, 62, **260**
シュート　114
シューマッハ　233, 234, **259**
シュンペーター　66, **260**
ジョンソン　101
スウォープ　108
スキデルスキー　226, 232
スリクター　111
セイン　101
セン　3, 11, 52, **259**
ソール　108
ソーントン　24, **260**
ソルター　229

た
ダーウィン　71, **255**
ダイシー　7
タグウェル　108, 112, 116, **261**
チェース　108
チェンバレン　82, 83, 87, **254**
チャーウェル　235
チャーチル　80, 95, 102, 235, **254**
ディッキンソン　121
ティトマス　1, **260**
トムソン　72

な
ノジック　6

は
バーネット夫妻　244
ハイエク　242
パッケナム　233, 234
パニット　66, 67
ハミルトン　110, 111, 115, 116, **255**
バリシャーノ　108
ハリス　81, 84, 93

ピアソン　65,70,75,**258**
ピグー　2,3,10,11,**51-76**,228,238,**259**
ヒル　244
ファウラー　193,204,205
フーヴァー　109,121,122
ブース　87,**254**
ブキャナン　52,**254**
フリードマン　9
ブレア　10,14,192,194,196,206,207,**208-216**,217,218,**253**
ブレンターノ　73,**254**
ベヴァリッジ　2,8,9,10,12,14,15,80,81,83,84,94,95,96,97,102,191,192,201,**222-249**,**253**
ベンサム　7,93,**253**
ボウリー　91,224,**253**
ボザンケ　80
ホプキンス　229,235
ホブソン　96,111,**255**
ホブハウス　46,**255**

ま
マーシャル、A.　2,7,10,11,**18-47**,51,58,**257**
マーシャル、T. H.　1,**257**
マッケンジー　102
マルサス　11,20,29,30,34,43,**256**
ミード　227,229,231,237
ミーンズ　108,112,**257**
ミシュラ　9

ミッチェル　111,112,**257**
ミュルダール　2,3,10,13,**134-158**,**258**
ミル　11,19,20,21,22,23,24,26,**27-29**,30,31,**257**
ムーア　114
メア　233,234
メジャー　192,196,206,**256**
メンデル　70
モア　32,**257**
モーリス　32,**258**

や
ユール　72

ら
ラウントリー　224,**259**
ラザフォード　112
ラスキン　32
ラマルク　67
ルウェリン・スミス　95,98,**256**
ルーズヴェルト　12,108,109,122,**259**
ロイド・ジョージ　80,95,102,**256**
ロビンズ　11,229
ロビンソン　233,234,**259**
ロブソン　80
ロング　83

わ
ワトキンソン　234,235

事項索引

あ
IMF-GATT 体制　8
ILO　8
悪循環（平等と高成長の）　13,140,150,151
アソシエーション　179
　ヴォランタリー――　179,181
アトリー労働党内閣　8,222
『アメリカのジレンマ』（ミュルダール）　138
『イギリス救貧法政策』（ウェッブ）　80
イギリス信託法　185
イギリス病　198,199,203,207
意識の諸状態（厚生の主要内容としての）　56,57
『一般理論』（ケインズ）　227,232,233,237,238,239,242

事項索引　265

イデオロギー　141, 142, 200
遺伝　52, 65, 67, 70, 72, 75, 76
　　獲得形質——　67
インセンティブ　64, 101
　　——機構　86, 103
インフレーション、インフレ　8, 9, 198, 199, 227
　　——圧力　198, 227
　　——ギャップ　231
　　——の制御、抑制　14, 199, 218
　　期待——　199
　　賃金——　211
インフレ率　197, 198, 210, 211
　　——の管理　209
　　期待——　198
ヴィクセル的貨幣経済学　13
ヴィクトリア朝的価値観　21, 84, 196, 200
ウィスコンシン・グループ　112
ヴォランタリー
　　——アソシエーション　→「アソシエーション」
　　——セクター　180
　　——な精神　179
　　——な福祉の精神　164
ヴォランタリズム　5, 10, 14, 164, 178, 179, 180, 183, 187
ヴォランティア　245
　　——部門　214, 216
　　——論　61
英国ヴォランタリー団体協議会（NCVO）　180, 184
営利動機　243, 246
『エコノミスト』　236
『エコノミック・ジャーナル』　228
NRA　→「全国復興局」
NCVO　→「英国ヴォランタリー団体協議会」
ND　→「ニューディール・プログラム」
NBER (National Bureau of Economic Research)　122
NPO法　→「特定非営利活動促進法」
LSEロビンズサークル　233
援助　153
　　間接的——　246

エンパワーメント　167
王立救貧法委員会　54
王立経済学会　228
OECD　191
大きな政府　5, 217, 222, 248
　　→「最大国家」も見よ
Opportunity for All　208

か
解雇税　231
外部不経済　116
快楽一元論　57
格差拡大効果　140
獲得形質遺伝　→「遺伝」
過重労働　19, 20, 24, 25, 26, 27, 28, 29, 30, 31, 32, 33, 34, 35, 36, 41, 42, 43
可処分所得　59
課税　59, 126, 127, 163, 202
寡占　113, 209
家族　79, 169, 170, 178
　　——クレジット　204, 205, 213
　　——所得補足給付　204
価値経済学　115
価値前提　13, 140, 141, 146, 154
　　——の明示　13, 135, 138, 139, 156
価値判断　66, 139, 145, 147, 150, 156, 157
学校　42
　　——教育の強制化　41, 42
　　——と家庭の精神的分離　59
「貨幣の私的使用」（ピグー）　58, 61
カルテル　125
環境　68, 69, 70, 75
関係性の選択可能性　169, 170, 178, 186
間接奨励　166
　　——アプローチ　166, 167
　　——的効果　185
間接費用　114
『間接費用の経済学の研究』（クラーク）　114
完全競争　→「競争」
完全雇用　3, 8, 15, 51, 143, 191, 199, 201, 208, 211, 214, 224, 233, 236, 237, 238, 240, 241, 242, 246, 247
　　——政策　197

「21世紀における——の新定義」 208
寛容 173, 175
　——の精神 146
管理 164
　——態勢 170, 184
機械化 27, 28, 29, 34, 36, 37
機会の均等、均等化 149, 217, 218
　→ 「平等」も見よ
『危機に立つ福祉国家』(ミシュラ) 9
企業家精神 201
規制 164
　——緩和 200
既得権益 13, 123, 127
技能習得、取得 208, 214
基本的必需物 224, 245, 246, 248
義務 62
　国家の—— 15, 232, 247, 248
　雇用者の—— 62
　市民的経済—— 61
　市民の—— 15, 232, 247, 248
　社会的—— 93
　労働、就労の—— 14, 192, 206, 214
逆進制 203
逆選択 65
逆流効果 140, 153
救済抑止 93
救助
　——する側 168
救助義務 165
　——の法制化 165
　法的——否定論 165
　法的——論 166, 175
求職活動支援 206
求職者手当 (JSA) 205, 212, 214
救助行為、行動 165, 166, 167, 168
救世軍 244
救貧法 7, 9, 11, 54, 81, 83, 84, 86, 87, 93, 98, 225
　→ 「新救貧法」も見よ
『救貧法少数派報告』 → 『少数派報告』
『救貧法多数派報告』 → 『多数派報告』
救貧法に関する王立委員会 80, 81, 83, 94, 95
給付 98

——型国家 5, 248
——の厳格化・条件化 14
窮乏 223, 241
　——化 224
　——からの自由 223
『窮乏の予防』(ウェッブ) 80, 98
教育 21, 40, 41, 45, 75, 119, 148, 152, 207, 208
　——政策 152
　——のナショナル・ミニマム 90
　初等—— 152
　成人—— 152
　→ 「学校」「労働組合」も見よ
教区連合 82, 89
共生 (異質な構成員間の) 74
行政改革 152
強制貯蓄 227
強制保険 97, 98, 99, 103
　→ 「失業保険」も見よ
競争 4, 197
　——原理 199
　——市場 200, 207
　——市場モデル 197, 199
　完全—— 143
　自由—— 147
　→ 「市場」「自由」も見よ
協同 4
　——組織 21
　——農業 152
共同体 2, 15, 174, 248
拠出 98
　——原則 231, 232, 244, 248
　——(制) 給付 201, 203
　保険の—— 248
近代資本主義 → 「資本主義」
金融政策委員会 (MPC) 210
空想上の国 30, 31, 32, 33
クラウディング・アウト 198
グローバル化 135, 158, 192, 209
経営者の役割 (福祉社会における) 64
計画、計画化 12, 13, 92, 107, 108, 111, 112, 120, 121, 124, 125, 127, 128, 129, 141, 142, 143, 145, 147, 233
　——経済 247

事項索引　267

　　――の社会化　127
　　――プログラム　112
　　――論　108
　　技術・産業上の――　108
　　限定された――　125
　　社会主義的な――　126,128
　　社会自由主義的な――　5,12,109,119,
　　　124,126,127,128
　　社会的管理の――　108
　　非社会主義的――　127
　　ファシスト的――　126
　　包括的な――　125,126,128
　　マクロ経済の――　108
　　無計画な展開の――　142,143
　　リベラルな――　128
計画委員会　127
景気循環　90,91,211
　　――論　11,127
『景気循環における戦略的重要性を持つ要因』
　　（クラーク）　122
『経済学原理』（ミル）　20,22,29
『経済学説と政治的要素』（ミュルダール）
　　138
「経済学とNRA」（クラーク）　120,122
経済騎士道　46,58
経済合理性　63,200
経済参謀論　228
『経済理論と低開発地域』（ミュルダール）
　　134
「経済理論の社会化」（クラーク）　116
経済人　145
　　合理的――　145
経済的厚生　→「厚生」
経済的自由放任主義　→「自由放任主義」
ケインズ経済学，ケインジアン　90,91,
　　197,198,201,212
　　→「ニュー・ケインジアン」「ポストケイ
　　ンジアン」も見よ
ケインズサーカス　233
ケインズ主義　108,194
ケインズ理論　234,237,242
ゲームの規制　111
血統　68,69,72,75,76
建設的であること（贈与の三原則としての）
　　59
ゲント制度　100,101,102
権利対抗的見解　173
公共事業　90,121,148,228,238
『公共事業計画化のための経済学』（クラーク）
　　122
公共支出　199
公益　183,186,187,188
　　――（的）活動　183,187,188
　　――事業体　111,116,117,119
　　――信託　181,182,185
　　――性　186,187,188
　　――認定等委員会　188
　　――法人（制度）改革　183,188
　　――目的　182,183
　　民間が担う――　188
公益ユース法（1601年）　14,180,181,182
公共善　55
公共部門借入必要額（PSBR）　201
ゴウシェン回状（1869年）　82
好循環（平等と高成長の）　13,140,141,
　　144,149,150
工場法　31,62
公正　4
厚生　52,53,54,55,56,57,58,59,67
　　――概念の再検討　11,51,52
　　経済的――　52,53,54,55,57,71,74
　　社会的――　53
厚生経済学　3,11,51,53,57,58,66,74
　　――の第一命題　71,72
　　――の第二命題　71,72,73
『厚生経済学』（ピグー）　51,52,56,71
公正労働基準法　121
交替制　31,32,34,36,37,38,39,40,42
公的資産の管理　126
公的セクター　210
公的扶助　→「扶助」
後天的環境因子　76
公平　54,55,74
　　負担の――　176
　　利得の――　176
高齢者の介護　169
5カ年計画（ソ連）　124
功利主義　7,53,54,57

――的概念　53
合理的期待仮説　209
拘留コロニー　93
黒人差別問題調査　138
国民最低限保障　→「ナショナル・ミニマム」
国民所得推計　231
国民的効率　65,90
国民的統合　149,150,151
国民保険　80,192,193,201,202,204,213
　――料の拠出義務　212
国民保険法　222,244
国民保健法　222
国有化　51,148,158
国家開発大臣　239
国家か市場か　179
国家経済審議会　127
国家コレクティヴィズム　12,79,94,101
　→「集産主義」も見よ
国家財政の黄金率　210
国家中心主義　101
国家投資局　238
個人
　原子論的――　173
　――寄付金　188
　――的倹約　243
　――と社会との関係　173
　――の自覚的選択　179
　――の指向性　176
個人アドバイザー制度　215
　→「ニューディール・プログラム」も見よ
個人主義　7,11,14,15,18,19,79,117,118,165,188
　――的自由　197,241
　　粗野な――　122
古典派経済学　11,138,197,199
個別利益集団　127
コミュニティ　116
　――の欠損　166
コモンロー　118
雇用者による福祉厚生　75
　→「事業主による労働者の福祉」も見よ
「雇用者と経済騎士道」(ピグー)　61,62,64
雇用者の義務　→「義務」

雇用政策　191,206,207,208,211,214
『雇用政策』　236
雇用法　206
困窮委員会　83
コントラクト・カルチャー　180
コントロール　108,109,110,111,112,113,115,116,117,118,119,120,123,128,129
　――の経済学　110
　――のシステム　117
　経済活動の――（スリクター）　111
　経済的――（エディ）　111
　失業の――　117
　社会的な――　12,109,117,118,119
　政府による――　107
　トラストの――　114
　変革と――（アトキンス）　111
　民主的な――　124
　→「ビジネスの社会的コントロール」も見よ
コンパクト　180,181
コンプライアンス　62

さ
再出発プログラム　215
最小国家　163,179
　――論　6,13
　→「小さな政府」も見よ
財政支出の削減　201,202
最大国家　163,179
　→「大きな政府」も見よ
最低限生活水準　224
最低賃金　123,144
　――規制　206
　――制度　206,216
　――法　117
再分配、再配分　2,127,152,191,200,202,217
　――機能　203,247
　――政策　144,145,147
　職業機会の――　216
　垂直的な――　241
　水平的な――　241
裁量的経済政策　209
サッチャー政権　10,192,193,196,198,199,

事項索引　269

200, 202, 203, 204, 206
サッチャリズム　196, 197, 199, 200, 201,
　　202, 203, 205, 206, 207, 208, 210, 211, 212,
　　213, 214, 216, 217, 218
　　——の市場観　197
　　——の平等観　217
サプライサイド　214, 216
　　——経済学　197, 199, 207
　　——政策　206, 207, 215
参加型民主主義　→　「民主主義」
産業革命　116
『産業経済学』(マーシャル)　37
産業構造の転換　192
30時間クレジット　205
COS　→　「慈善組織協会」
GDP　238
JSA　→　「求職者手当」
ジェノヴェーゼ事件　166
支援　167, 170, 183
　　——型法　→　「容易化法」
　　——される側　167, 168
　　——する側　167, 168
　　——税制　184, 188
　　——態勢　170, 171, 188
　　——の外部化　169
　　自発的——社会　164
　　自発的相互——　188
　　相互——ネットワーキング　170
　　二重の——構造　170
支援行為、行動　167, 168, 175, 176
　　——の必要性の拡大　167
　　——に対する欲求の増大　167, 168
　　自発的——　14, 162, 164, 167, 171, 175,
　　　176, 187
　　自発的——者　170
　　利他的な——　171
ジェンダー論　10
ジェントルマン　23, 30, 32
　　——化 (労働者の)　11, 33, 34, 36, 39
　　——の職種　30, 31
事業主による労働者の福祉　46
　　→　「雇用者による福利厚生」も見よ
資源配分　115
思考様式　145, 146, 147, 150, 156, 157

自己責任　12, 107
自助　180
市場、市場経済　116, 117, 125, 144, 146,
　　178, 194, 209, 216, 246, 247
　　——観　197, 201, 208, 209, 216
　　——競争　164, 212, 217
　　——原理　217
　　——構造　143, 145
　　——社会　144
　　——自由主義　178
　　——諸力　140, 150
　　——の規制　144
　　——の機能　200, 247
　　——の失敗　115, 200, 201, 209, 212
　　——の信頼の回復　199
　　——の(自己、自動)調整メカニズム、機
　　　能　199, 201, 212, 216, 247
　　——の組織化　143, 145, 146
　　——の役割　15
　　——のゆがみ　201, 212, 217
　　——メカニズム　96, 102, 217
　　共同——　153
　　競争——　200, 201
　　効率的な——　3
　　自由——　12, 107
　　→　「自由」「競争」も見よ
自生的秩序　164
慈善　81, 83, 87, 153, 178
慈善信託法　→　「公益ユース法」
慈善組織協会 (COS)　7, 82, 244
自然淘汰　71
時代感覚 sensitivity to the times　4
自治体　81
　　——事業　83
失業　12, 14, 44, 80, 81, 84, 85, 88, 89, 92, 94,
　　96, 97, 101, 102, 107, 121, 124, 194, 197,
　　201, 202, 204, 206, 207, 211, 212, 215, 217,
　　218, 224, 231, 235, 241, 242
　　——給付　98, 202, 205, 224
　　——状態　196
　　——対策　12, 83, 86, 90, 97
　　——のコントロール　117
　　——の予防、予防的防止　88, 89, 103
　　——のわな　204, 212

――補償　144
――論　11, 239
　景気循環による、循環的――　90, 91, 95, 97
　構造的――　206, 211, 212
失業者　202, 227
　一時的――　88
　自発的――　201
　若年――　202
　長期――　202, 214, 240
失業と産業安定化委員会　121
失業保険　97, 98, 100, 103, 112
　強制――　84, 94, 95, 97, 98
失業保険法　80, 81, 95
失業保険法定委員会　235
失業率　196, 197, 198, 199, 200, 201, 231
　自然――　199, 200, 201, 207
　インフレを加速しない――　→「NAIRU」
失業労働者法（1905年）　83, 87
『失業』（ベヴァリッジ）　80
疾病　223
　――の予防・治療　224
私的信託　185
私的善　54, 55
自動調整機能　238
　→「市場」も見よ
児童手当　8, 191, 201, 224, 225, 230, 242
ジニ係数　195
自発性　168
自発的活動　15, 223, 243, 246, 248
『自発的活動』（ベヴァリッジ）　15, 223, 243
自発的支援行為、行動　→「支援行為、行動」
自発的支援社会　→「支援」
資本　27, 28, 60
　――課税　227
　――の遊休　92
　――の流出　27
資本主義　141
　大衆参加の――　200
　――の黄金時代　148
　――の改良　111
市民　11, 181, 186, 247

――の義務　→「義務」
――の貨幣使用　75
――の権利、市民権　8, 227, 248
――の自発性　179
　標準的――像　225
市民社会　2, 15, 178, 181, 186, 187, 247, 248
市民相談事務所　245
市民的能動性　11, 52, 61, 74
社会改良　70, 227
『社会科学と社会病理学』　234
社会経済学　12, 115
社会サービス国家　248
社会資本　178
社会主義　6, 8, 12, 32, 33, 44, 101, 111, 124, 128, 141, 178, 234, 240, 244, 245
　――諸国　141, 142
　――的計画化　126
社会自由主義的な計画　→「計画、計画化」
社会政策　1, 19, 20, 43, 44, 45, 46, 137, 223
社会的選択論　52
社会的排除　14, 194, 196, 212, 215, 216, 217
社会の二極化　194
社会保険　8, 84, 97, 98, 102, 103, 117, 205, 224, 225, 228, 229, 230, 231, 241, 242, 244, 246, 247
　――機構　100
　――制度　84
　拠出制――　123
『社会保険』　231
『社会保険および関連サービス』（ベヴァリッジ）　→『ベヴァリッジ報告』
社会保障　3, 51, 93, 94, 98, 103, 126, 148, 192, 201, 224, 225, 226, 242, 247, 248
　――給付　192, 202, 203, 213
　――給付水準　193
　――計画　8, 12, 239, 241
　――（関連）支出　203
　――制度改革　212, 213
　――制度　15, 143, 201, 206, 213
　――制度の就労要件　192, 205
　――体系　242
　――体制　232
　――の制度設計　94
　――の権利　14, 192

――予算　231
――論　8, 15, 51, 223
社会保障法　107, 112, 121, 122, 123, 193, 204
社会民主主義　1, 197
　――的プロナタリズム　137
社交　13, 171, 173, 176, 188
　可能的――　174, 176, 187
　潜在的――　174, 176, 187
社交場　5
自由　6, 13, 118, 125, 128, 141, 144, 163, 175, 177, 188, 236, 240
　――競争　→　「競争」
　――権　15, 240, 241
　――市場　→　「市場」
　――至上主義　→　「リバタリアニズム」
　――社会　170, 240, 241, 242, 245, 248
　基本的――　240
　窮乏からの――　8, 223, 233, 247
　経済的――　118
　権力からの――　172
　権力への――　172
　個人主義的――　197, 241
　個人の――　164, 167
　国家からの――　13, 163
　国家による――　163
　国家への――　163
　自己の――　172, 174, 177
　怠惰からの――　233
　他者からの――　172
　他者指向型、的――　14, 172, 175, 188
　他者なき――　172
　他者の／に関わる――　164, 172, 174, 177
就業規則　63
州際通商委員会（ICC）　124
集産主義　7, 11, 12, 15, 18, 19, 20, 43, 45, 47
『自由社会における完全雇用』（ベヴァリッジ）　15, 232, 223, 236, 237, 241
自由主義　7, 12, 14, 18, 22, 43, 127, 164, 172, 175, 179, 187, 227
　――社会　145
　新しい――　232
　古典的――　6
　他者指向型――　175, 179
　→　「リベラリズム」も見よ

住宅組合　243
集団的組織の支柱構造　146, 147, 148
自由党　7, 12, 228
自由・平等・友愛　13, 146, 148
自由放任　139
　――主義　6, 8, 19
就労インセンティブ　201
就労家族税控除（WFTC）　213
就労の義務　→　「義務」
熟練労働者　23
受託者法　185
出産給付　225
出産奨励主義　137
出生前診断　76
出生率低下　136
受動的福祉観　74
循環的失業　→　「失業」
常識道徳（シジウィック）　62
乗数　90, 242
『少数派報告』（ウェッブ）　80, 84, 85, 86, 89, 94, 98
消費　59, 60
消費者組合　61
職業訓練　93, 94, 206, 207, 214
職業紹介所　89, 92, 94, 95, 97, 102, 103, 240
職業紹介所法（1909年）　80, 81
食料純粋法　117
初等教育法（1870年）　42
所得維持　192
　――政策　191, 201, 208, 212, 213
　――制度　191, 205, 208, 214
所得移転　200, 202
　――支出　200
所得比例（給付）制度　193, 202
所得分配、再分配　→　「再分配」
所有権　177
自立　21
　――の理論　21, 22, 23
資力調査（ミーンズ・テスト）　201, 203, 225
進化　12
人格　22, 54, 57
人格陶冶　11, 22, 23, 24, 25, 26, 30, 33, 35, 36
　職業を通じた――　43

新救貧法（1834 年）　7, 11, 81, 82
新組合主義　44, 45
人口　27, 29, 34　→「マルサス主義」「マルサス人口論」も見よ
　──政策　152
　──政策論　137, 138
　──問題　136
人口問題委員会　136
『人口問題の危機』（ミュルダール）　136
人口理論　→「マルサス人口論」
新古典派経済学　11, 113, 114, 138
　介入主義的──　209
新認可スキーム　185
進歩　12, 20, 33, 34, 85, 86, 103
　──的　240
　──的適応（経済社会への）　96
　経済的──　149
　社会的──　243
スウェーデン社会民主労働党　136
スウェーデン・モデル　137
スウォープ・プラン　108, 126
スタグフレーション　9, 193, 198
スティグマ（恥辱）　225
　救貧法による──　83, 87
　公的扶助による──　213
ストックホルム学派　136
スピーナムランド制　81
正義　2
　配分的──　177
生活協同組合　243
生活保護　144
生産上の改良　27, 28, 29, 34, 37
清算同盟案　233
贅沢（ピグー）　60
　──品　60
制度　110, 145
　──の累積的変化　110
制度学派、制度経済学　12, 108, 109, 110, 111, 112, 113, 116, 121, 128, 138, 144
成年後見　169, 170
政府支出の調整　92, 94
セーフティネット　93
セー法則　211
世界観　3

世界経済の統治　135
責任保険　184
石油危機　9
セツルメント　180, 244
善　67
　──の関数　56
　内在的──　75, 76
選別主義的給付制度　203
全国一律性の原則　81, 82
全国革新派会議　121
全国産業復興法（NIRA）　120, 121, 122, 123
全国社会サービス協会　245
全国復興局（NRA）　120, 121, 122, 123
全国労働関係委員会（NLRB）　124
戦後のコンセンサス　197
先進（資本主義）諸国　134, 138, 139, 140, 141, 142, 151, 153, 154, 155
　──の責任　151, 155
戦争国家　8
選択肢　178, 179
　──の提供　187
選択的中絶　76
『選択の自由』（フリードマン）　9
先天的要因　76
「善の問題」（ピグー）　54, 56, 57
『戦費調達論』（ケインズ）　227
相互理解　173
総需要　211, 237, 240
　──管理　209, 227
　──管理政策　197
創造された調和　148
贈与　59, 60
　──の三原則　59
総労働需要　92
組織的な国家　147

た
ダーウィンの危惧　71
第一次世界大戦　8, 107, 110, 112, 125, 129
退化　12, 85, 103
大恐慌、大不況　8, 107, 109, 119, 120, 128, 129, 136, 143
第三の道　5, 209, 216, 217, 218

事項索引 273

――の経済学 209
退職条項 230
第二次選挙法改訂（1867年） 22
大陸法 165
他者 172,173,174,175,188
　――指向型自由主義 → 「自由主義」
　――指向的な選択肢 175
　→ 「選択肢」も見よ
　――受容 173
『多数派報告』（ホザンケ） 80
堕胎 137
「他の事情が等しければ」の方法 35
多様性 54,55,74,174,175
男女共同参画社会 162
団体的自助 101
地域経済統合 135
小さな政府 9
　→ 「最小国家」も見よ
「チェンバレン通達」（1886年） 83,87
地方自治体による認可制度 185
チャイルドケア 213,214
チャリティ 182,183,185,187
　――関連立法 182
　――規制機関 184
　――コミッション 183,184
　――財産 184
　――受託者 187
　――制度改革 186
　――団体 187
　――登録 183
　――の適正化 184
　――不服審判所 183
　――法改革、改正 181,182,183,184,185
　――法制 184
中央銀行の独立性 210
中央集権型国家 5,248
中期財政戦略（MTFS） 199
直接強制アプローチ 166
貯蓄 59,60,247
　――量 60,127
賃金率 126,238
TVA 122,125
ディーキン委員会 184
低開発諸国 138,139,140,141,142,150,
　151,152,153,154,155
　――の自助努力 151,152,153,154,155
　――の政治的腐敗 152
低賃金 9,193,201
　――問題 194,196,206
　――労働 196,213,214,216
適正な富の分配 22
テクノクラート 74
伝統的経済学 110,111
トインビー・ホール 94,244
道義的責任 166
投資の社会化 238,242
投資の長期的な安定化 238
統制 6,12,14,15,74,148
　――された社会 147
　社会的―― 142
　直接的な―― 12
　ベンサム的―― 93
　貿易―― 153
徳性 22
独占 112,113,209
特定非営利活動促進法（NPO法） 162
トラスト 111,114,119 → 「反トラスト法」も見よ
　――運動 117
トリクル・ダウン効果 200,216
トレード・オフ 197

な
NAIRU（インフレを加速しない失業率）
　209,211,214
　――仮説 209
　短期―― 211
　長期―― 211
ナショナル・ミニマム（国民最低限保障）
　8,11,14,85,90,92,94,216,224,225,226,
　227,228,232
　教育の―― 89
　余暇の―― 90
軟性国家 152
南北問題 13
ニクソンショック 9
西側諸国 13,134,141,142,147,153,155
二重予算 239

ニュー・ケインジアン　209
ニューディール　12, 108, 109, 112, 119, 120, 121, 122, 123, 124, 125, 128, 129
ニューディール・プログラム（ND）　208, 214, 215
　　片親——　214
　　若年者——　214
ニュー・マネタリズム　209
NIRA → 「全国産業復興法」
任意保険　243
認可組合　84, 100
人間関係（厚生の一要素としての）　54, 57
『ネーション』　228
年金　230
　　——生活者世帯　193
農地改革　152

は

波及効果　140, 152
パターナリズム　94
ハミルトン報告　110, 115
半官半民の自治組織　5
反響効果　92
反社会主義　197
反トラスト法　117, 124
非営利セクター　184
　　——のコミュニティ　184
非営利法人　188
非功利主義　57
ビジネスの社会的コントロール　111, 118, 120
『ビジネスの社会的コントロール』（クラーク）　114, 116, 117, 120, 121, 122, 127
ビジネスの民主化　117
必需品　60
人と人とのつながり　164
避妊　137
　　——法　152
平等　51, 139, 140, 144, 147, 148, 150, 154, 194, 209, 217
　　——主義　150
　　——主義的改革　151, 152, 153, 154, 155
　　——問題　137, 138, 139, 140, 146
　　機会の——　209, 217, 218

結果の——　217
サッチャリズムの——観　217
「非ユークリッド経済学の精査」（クラーク）　116
貧困　11, 14, 18, 19, 137, 151, 193, 194, 196, 201, 203, 215, 216, 218
　　——の拡大再生産　12
　　——のわな　204, 212
　　——問題　85, 194, 200, 212
　　片親世帯の——　213
　　高齢者層の——　193
　　有子世帯の——　193, 205, 213
　　労働年齢層の——　192, 193, 194, 196, 200, 203
ファウラー改革　193, 204, 205
ファシズム、ファシスト　12, 124, 128 → 「計画化」も見よ
フーヴァー政権　109, 121, 122
フェビアン協会　81, 180, 233
付加価値税　204
不確実性　127
不完全就業（者）　87, 88, 89, 90, 96
福祉
　　——依存　200
　　——改革　155
　　——から就労へ　208
　　——経済学　52, 53
　　——的文化　148
　　——の複合体　12, 79, 84, 98
福祉国家　1, 2, 3, 4, 5, 6, 7, 8, 9, 10, 14, 15, 18, 51, 52, 74, 134, 135, 138, 140, 141, 142, 143, 146, 147, 148, 149, 150, 151, 154, 155, 156, 157, 158, 162, 163, 188, 245, 248
　　——形成論、形成の論理　135, 141, 143, 144, 146, 149, 150, 156, 157
　　——収斂論　9
　　——体制　9, 13, 84, 193, 222
　　——の改革　194, 196, 207, 208, 210, 212, 215
　　——の危機　9, 191
　　——の形成、形成過程　11, 13
　　——の（国民）合意　8, 222
　　——の欺瞞　9
　　——の国民主義的限界　13, 150, 153, 155,

　　　　　　　　156, 158
　　──の再建、再編　　9, 10, 191, 197, 205,
　　　　208
　　──の多様性　　157
　　──の二面性　　157
　　──の理念　　2, 15, 222, 226
　　──批判　　197, 199, 200, 201, 248
　　──への依存　　201
　　──論　　6, 13, 74, 76, 135, 136, 137, 138
　　イギリス──　　18, 191, 192, 193, 197, 201,
　　　　203, 207, 217
　　一元的──　　1
　　管理型──　　13, 163
　　給付型──　　15
　　ケインズ型──　　2
　　コーポラティズム型──　　9
　　草創期の──　　18, 19, 43
　　70年代までの──　　217
　　反──　　191
　　ワークフェアの──　　207
『福祉国家を越えて』（ミュルダール）　　13,
　　　134, 146, 157
『福祉資本主義の三つの世界』（エスピン-アン
　　デルセン）　　10
福祉社会　　5, 11, 13, 15, 52, 57, 64, 75, 76,
　　　149, 157, 158, 163, 179, 180, 188, 223, 248,
　　　249
　　参加型の──　　75
福祉政策　　11, 71, 84, 86, 89, 101
　　普遍主義的──　　137
福祉世界　　135, 141, 149, 151, 153, 154, 155,
　　　156, 157, 158
　　──のヴィジョン　　151
　　──論　　135, 149, 150, 153, 155, 156, 157
不熟練労働　　24, 25, 31, 39, 41, 42
扶助　　93
　　──給付　　204, 205
　　公的、公費──　　8, 89, 201, 203, 205, 213,
　　　225, 247
　　相互──　　163, 169, 180, 243
物価（賃金）スライド制　　193, 202
不平等　　149, 151
　　結果の──　　217
　　賃金の──　　196

普遍主義的給付制度　　203
扶養手当　　225
Private Action, Public Benefit　　186
ブレア政権　　10, 192, 194, 207, 208, 210, 211,
　　　212, 213, 214, 215, 216
文化的同質性　　149
分業　　28
分配　　55, 72, 73
ベヴァリッジ接触禁止令　　235, 240
ベヴァリッジ・プラン　　192
『ベヴァリッジ報告』　　7, 8, 15, 191, 222, 223,
　　　226, 229, 230, 231, 232, 233, 234, 235, 237,
　　　239, 241, 244
包括的医療サービス　　224
法人所得課税　　188
法的責任　　166
ホームレス　　93
保護者給付　　225
保護の原則　　24, 31, 44, 45, 46
保守党　　192, 197, 202, 206, 208, 210, 211,
　　　212, 215, 234, 245
　　→「サッチャー政権」「メジャー政権」も
　　　見よ
ポストケインジアン　　234
補足給付　　202, 204
　　──委員会　　202
施し　　9
ホワイト・リスト　　61

ま

マクロ経済　　208
　　──運営　　14
　　──諸変数　　209
　　──政策　　198, 199, 202, 203, 208, 210
　　──理論　　208
マクロ経済学　　231
　　──モデル　　232
マネー・サプライ　　198, 199
マネタリスト　　9
マネタリズム　　197, 198, 199, 200, 202, 206,
　　　207, 210
　　→「ニュー・マネタリズム」も見よ
マルサス主義　　20
マルサス人口論　　11, 29, 30, 34, 43

慢性的失業者　87
マンションハウス基金　82
ミーンズ・テスト　→「資力調査」
ミクロ、ミクロ経済学　3, 11, 196, 211
　　——的側面　240
未亡人給付　225
民意　162
民営化　197, 200
民間保険　94
民主主義　117, 128, 142, 149, 155, 180, 236, 246
　　——国　151
　　——の学校　178
　　参加型——　178, 181
無拠出制給付　201, 203
無就労　201, 202, 211
　　——世帯　194, 213
メジャー政権　192, 196, 206
メソジスト教的倫理観　197
「メモランダム」(ピグー)　54, 56, 57
免責　185
メンデル学派　70
モラルの低下　166
モラル・ハザード　99, 103

や
夜警国家　9
友愛組合　5, 12, 79, 84, 94, 98, 99, 100, 101, 103, 180, 231, 244, 246
友愛のコミュニズム（贈与の三原則としての）60
有効需要　197, 201, 206, 212, 237, 242, 247
　　——の社会化　238
『有神論の問題』(ピグー)　→「善の問題」
融和的見解　174
優生学、優生思想　11, 52, 55, 65, 66, 67, 69, 70, 71, 73, 75
　　消極的——　71, 72, 75, 76
　　積極的——　75
ユートピア　30, 31, 32, 148
　　方法論的——　30, 32, 43
『ゆたかさへの挑戦』(ミュルダール)　134
ゆりかごから墓場まで　248
容易化　14, 164, 170, 186, 188

——法　177, 179, 188
養子・里親制度　169
良き社会　5, 10, 15
予期の制度化　176
予防的社会政策　137, 138
予防的抑止　88

ら
利己
　　——心　4
　　——的存在　174
　　制度的——　171, 172
利子率　238
利潤追求主義　64
理想主義　57
利他
　　——性　168
　　——的行為　165, 166, 172, 175　→「支援行為、行動」も見よ
　　——的な任務　185
　　制度的——　171, 172
リバタリアニズム　1, 13, 164
リベラリズム　164, 165, 166, 167, 172, 175, 176
　　→「自由主義」も見よ
リベラル・リフォーム　12, 51, 81, 84, 95, 98, 102
流動性選好　242
臨時雇用　83, 102
臨時宿泊所　86
累進課税　144
累積的因果関係論　13, 135, 138, 139, 140, 141, 144, 145, 150, 153, 156
ルーズヴェルト政権　108, 109
劣等処遇　82
　　——の原則　81
連関（ネットワーキング）　177, 178, 186, 187
　　——のメカニズム　177
連帯　4
　　——感　15, 154, 248
　　——的賃金政策　147
　　社会——　162, 163, 178
連邦公正取引委員会（FTC）　124

連邦準備制度　117
労使対立　112
労働
　——過剰　89
　——政策　192
　——争議　63
　——の義務　→　「義務」
　——の節約　28,29
　——予備軍、労働の予備　96,239
　——立法　112,117,121
労働可能者テスト・ワークハウス　86
労働可能被救済者　86
労働組合　12,24,31,36,38,39,40,42,44,
　45,46,79,84,94,98,99,100,113,147,180,
　197,201,206,218,243
　——の運動原理　24
労働組合法　22,206
労働時間の規制　38,39,144
労働市場　14,206,207,214,216,237,247
　——観　214
　——均衡　209
　——の構造的脆弱性　211
　——の効率化　211
　——のサプライサイド政策　207
　——の整備　208
　——の組織化　12,88,89,96,97,103,240
　——への復帰　83
労働者
　——の規律　63,64
　——の人格向上　11
　——の誠実な感情　63
労働者階級のジェントルマン化　→　「ジェントルマン」
「労働者階級の将来」(マーシャル)　11,20,
　22,35,36,39,43
労働省　88,89,92
労働テスト　82,93
　ワークハウス外——　86
労働党　8,12,192,194,197,202,234,244
　→　「アトリー労働党内閣」「ブレア政権」
　も見よ
労働に関する王立委員会　45
『労働について』(ソーントン)　24
労働年齢層
　——の貧困　→　「貧困」
　——の福祉利用者　215
労働力の過剰供給　41
ローズ法　243
ロンドン・ケンブリッジ経済サービス　228
ロンドン市長公邸委員会　94
ロンドン失業者基金(1904年)　83

わ

ワーク・シェアリング　90,122,123
ワークハウス
　——外救済　81,82,86
　——外救済規制令(1852年)　82
　——外救済禁止令(1844年)　82
　——外労働テスト　→　「労働テスト」
　——原則　81
　一般混合——　86
ワークフェア　192,207,214,217
　——の福祉国家　207
ワグナー法(1935年)　107,122

【執筆者一覧（初出順）】

小峯 敦　（こみね あつし　龍谷大学経済学部・助教授　序章・第8章担当）
奥付の編者紹介を参照。

下平裕之　（しもだいら ひろゆき　山形大学人文学部・助教授　序章担当）
1996年一橋大学大学院経済学研究科後期博士課程単位修得退学。
主要業績：「デニス・ロバートソン研究の展開」（『山形大学紀要（社会科学）』第34巻第1号、2003）、"Dennis Robertson on Industrialized Society", *The History of Economic Thought*, Vol. 47, No. 2, December, 2005 など。

江里口拓　（えりぐち たく　愛知県立大学文学部・助教授　序章・第3章担当）
1996年九州大学大学院経済学研究科後期博士課程修了。博士（経済学）。
主要業績：「イギリス福祉政策思想史―20世紀初頭における貧困・失業をめぐる諸思想―」（『経済学史学会年報』第40号、2001）、「ウェッブ夫妻における福祉政策と地方行政」（秋田清編『環境としての地域』晃洋書房、2005）など。

山本 卓　（やまもと たく　立教大学法学部・助手　第1章担当）
2006年立教大学大学院法学研究科博士後期課程満期退学。
主要業績：「一九一一年『国民保険法』と自由主義―理念、制度、政治過程―」（『立教大学大学院）法学研究』第32巻、2005）、「『尊厳ある』困窮者の救済―科学的慈善の構想と帰結―」（『法学研究』第33巻、2005）など。

本郷 亮　（ほんごう りょう　弘前学院大学社会福祉学部・専任講師　第2章担当）
2004年関西学院大学大学院経済学研究科後期博士課程修了。博士（経済学）。
主要業績：「ムーアを巡るピグーとケインズとの思想対立」（関西学院大学『経済學論究』第58巻、2004）、「A. C. ピグーの伝記的諸側面」（『弘前大学経済研究』第27号、2004）など。

山崎 聡　（やまざき さとし　一橋大学経済研究所・非常勤講師　第2章担当）
2000年一橋大学大学院経済学研究科後期博士課程単位修得退学。
主要業績：「ピグーの理想的功利主義の構造と厚生経済学」（『経済学史学会年報』第43号、2003）、「ピグーにおける正義」（『経済学史研究』第47巻第1号、2005）など。

佐藤方宣　（さとう まさのぶ　大東文化大学経済学部・研究補助員　第4章担当）
2002年慶應義塾大学大学院経済学研究科後期博士課程単位取得退学。
主要業績：「フランク・ナイトと制度主義――1920年代における"制度主義批判"が意味するもの」（『経済学史学会年報』第42号、2002）、「J. M. クラークの社会経済学のビジョン」（『経済学史学会年報』第45号、2004）など。

藤田菜々子 （ふじた ななこ　名古屋市立大学大学院経済学研究科・専任講師　第5章担当）
2005年名古屋大学大学院経済学研究科博士後期課程修了。博士（経済学）。
主要業績：「累積的因果関係論の諸潮流とミュルダール」（『季刊経済理論』第41巻第2号、2004）、「ミュルダールの福祉国家形成論——方法論的・理論的枠組みからの検討」（『経済学史研究』第47巻第1号、2005）など。

菅 富美枝 （すが ふみえ　武蔵野大学現代社会学部・専任講師　第6章担当）
2004年大阪大学大学院法学研究科博士課程修了。博士（法学）。
主要業績：『法と支援型社会—他者を指向する自由主義へ』（単著、武蔵野大学出版会、2006）など。

深井英喜 （ふかい ひでき　三重大学人文学部・専任講師　第7章担当）
2004年一橋大学大学院経済学研究科博士後期課程単位取得退学。
主要業績：「『社会的排除概念』と『21世紀型完全雇用』構想」（『一橋論叢』130巻4号、2003）、「イギリス福祉国家の再編過程」（『法経論叢（三重大学）』19巻2号、2002）など。

山根聡之 （やまね さとゆき　一橋大学大学院経済学研究科・博士後期課程在学中　人物録・索引担当）
主要業績：「『ロンバード街』における「高貴な部分」——ウォルター・バジョットの政治経済思想を統合する試み——」『一橋論叢』第130巻、第6号、2003）、「バジョット『ロンバード街』における信用——『自然学と政治学』との関連から——」（『一橋論叢』132巻、第6号、2005）など。

【編者】

小峯 敦　（こみねあつし）

龍谷大学経済学部助教授。

1994年一橋大学大学院経済学研究科後期博士課程単位修得退学。

主要業績：「政策におけるケインズ革命」（栗田・服部・西沢編『経済政策思想史』有斐閣、1999）。"The Making of Beveridge's Unemployment (1909)", *European Journal of the History of Economic Thought*, Vol. 11, No. 2, 2004 など。

福祉国家の経済思想
自由と統制の統合

2006年10月20日　初版第1刷発行

編　者　小峯　敦
発行者　中西健夫
発行所　株式会社ナカニシヤ出版
　　　　〒606-8161 京都市左京区一乗寺木ノ本町15番地
　　　　　　　　　　Telephone 075-723-0111
　　　　　　　　　　Facsimile 075-723-0095
　　　　　　　Website http://www.nakanishiya.co.jp/
　　　　　　　Email　iihon-ippai@nakanishiya.co.jp
　　　　　　　　　　郵便振替　01030-0-13128

装幀＝白沢　正／印刷＝創栄図書印刷／製本＝兼文堂
Copyright © 2006 by A. Komine et al.
Printed in Japan.
ISBN4-7795-0094-X